oekom
verlag

Bibliografische Information der Deutschen Bibliothek

Die Deutsche Bibliothek verzeichnet diese Publikation in der Deutschen Nationalbibliografie; detaillierte bibliografische Daten sind im Internet über http://dnb.d-nb.de abrufbar.

---

oekom verlag, Gesellschaft für ökologische Kommunikation mbH
Waltherstraße 29, 80337 München
Lektorat: Claudia Peter / Stephanie Meyer-Steidl, oekom verlag
Satz: Sarah Müller, oekom verlag
Umschlaggestaltung: ZERO Werbeagentur, München

Druck: Kessler Druck + Medien, Bobingen
Dieses Buch wurde auf FSC-zertifiziertem Papier gedruckt.
FSC (Forest Stewardship Council) ist eine nichtstaatliche, gemeinnützige Organisation, die sich für eine ökologische und sozialverantwortliche Nutzung der Wälder unserer Erde einsetzt.

ISBN 978-3-86581-086-1
Printed in Germany

FSC Mix
Produktgruppe aus vorbildlich bewirtschafteten Wäldern und Recyclingholz oder -fasern
www.fsc.org Zert.-Nr. IMO-COC-26340
© 1996 Forest Stewardship Council
30%

Joanna Stefańska · Wolfgang Hafenmayer

Die Zukunftsmacher

Eine Reise zu Menschen, die die Welt verändern –
und was Sie von ihnen lernen können

Inhalt

Vorwort

Mit diesem Buch wollen wir Sie auf eine Reise mitnehmen. Auf eine Reise zu außergewöhnlichen Menschen, die mit ihrem beruflichen Engagement die Welt verändern.

Im Sommer 2004 waren wir auf die Suche nach solchen Menschen gegangen und zu einer Expedition mit offenem Ausgang aufgebrochen. Wir – zwei Dreißigjährige mit erfolgreichen Karrieren – ließen unser bisheriges berufliches Leben für ein Jahr hinter uns, um rund um den Globus Persönlichkeiten kennen zu lernen, die Spuren hinterlassen und für unsere Zukunft einen positiven Beitrag leisten. Menschen, die für die großen Herausforderungen des 21. Jahrhunderts innovative und nachhaltige Lösungen bereithalten. Wir gingen auf die Suche nach »Zukunftsmachern«.

Und wir haben viel mehr von ihnen getroffen, als wir je zu hoffen gewagt hatten:

Am Ende unserer zwölfmonatigen Weltreise waren es über 230, denen wir auf allen Kontinenten begegnet sind.

Wir haben die Erfahrung gemacht, dass es »Zukunftsmacher« überall und in jedem Beruf gibt: Sie sind Geschäftsleute, Computerfreaks oder Ingenieurinnen, Tänzer und Kunsthistorikerinnen, Menschenrechtsaktivisten oder Ärztinnen. Sie haben hohe Ansprüche an ihr Berufsleben, wollen erfolgreich sein und ausreichend Geld verdienen. Gleichzeitig möchten sie sich für eine gute Sache einsetzen, Spaß dabei haben und glücklich werden. 23 von ihnen stellen wir Ihnen im zweiten Teil dieses Buches ausführlich vor.

Die Begegnungen und Erfahrungen, die wir während der Reise erleben und machen durften, haben uns verändert. Und wir sind sicher, dass die Porträts auch Sie inspirieren und motivieren werden. Denn fragen Sie sich nicht auch bisweilen, welchen Sinn Ihr Beruf über den Profit hinaus macht, für welches Ziel Sie Ihre wertvolle Zeit und Energie einsetzen möchten? Am Schluss dieses Buches finden Sie konkrete Anregungen in Form eines Wegbegleiters, der Sie dabei unterstützen soll, Ihr berufliches Leben genauer zu hinterfragen, kritisch unter die Lupe zu nehmen und sich auf Ihre ganz eigene Reise zu begeben.

Wenn Sie auf der Suche sind, möchten wir Sie zum Nachdenken anregen und Wege aufzeigen, wie Sie Ihre Vision verwirklichen können. Durch die ermutigenden Beispiele der »Zukunftsmacher« erhalten Sie Denkanstöße zur Weiterentwicklung und Neuorientierung – für ein Berufsleben, das Sie glücklicher und zufriedener macht.

Wir wünschen Ihnen von ganzem Herzen, dass Ihnen dieses Buch dabei eine Unterstützung sein möge!

Joanna Stefańska & Wolfgang Hafenmayer, Zürich im Herbst 2007

TEIL I – EINE WELTREISE MIT FOLGEN

Das Abenteuer Weltreise und wie es dazu kam

Alles begann im Sommer 2004: Wir fassten den Entschluss, eine Weltreise zu machen. Für zwölf Monate wollten wir alles hinter uns lassen, was unser Leben bis dahin bestimmt hatte: Familie und Freunde, unsere anspruchsvollen Jobs, Wohnung und Autos.

Nach erfolgreichen Berufsjahren in der Privatwirtschaft wollten wir uns einen Schritt weiterentwickeln: Wir wollten Menschen kennenlernen, die ganz andere Lebensziele verfolgten als die in unserem Umfeld üblichen. Menschen, die durch ihr berufliches Engagement einen positiven Beitrag – einen positiven Impact – für ihre Mitwelt leisten und mit ihrem Leben Spuren hinterlassen.

Viele unserer Freunde reagierten überrascht auf unsere Entscheidung: »Was soll denn das? Wie kommt ihr auf diese Idee?« Es fiel nicht immer ganz leicht, ihnen unsere Motivation plausibel zu machen. Warum wir nicht nur reisen, sondern dabei auch zu arbeiten gedachten. Warum wir den Kontakt zu Menschen suchten, die sich in fernen Ländern für soziale Gerechtigkeit, ökologische Lösungen und nachhaltige Lebensqualität einsetzten. Die Reaktionen unserer Arbeitskollegen reichten von Neid auf ein freies, selbstbestimmtes Jahr bis hin zu komplettem Unverständnis: Wie kann man in einer so wichtigen Karrierephase einfach alles aufs Spiel setzen, vielleicht sogar für immer aufgeben? Die meisten hatten uns als sehr engagierte, intensiv arbeitende Menschen mit viel Ehrgeiz kennengelernt. Wie konnten gerade wir das Ganze in Frage stellen?

Im Marketing bei Bill Gates

Wir selbst empfanden diesen Schritt als gar nicht so spektakulär und schon gar nicht risikoreich. Was konnten wir denn schon verlieren? Wir hatten beide an einer der besten Universitäten Europas, der Universität in St. Gallen, ein gutes Studium abgeschlossen. Wolfgang im Bereich Wirtschaftswissenschaften mit Spezialisierung in Informationsmanagement, Joanna im Fach Staatswissenschaften mit einem Schwerpunkt auf Internationale Beziehungen. Da wir immer gewissenhaft unsere Praktika absolviert und meist parallel zum Studium gearbeitet hatten, fiel es uns leicht, herausfordernde und gut bezahlte Jobs zu finden. Joanna kam 2000 als zweite Mitarbeiterin zu einem Telekommunikationsunternehmen, das dank des Booms der neuen Technologien mit Hilfe amerikanischer Investoren innerhalb eines Jahres auf über 100 Mitarbeiter anwuchs. Natürlich gab es da unglaublich viele spannende, herausfordernde Momente. Am lehrreichsten war allerdings die Zeit, in der den Investoren das Geld ausging und sie beschlossen, in über zehn Ländern gleichzeitig ihre Aktivitäten wieder einzustellen. Leider gehörte auch die Schweiz zu den davon Betroffenen. Da die Börsen im Frühjahr 2001 gerade eingebrochen waren, konnten in der kurzen Zeit keine alternativen Investoren gefunden werden.

So durfte Joanna auch den Prozess begleiten, während dessen man das Unternehmen innerhalb von drei Monaten liquidierte und die Mitarbeiter wieder entließ. Auch wenn die Lehrstunde in Bezug auf gute Managementqualitäten in Krisenzeiten sehr wertvoll war, so war es doch eine erbarmungslose Zeit.

Da war es angenehm, anschließend bei Microsoft zwar ein sehr unternehmerisches und leistungsorientiertes, aber dennoch solides Umfeld vorzufinden. Hier ging es für Joanna in den kommenden Jahren gut voran. Als Marketingmitarbeiterin eingestellt, wurde sie mit 28 Jahren zur Produktmanagerin für eines der wichtigsten Produkte befördert. Bald bekam sie die Chance, den als strategisch wichtig erklärten Bereich der IT-Sicherheit für Microsoft in der Schweiz aufzubauen. Neben den oft sehr intensiven und langen Arbeitstagen gehörten dazu immer neueste technische Ausstattungen, alljährliche Treffen von tausenden von Mitarbeitern in New Orleans, ein Geschäftswagen sowie jede Menge faszinierende Veranstaltungen. In einem unglaublichen Tempo reihten sich die Ereignisse aneinander und ließen kaum Zeit zum Nachdenken. Nach weiteren 18 Monaten Vollgas gab es zur Belohnung sogar ein paar Auszeichnungen im Namen des Konzerns von Bill Gates. Und gerade in diesem Moment, als alles so gut lief, eröffnete Joanna ihren Kollegen, dass sie jetzt ein Jahr lang auf Weltreise gehen würde, um mit Menschen zu sprechen, die sich sozial und ökologisch engagieren.

Flugzeug – Büro – Hotel – Büro – Flugzeug

Zur gleichen Zeit absolvierte Wolfgang eine 80-Stunden-Woche Berater-Ausbildung bei Bain & Company, einem der weltweit erfolgreichsten Strategieberatungsunternehmen. Die Anstellung im Schweizer Büro bedeutete eigentlich nur, dass der Flieger jedes Wochenende nach Zürich flog und von dort montags früh wieder startete. Während der Woche galt es, Kunden in ganz Europa davon zu überzeugen, dass sich fehlende Erfahrung durch verstärkten Einsatz und schnelles Lernen leicht überkompensieren lässt. Es war keine Seltenheit, dass Wolfgang außer dem Weg vom Flughafen zum Büro des Kunden und zurück zum Hotel nur wenig von den Städten sah. Eigentlich war es egal, ob er gerade in Budapest, Mailand oder London arbeitete. Aber die Lernkurve war sehr steil, und in den meist international besetzten Teams war er täglich hohen Ansprüchen ausgesetzt.

Um keine Langeweile nach einer intensiven und immer fordernden Lehrzeit bei Bain aufkommen zu lassen, schloss sich Wolfgang einem kleinen Team erfahrener Unternehmensberater und IT-Spezialisten an, die gerade das Beratungsunternehmen Consileon gegründet hatten. Da der nächste Großkunde bereits auf einen Berater wartete, blieb Wolfgang beim Jobwechsel leider nur eine Nacht Zeit, um mit der neuen Visitenkarte beim neuen Kunden da weiterzumachen, wo er zuvor bei Bain aufgehört hatte. Diesmal allerdings mit mehr Verantwortung und der Möglichkeit, das Unternehmen mitzugestalten. Mit 29 Jahren zum Geschäftsführer des Schweizer Büros aufgestiegen, bestand Wolfgangs Aufgabe vor allem darin, die neuen und oft auch etwas schwierigeren Kunden zu betreuen. Das anfangs recht übersichtliche Unternehmen wuchs trotz einer schwierigen Marktlage in nur drei Jahren von sieben auf 70 Mitarbeiter. Auf jeder Weihnachtsfeier konnte die Geschäftsführung neue Rekordzahlen verkünden und voll Stolz erklären, dass die Firma alle Löhne für mindestens zwei Jahre weiterbezahlen könnte – selbst wenn ab sofort kein Auftrag mehr hereinkäme. Diese für ein junges Unternehmen recht beachtliche Entwicklung war wohl auf die ungewöhnlich bescheidene Firmenphilosophie und -kultur zurückzuführen. Diese Bescheidenheit beruhte vor allem auf den Erfahrungen der Gründungspartner: Sie hatten in den zurückliegenden Jahren selbst erlebt, wie schnell Gier und Selbstherrlichkeit zum Untergang von ganzen Unternehmen führen können und wie katastrophal sich dies auf die Familien der Mitarbeiter auswirkt. Davon war das von Erfolg zu Erfolg eilende Consileon jedoch weit entfernt.

Die Arbeit machte Wolfgang sehr viel Spaß und bot ihm genau den Grad an täglicher Herausforderung, den er sich schon während des Studiums immer gewünscht hatte. Wie konnte er in einer solchen Situation nur daran denken, auf eine Weltreise zu gehen?

Was kann da nur fehlen?

Gemessen an den üblichen Erfolgsmaßstäben lief also alles nahezu perfekt: Wir hatten gut bezahlte, herausfordernde Jobs, die uns Spaß machten. Unsere Karrieren kamen gut voran, und wir hatten für unser Alter schon mehr Verantwortung, als dies in früheren Generationen für die meisten Führungskräfte mit 50 Jahren der Fall gewesen ist. Materiell konnten wir uns bereits mehr leisten, als zu einem sorgenfreien Leben eigentlich notwendig ist.

Allerdings hatten wir beide auch das Gefühl, dass dies noch nicht alles gewesen sein konnte. Wir waren uns ziemlich sicher, dass wir am Ende unseres Lebens nicht wirklich zufrieden mit uns sein würden, wenn wir einfach so weitermachten wie bisher. Es schien irgendetwas Wichtiges zu fehlen, was wir bei unserer täglichen Lebensgestaltung nicht finden konnten. Wenn wir uns in unserem Umfeld umsahen, waren wir nicht die Einzigen, denen es so erging. Obwohl zahlreiche unserer Kollegen innerhalb weniger Jahre zu viel Verantwortung in interessanten, meist gut bezahlten Jobs gekommen waren und diese Verantwortung mit viel Einsatz auch sehr ernst nahmen, hatten wir nicht immer das Gefühl, dass alle von ihnen richtig glücklich waren. Der Satz »Im Moment ist es gerade etwas stressig« wurde zu einem Dauerbrenner. Allgemeine Unzufriedenheit mit dem Berufsleben wurde oft durch »Konsumtherapie«, allenfalls durch einen Wechsel zur Konkurrenz oder durch einen Gehaltsanstieg vorübergehend zum Schweigen gebracht. Dabei war es keineswegs so, dass unsere Kollegen von Unglück betroffen gewesen wären oder keinen passenden Lebenspartner gefunden hätten. Im Gegenteil – manche heirateten, planten Kinder und waren gesundheitlich fit. Wir hörten trotzdem sehr oft Beschwerden und ein wiederkehrendes Jammern. Immer wieder wurde der Hoffnung Ausdruck verliehen, es werde bald alles besser werden.

Warum, fragten wir uns immer öfter, sollte alles besser werden, wenn man sich immer mit dem Gleichen beschäftigt? Weil man durch immer neue, immer kostspieligere Hobbys fast gezwungen ist, den Job weiterzumachen? Weil man allein wegen der Fixkosten permanent arbeiten und gut verdienen muss? Weil man noch mehr Verantwortung übernimmt, ohne sich die Zeit zu gönnen, den eigenen Bedürfnissen genauer auf den Grund zu gehen?

Die Reise beginnt im Kopf

Von all diesen Gedanken nicht mehr losgelassen, begannen wir zu lesen und uns viele Fragen zu stellen: Was war es genau, das uns an unserem jetzigen Lebensentwurf störte? Die übliche Empfehlung, eine »Work-Life-Balance« anzustreben, war keine wirkliche Lösung. Nein, unsere Unzufriedenheit hatte eine tiefere Ursache. Wir waren uns ziemlich sicher, dass sie etwas mit der Bedeutung unserer Arbeit an sich zu tun hatte, mit dem Sinn, den wir mit ihr verbanden, und dem Gefühl, dass sie potenziell viel mehr bieten könnte. Wir stellten uns auch sehr grundsätzliche Fragen wie: Worauf wollen wir einmal zurückblicken? Was sollten unsere Freunde und Familie am Ende unseres Lebens über uns sagen? Etwa: »Er/sie hat täglich viele Stunden im Büro dafür gekämpft, viel Geld zu verdienen«?

Und wenn es nicht unsere jetzigen Jobs waren, die uns das Gefühl von Sinn und Erfüllung gaben, welche Alternativen könnte es zu unserer Arbeit geben? Wie weit weg von unserem angestammten Bereich müssten wir suchen, um einen Beruf zu finden, der uns auch in unserem tiefsten Inneren zufriedenstellte?

Recht schnell lernten wir dann im Rahmen unserer Suche viele interessante Fragestellungen rund um die gesellschaftliche Verantwortung von Unternehmen kennen, die heute unter den Ausdrücken »Corporate Social Responsibility« oder »Corporate Citizenship« diskutiert werden. Wir stießen auf eine ganze Reihe ethischer und ökologischer Themen: zum Beispiel die ökologische Verantwortung von Politik, Wirtschaft und Gesellschaft, »Nachhaltige Entwicklung«, »Clean Tech«, »soziales Unternehmertum« oder »Social Entrepreneurship«, »Philanthropie«. Das sprach uns an und dazu fühlten wir uns hingezogen: Hier schien etwas im Verborgenen zu liegen, das uns auf eine gute Spur brachte.

In diese Phase der Reflektion und des Sondierens fiel auch der Besuch einer von Microsoft mitveranstalteten Geschäftskonferenz unter dem Motto »Realizing Potential«. In einer Diskussionsrunde hochrangiger Wirtschaftskapitäne wurde eine Direktorin des Internationalen Roten Kreuzes darauf angesprochen, dass sie es ja relativ einfach habe – die Leistung ihrer Organisation würde nicht hart nach Zahlen bemessen, sie müsse schließlich keinen Umsatz bringen. Doris Pfister, die wir später auch in einem persönlichen Gespräch kennenlernen durften, antwortete auf diese Bemerkung in aller Gelassenheit: »Wir werden zwar nicht nach Profiten beurteilt. Allerdings werden wir sehr streng nach dem Impact bemessen, den wir auf das Leben anderer Menschen haben. Wir müssen ausweisen, wie viele Kinder wir impfen, wie viele Häftlinge wir besuchen und wie vielen Menschen wir in Katastrophen helfen.«

Impact, nicht Profit

Wie so oft im Leben hört man etwas und es formt sich daraus, in Kombination all dessen, was einen beschäftigt, ein eigener Gedanke. In diesem Fall war uns schlagartig klar: Im Leben geht es nicht um Profit, sondern um Impact!

Unter Impact verstehen wir den Beitrag beziehungsweise die Auswirkungen unseres Handelns auf unser Umfeld, auf die Gesellschaft. Tragen wir etwas Gutes bei oder zerstören wir? Geht es anderen Menschen besser, weil es uns gibt? Dieser Impact jedes Einzelnen kann also positiv oder negativ sein. Im dritten Teil dieses Buches werden wir näher darauf eingehen, wann Impact für uns positiv und wann er negativ ist.

Als Berater waren wir es gewohnt, Hypothesen aufzustellen, wie etwas besser werden könnte, und diese dann durch harte Tatsachen zu untermauern. Was also lag näher, als die noch unvollständige Hypothese aufzustellen, die da lautete: »Man wird glücklich und zufrieden im Leben, wenn man mit seinen Aktivitäten anderen hilft, wenn man einen positiven Impact auf das Leben seiner Mitmenschen hat.«

Dieser Gedanke schien auf einmal einfach und klar auszudrücken, was wir gesucht hatten. Unsere Schlussfolgerung daraus war, dass wir genau solche Menschen kennenlernen wollten. Menschen, die durch ihren Beruf einen positiven Beitrag für ihre Mitwelt erbringen.

Aus unserer Lektüre wussten wir, dass wir solche Menschen nicht an den Seeufern des Zürichsees finden würden, wo wir die letzten Jahre gelebt hatten. Dazu müssten wir in die Welt hinaus, in ferne Länder und auf andere Kontinente. Doch wie und wo sollte man all diese Menschen finden, und wer würde überhaupt mit uns sprechen wollen?

Die Anziehungskraft der Gedanken und die Social Entrepreneurs

Während der nächsten Wochen durften wir zum ersten Mal erfahren, was uns später mehrere unserer Gesprächspartner bestätigten: Wenn man etwas wirklich von ganzem Herzen will und viel dafür tut, ergeben sich Chancen, die man nie für möglich gehalten hätte. So stellte sich heraus, dass einer von Wolfgangs besten Freunden aus Bain-Zeiten gerade für ein Jahr bei der Schwab

Stiftung für Social Entrepreneurship[1] in Genf tätig war. Dort organisierte er das Treffen aller bisher weltweit in das Schwab-Netzwerk aufgenommenen Social Entrepreneurs im brasilianischen Campinas.

Über Social Entrepreneurs, also Menschen, die sich mit unternehmerischem Engagement innovativ, pragmatisch und langfristig für einen bahnbrechenden gesellschaftlichen Wandel einsetzen, hatten wir schon viel gelesen. Die Gelegenheit, viele von ihnen kennenzulernen und mit ihnen über unsere Projektidee ins Gespräch zu kommen, wollten wir uns auf keinen Fall entgehen lassen! Wolfgang feierte deshalb im Herbst 2004 seinen Geburtstag in Campinas. Eine fantastische Woche und viele einzigartige Begegnungen später stand unser Entschluss fest: Wir werden um die Welt reisen, um Menschen zu besuchen, die einen positiven Impact haben. Es wird spannend, lehrreich und einmalig werden. Auch wenn wir noch nicht wirklich wussten, was »positiver Impact« in der Umsetzung genau bedeutet, war uns beiden klar, dass nichts mehr an dieser Reise vorbeiführte. Obwohl wir sie selbst finanzieren mussten, war es uns die Aussicht auf die zu erwartenden Begegnungen und Erkenntnisse allemal wert.

Die Weltumrundung mit Auftrag

Kaum zu glauben, wie schnell etwas gehen kann. Bereits fünf Monate nach der Brasilienreise hatten wir unsere Jobs und unsere Wohnung gekündigt, die Autos verkauft und unser Hab und Gut sicher in den Kellern unserer Eltern verstaut. Wir gründeten das Unternehmen MyImpact und lancierten die Webplattform www.myimpact.net, auf der wir direkt über unsere Begegnungen berichten wollten. Ausgerüstet mit einem »Rund-um-die-Welt«-Ticket von je 20 Flügen – CO_2-kompensiert durch unseren Partner CO_2OL –, je einem großen Rucksack mit allem, was man für ein Jahr wirklich braucht, und einem kleineren Rucksack mit Laptops, Aufnahmegerät und Kameras, ging es im April 2005 los. Zuvor hatten wir in jedem Land, das wir besuchen wollten, mindestens einen Kontakt für ein Interview hergestellt. Da wir nicht mehr als insgesamt 30 Gespräche führen wollten, sollte dieser Teil der Reise auch ganz gut zu bewältigen sein.

Zwölf Monate, fünf Kontinente und 26 Länder später waren wir überwältigt: nicht nur von all den neuen Eindrücken, die wir versucht hatten auf 14.000 Fotos festzuhalten, sondern vor allem von den 230 Begegnungen mit unglaublichen Menschen. Menschen, die es aus unserer Sicht wirklich verdient haben, als Vorbilder und »Zukunftsmacher« bezeichnet zu werden.

[1] Die vom Gründer des Weltwirtschaftsforums (WEF), Klaus Schwab, ins Leben gerufene Schwab Stiftung für Social Entrepreneurship zeichnet in 30 Ländern – darunter auch in der Schweiz und in Deutschland – den »Social Entrepreneur des Jahres« aus. Eine Mischung aus Bill Gates und Mutter Teresa wird gesucht, welche auf unternehmerische Art und Weise innovative Lösungen zu sozialen und ökologischen Problemen umsetzen kann.

Richtig: Aus den ursprünglich geplanten 30 Gesprächen sind am Ende 230 Interviews geworden. Keines von ihnen wollen wir missen und keines von ihnen werden wir jemals vergessen.

Je mehr Gespräche wir führten und je tiefer wir in die Recherchen einstiegen, umso mehr Menschen wurden uns für weitere Gespräche empfohlen, umso mehr Netzwerke und interessante Personen entdeckten wir. Die Begegnungen mit diesen faszinierenden Persönlichkeiten wurden für uns fast zu einer Sucht. Unsere Lernkurve, was gesellschaftliche und ökologische Herausforderungen und Lösungen anging, explodierte förmlich – auch unterstützt durch die passende Lektüre, die wir unterwegs verschlangen und dann paketweise wieder heimschickten.

Wir haben unsere Interviewpartner auf unterschiedlichste Weise gefunden – durch Netzwerke[2], Publikationen, Recherchen und durch persönliche Empfehlungen.

Bewusst haben wir von Anfang an nicht versucht, die Menschen nach der Größe oder Wichtigkeit ihres positiven Impacts zu bewerten. Ein Vergleich würde niemandem gerecht werden. Wir wollten einfach Geschichten finden, die berühren, inspirieren und zukunftsweisende Lösungen aufzeigen.

Was hat die Reise verändert? Was ist heute anders?

»Die wahre Entdeckungsreise besteht nicht darin, dass man neue Landschaften sucht, sondern dass man mit neuen Augen sieht.« Marcel Proust

Nichts kann unsere Weltreise und unsere Erfahrungen besser beschreiben als dieser Satz von Marcel Proust. Nach mehreren Arbeitsjahren in Europa wollten wir Menschen begegnen, die sich nicht nur für ihre eigene Karriere und ihr persönliches Umfeld interessierten, sondern sich auch für die Lösung weltweiter, gesellschaftlicher Herausforderungen verantwortlich fühlten. Unsere Erlebnisse haben dazu geführt, dass wir die Welt nun mit neuen Augen sehen und sehr viel differenzierter wahrnehmen und beurteilen.

Natürlich gibt es tausend kleine Dinge, die wir heute etwas anders machen. Zwar sind wir nach wie vor sehr mobil. Allerdings meist mit dem Zug und selten mit unserem Kleinwagen, der über seinen gesamten Lebenszyklus gesehen einen der besten am Markt erhältlichen ökologischen Werte vorzuweisen hat.

Wir kaufen viel bewusster ein – von Möbel über Kleider und Nahrungsmittel. Wir gestalten unsere Ernährung viel vegetarischer: Seit uns bewusst geworden ist, wie viel Wasser und wertvolle pflanzliche Nahrung für die intensive Nutztierhaltung nötig ist, erscheint uns Fleischkonsum nur noch

[2] Vielen Dank für die Unterstützung an Ashoka, Avina, die Schwab Stiftung, die Skoll Stiftung, den World Business Council for Sustainable Development, Echoing Green, WISE, LEVAL und einige mehr.

in Maßen sinnvoll. Wir nehmen die Lebensqualität in unserem Umfeld noch bewusster wahr, schätzen sie sehr und reisen weiterhin viel, um die Realität im Rest der Welt nicht aus den Augen zu verlieren.

Vor allem aber wollen wir mit unserer Energie und mit unserer Arbeit dazu beitragen, die nachhaltige Lebensqualität von Menschen zu steigern. Da wir weiter viel und intensiv arbeiten werden, ist es wohl dieser Lebensbereich, mit dem wir den größten Einfluss ausüben können. Deshalb gestalten wir ihn nun so, dass wir damit einen positiven Beitrag leisten. Immer unter Berücksichtigung unserer Erfahrungen, Fähigkeiten und Interessen und mit Rücksicht auf unser Lebensumfeld und Bedürfnisse in anderen Lebensbereichen wie Gesundheit oder Familie.

Positiver Impact durch neue Herausforderungen

»Glücklich bist du dann, wenn das, was du denkst, das, was du sagst, und das, was du tust, in Harmonie miteinander sind.« Mahatma Gandhi

Wir waren auf Weltreise gegangen, ohne einen konkreten Plan für die Zeit danach zu haben. Wir wussten nicht, wie uns die Reise verändern und was daraus für unser zukünftiges Leben folgen würde. Doch kaum waren wir wieder in Zürich gelandet, wartete ein Jahr voll spannender Herausforderungen auf uns.

Bei unseren letzten Interviews während einer Oikos-Konferenz in St. Gallen lernten wir Antoinette Hunziker-Ebneter kennen, die nach Jahren im Top-Management in der Finanzindustrie gerade dabei war, ein neues Projekt zu starten. Unsere Erfahrungen stellten sich dafür als so relevant heraus, dass wir bereits wenige Wochen später mit ihrem Team erfahrener Banker das Konzept für eine neu zu gründende Vermögensverwaltung namens Forma Futura[3] erarbeiteten. Wir entwickelten in den folgenden Monaten ein innovatives Konzept, wie man durch profitable Geldanlagen zur Steigerung der nachhaltigen Lebensqualität auf der Welt beiträgt. (Mehr über die Begegnung mit Antoinette Hunziker-Ebneter erfahren Sie im dritten Teil dieses Buches.)

Parallel dazu begann Wolfgang bereits im Juni 2006 seine Arbeit als Investment Manager bei BonVenture[4], dem ersten sozialen Beteiligungsfonds (Social Venture Fund) im deutschsprachigen Raum. BonVenture unterstützt Organisationen und Unternehmen, die einen ökologischen oder sozialen Geschäftszweck verfolgen, mit finanziellen Mitteln, mit Beratung und durch ein Netzwerk von Experten.

Die geplanten finanziellen Renditen der unterstützten Organisationen sind wegen der teilweise fehlgesteuerten Rahmenbedingungen des heutigen

[3] www.formafutura.com

[4] www.bonventure.de

Wirtschaftssystems nicht hoch genug, um als Investitionen für traditionelle Venture-Capital-Unternehmen in Frage zu kommen. Das in der Anfangsphase vorhandene Erfolgsrisiko ist andererseits für Banken zu groß. In derartigen Situationen bietet der in den USA in den letzten zehn und in Europa in den letzten fünf Jahren immer stärker wachsende Bereich des Social Venture Capital oder der Venture Philanthropy einen passenden Ansatz, um genau diese innovativen Lösungen zu fördern. Wolfgangs Arbeit bei BonVenture war vom positiven Impact und vom Umfeld her hervorragend und die Innovationskraft der Portfoliounternehmen faszinierend.

Einen noch größeren Hebel glaubt Wolfgang nun in seiner neuen Funktion zu haben. Seit September 2007 baut er für die Fürstenfamilie in Liechtenstein und die sich in deren Besitz befindliche Gruppe Liechtenstein Global Trust (LGT)[5] weltweit den Bereich der Venture Philanthropy auf. Das LGT-Venture-Philanthropy-Team wird Unternehmen und Organisationen identifizieren und fördern, die die nachhaltige Lebensqualität benachteiligter Menschen in Entwicklunsgländern steigern und ihnen ermöglichen, ihr gesamtes Potential zu nutzen. Durch Eigenkapitalbeteiligungen, Darlehen und Spenden sowie Know-how und die richtigen Kontakte soll der positive Impact dieser Organsiationen so gesteigert werden, dass Millionen von Menschen von ihrer Arbeit profitieren.

Joanna ist fest davon überzeugt, dass internationale Großunternehmen in der heutigen Welt eine prägende Rolle in der Weiterentwicklung der Weltgesellschaft spielen. Es ist deshalb entscheidend, wie diese ihre gesellschaftliche Verantwortung verstehen und wahrnehmen und mit ihren wirtschaftlichen Zielen in Einklang bringen. Joanna freut sich deshalb auf ihre neue Herausforderung bei Microsoft Schweiz. Als Verantwortliche für »Organisationsinnovation und Nachhaltigkeit« wird sie eine zukunftsgerechte und gesellschaftlich verantwortliche Entwicklung des Unternehmens mit gestalten. Durch ihre frühere Tätigkeit bei Microsoft Schweiz kennt sie die Herausforderungen im Kerngeschäft des Konzerns und kann so Aktivitäten anstreben, die einen Nutzen für alle Seiten bedeuten.

Mit unserem Unternehmen MyImpact verfolgen wir weiterhin die Vision, Menschen zu inspirieren und Lösungen zu fördern, die einen positiven Impact auf die nachhaltige Lebensqualität haben.

Sehr gerne nehmen wir dazu auch Ihre Ideen und Initiativen auf, um sie zusammen mit Ihnen als MyImpact-Projekte zu realisieren. Kontaktieren Sie uns einfach unter info@myimpact.net. Gemeinsam mit Ihnen wollen wir MyImpact als eine Plattform etablieren, auf der Menschen und Projekte zusammenfinden, die positiven Impact erzielen möchten.

[5] www.lgt.com

Im Mittelpunkt stehen aber nun die Lebensgeschichten der 23 faszinierenden Männer und Frauen, die wir aus den über 200 Interviews für dieses Buch ausgewählt haben. Sie zeigen, dass es keine Rolle spielt, wie alt oder jung, reich oder arm, erfolgreich oder begabt jemand ist.

Um dem Berufsleben eine andere Richtung zu geben, braucht es Mut und eine gewisse Risikobereitschaft. Bequem gewordene Gewohnheiten aufzugeben und sein Leben neu zu ordnen, ist eine Herausforderung und nicht immer ganz leicht. Allzu schnell hält man deshalb Ausreden bereit und sieht scheinbar unüberwindbare Hürden, die den Neuanfang unmöglich erscheinen lassen.

Doch es lohnt sich, diese zu hinterfragen und auf ihren tatsächlichen Gehalt zu überprüfen. So, wie es auch unsere Gesprächspartner getan haben.

Wir haben deshalb die Geschichten nach Kapiteln geordnet, die einige der vermeintlichen Hürden und Ausreden thematisieren:

1. Mir fehlt der passende berufliche Hintergrund
2. Ich bin noch zu jung oder schon zu alt
3. Ich bin finanziell nicht abgesichert
4. Ich bin schon erfolgreich mit dem, was ich tue
5. Was sollen die anderen über mich denken?

Am Ende der Kapitel steht die Erkenntnis: Wenn man einen positiven Beitrag für ein besseres Leben auf der Welt leisten möchte, finden sich immer Mittel und Wege, um dieses Ziel zu erreichen.

Und das Schöne und Ermutigende dabei ist, dass man auf diesem Weg auch selbst ein neuer Mensch wird. Denn es macht glücklich und zufrieden, wenn der Berufsalltag mit dem Gefühl von Sinn und Bedeutung verbunden ist, wenn man erleben darf, dass das eigene Engagement die gewünschte positive Wirkung zeigt.

Lassen Sie sich also inspirieren von dieser Reise durch eine Welt voller Lösungen – gestaltet von Menschen, die es verdienen, als Vorbilder, als »Zukunftsmacher« für das 21. Jahrhundert bezeichnet zu werden.

TEIL II – DIE PORTRÄTS

1. »Mir fehlt der passende berufliche Hintergrund«

Welche Fähigkeiten sind nötig, um sich mit seinem Beruf für eine lebenswertere Welt zu engagieren? Braucht es eine spezielle Ausbildung oder ein besonderes Können, um etwas Positives zu bewegen?

Die folgenden Geschichten zeigen, dass jeder Mensch mit seinen Fähigkeiten und Talenten bestens ausgerüstet ist. Nahezu jeder berufliche Hintergrund kann dazu genutzt werden, um die Welt schöner und nachhaltiger zu gestalten. Man braucht nicht Medizinerin, Umweltwissenschaftler oder Sozialarbeiter zu sein, um sinnvoll leben und arbeiten zu können.

Ein gutes Beispiel dafür ist die aus London stammende Safia Minney: Sie kommt ursprünglich aus der schillernden Welt der Hochglanzmagazine und der Werbung. Heute vertreibt sie im Rahmen eines Fair-Trade-Unternehmens ökologisch sinnvolle, schöne Mode und nutzt dafür ihre in der Branche erworbenen Fähigkeiten.

Oder ein Mensch wie Chris Eyre, einer der ersten und sehr erfolgreichen Venture Kapitalisten im Silicon Valley: Er stellte sein Talent zum Geldverdienen und -vermehren sowie sein wertvolles Finanznetzwerk nach einem entscheidenden Wendepunkt in seinem Leben in den Dienst von wohltätigen Organisationen.

Jim Fruchterman, ein auf www.myimpact.net porträtierter Social Entrepreneur, ist Technologie-Freak durch und durch. Aber anstatt sein Mustererkennungswissen für die Steuerung von Raketensystemen der amerikanischen Armee zur Verfügung zu stellen, entwickelte Jim lieber die erste Lesemaschine für blinde Menschen. Heute ist er Geschäftsführer von Benetech, einem Technologieunternehmen, das mit seinen Innovationen Technologien für den humanitären Bereich entwickelt. Lachend meint Jim: »Viele erstklassige Technologiespezialisten, die mit uns in Kontakt treten, sagen: ›Fantastisch! Ich habe ja Fähigkeiten, die der Gesellschaft wirklich helfen können.‹ Sie finden es wunderbar, über bedeutungsvolle Lösungen für andere Menschen nachzudenken und sie mit unserer Hilfe zu realisieren. Das macht uns allen riesigen Spaß. Und ich erzähle meinen Kindern lieber, dass ich etwas Gutes für Blinde und Verfolgte tue, als darüber, wie viele Menschen die von mir konstruierten Raketen getötet haben.«

»Jedes Mal, wenn eine Familie durch einen Müll-Minijob Geld bekommt, um frisches Brot zu kaufen oder Kinder in die Schule zu schicken, ist es ein herrliches Gefühl für mich.«

Albina Ruiz Ríos
Dschungelmädchen, Ingenieurin,
Abfallentsorgungsspezialistin, Müllkönigin
Lima, Peru

Vom Dschungelmädchen zur Abfallkönigin

Albina Ruiz wuchs im peruanischen Dschungel auf, zwischen wilden Flüssen und riesigen Bäumen, irgendwo jenseits der Inka-Stätten in Richtung Amazonas. Die Region heißt San Martin, die nächste Stadt Moyobamba – großer Fluss. Albina verbrachte viel Zeit inmitten eines für uns kaum vorstellbaren Reichtums an farbenfrohen Pflanzen und einer artenreichen Tierwelt. Ihre Eltern waren Bauern, besaßen Kaffeeplantagen und die Familie lebte eng mit der Natur verbunden und von ihr abhängig. Albina ging täglich in die Schule – für ein Mädchen aus dieser Weltregion nicht ganz selbstverständlich. Die Schule war eine katholische Konventschule, und die Nonnen brachten ihr schon in jungen Jahren viel über die Bedeutung des Lernens und die Verantwortung für andere bei.

Der Abfall stört einfach!

»Ich war schon immer der Meinung, dass es notwendig ist, neue Lösungen zu entwickeln. Deswegen wollte ich Ingenieurin werden«, erinnert sich Albina. »Da es in meiner Gegend keine Universität gab, hat mein Vater vorgeschlagen, dass ich nach Lima gehe. Er hat mich immer unterstützt.«

So zog Albina mit 18 Jahren in die weit entfernte Hauptstadt, um dort zu studieren. Während unseres Interviews denkt sie schaudernd zurück: »Es war dort sooooo anders!« Sie war die einzige Frau in ihrem Studienfach und fühlte sich von der großen, lärmenden Stadt abgestoßen. Ihr Bruder, der bereits seit einigen Jahren in Lima lebte, erklärte ihr, welchen Kriminellen in der Nachbarschaft sie besser aus dem Weg gehen und wie sie mit dem Verkehr umgehen sollte. Bevor sie sich auf das Abenteuer ihrer ersten Busfahrt einließ – im Dschungel ging man immer zu Fuß – verbrachte Albina ein paar Tage im Haus ihres Bruders. Sie lebte mit seiner Familie in einem Zimmer in El Augustino, einem der vielen Armenviertel, in dem mittellose Einwanderer Wand an Wand mit Kriminellen lebten. In diesen ersten Großstadttagen traute sich Albina kaum aus dem Haus. Auf den Straßen störten sie neben dem ohrenbetäubenden Lärm besonders die grässlichen, stinkenden Müllhaufen, die sich überall in den Armenvierteln türmten und die Umwelt und die Gesundheit der Menschen angriffen. Verglichen mit der Pracht des Urwaldes war sie täglich über das entsetzt, was ihre Augen sehen und ihre Nase riechen musste. Wie sollten die Menschen hier jemals in Würde leben können, wenn sie täglich diesem Dreck und Gestank ausgesetzt waren, fragte sie sich. So fing sie an, den Müll wegzuräumen, wo immer sie konnte.

Das Potenzial im eigenen Beruf

»Aber«, so fragte sich Albina, »wozu studiere ich denn Ingenieurwissenschaften?« Schließlich ist das ein Beruf, in dem es um Lösungen geht. Mittlerweile hatte sie sich einigermaßen eingelebt und konnte nach einem Vorbereitungsjahr, das sie mit Bravour abschloss, das eigentliche Studium beginnen. Die überall sichtbaren Abfallhaufen brachten die junge Wissenschaftlerin auf die Idee, dass sie die Fähigkeiten, die sie täglich erwarb, auch für etwas anderes als für die Konstruktion von neuen Maschinen oder Werkzeugen einsetzen könnte.

Anfang der 90er-Jahre begann Albina also, sich mit dem Thema Müll auch wissenschaftlich intensiv auseinanderzusetzen. Sie wollte das Problem als System verstehen und hoffentlich lösen. Sie gründete eine Studentenarbeitsgruppe, berechnete die Gesundheitsausgaben der Familien in den Armenvierteln und verbrachte Tage in den Bibliotheken. Noch mehr Tage verbrachte sie im Wagen der Müllabfuhr in den wohlhabenderen Bezirken Limas. So lernte sie, das System zu verstehen. Wie viel Müll passt in einen Wagen, welche Routen sind am effizientesten, wie müssen die Abfälle fürs Recycling optimal getrennt werden? Wer soll was auf welcher Stufe sortieren? Wie stellt man sicher, dass »Recycladores«, Menschen, die bisher vom Müll lebten, nicht plötzlich gänzlich ohne Einkommen dastehen? Vielleicht kann man ihnen einen festen Arbeitsplatz anbieten? Wer sammelt wann und wie die Gebühren ein?

»Abfall ist ein Problem, und ich lebte inmitten dieses Problems«, so beschreibt Albina die kritische Zeit, als wir sie im Hauptsitz von Ciudad Saludable (Saubere Stadt) in Lima besuchen. »Ich hatte eine Diplomarbeit über ein innovatives Abfallsystem für die Armenviertel geschrieben und mich entschieden, es zuerst in meiner neuen Heimat Lima zu implementieren.«

In Albinas Stimme ist eine gewisse Dringlichkeit zu hören, die einen mitreißt. Albina lacht praktisch die ganze Zeit und gleichzeitig ist ihr Entschlossenheit und Bestimmtheit ins Gesicht geschrieben.

Mutterschaft und andere Karrieren

Albina schrieb ihre Diplomarbeit unter anderem über die sozialen und ökologischen Auswirkungen der Müllverwertung. Der Bürgermeister von Lima wurde auf ihre Erkenntnisse aufmerksam und bot ihr eine Arbeitsstelle an – sie sollte ihr System in einem Pilotprojekt umsetzen. Eine hektische Zeit folgte, zumal Albina mit 21 Jahren gerade geheiratet und eine Tochter bekommen hatte. Es wurde nicht einfach, die knappe Zeit aufzuteilen und alles unter einen Hut zu bringen. Aber mit Hilfe eines weiteren Studenten gelang es irgendwie: »Manche wunderten sich, dass ich als beste Studentin meines Jahrgangs nicht in einem Unternehmen arbeitete und gutes Geld verdiente. Ich wollte aber immer die Lebensqualität anderer verbessern. Menschen helfen zu können war mir schon immer wichtiger als Geld und Karriere«, meint Albina. »Ich habe immer in armen Gegenden gelebt. Und in armen Gegenden ist es dreckig. Man versucht sich durch viel Innovation gegenseitig zu helfen und das Leben so erträglich wie möglich zu gestalten.«

Zufrieden mit den ersten Erfolgen ihres Abfallentsorgungssystems vertiefte Albina ihr Wissen in einem Master-Studiengang für Ökologie und Umweltmanagement. Anschließend absolvierte sie ein weiteres Spezialstudium im schweizerischen Basel. Parallel dazu weitete sie ihr System auf andere Stadtbezirke Limas aus.

Ein ausgeklügeltes System mit vielen Verdienstmöglichkeiten

Der Grundgedanke dieses Systems ist einfach: Die Einwohner der Armenviertel geben normalerweise jeden Monat vier bis zehn Dollar für die Bekämpfung von Durchfall und anderen hygienebedingten Erkrankungen aus. Wenn sie diesen Betrag stattdessen in eine funktionierende Müllabfuhr investieren, vermeiden sie einerseits den Großteil der Krankheiten. Andererseits kommen aber ein paar andere Steine ins Rollen, denn rund um Müllabfuhr und -verwertung entstehen in Albinas System eine Reihe von Miniunternehmen. Manche holen den Abfall ab und sammeln gleichzeitig die Gebühren ein; andere trennen die Abfälle und verwerten einen Großteil zu neuen Waren – auch das schafft eine Reihe von Arbeitsplätzen. Häufig gehen diese Jobs an Frauen, und sie schaffen sich ein weiteres Einkommen, indem sie zum Beispiel einen Teil des Mülls kompostieren und dann als Düngemittel verkaufen. Es gelingt Albina, die Wertvernichtungskette in eine Wertschöpfungskette umzuwandeln und in jedem Stadium Jobs für die Armen zu schaffen.

Ganz nebenbei gelingt auch Aufklärung über Umweltfragen an Orten, wo das Interesse vorher kaum vorhanden war und die durch Regierungsprogramme kaum erreicht wurden. Erstaunlich mag sein, dass 98 Prozent der Einwohner in »ihren« Vierteln die Müllgebühren bezahlen. Im Durchschnitt erreicht die Verwaltung sonst lediglich eine »Zahlerquote« von 60 Prozent. Das ist wohl darauf zurückzuführen, dass der Wohlstand der Menschen steigt, weil die negativen Nebenwirkungen des Abfalls so dramatisch sinken. »Ein Abfallhaufen ist eine Chance, nicht nur ein Problem. Plastik, organische Abfälle, Karton – das alles bedeutet Geld«, strahlt Albina und wir wundern uns, dass das Thema Abfall so viele positive Emotionen auslösen kann. Aber nicht der Abfall ist es, der Albina begeistert, sondern die verbesserte Lebensqualität der Menschen, für die sie das System entwickelt hat. Das System in Lima bietet mittlerweile an die 50.000 Arbeitsplätze für die Ärmsten unter den Armen und erreicht drei Millionen Menschen.

Saubere Städte überall auf der Welt

Durch die Unterstützung mehrerer Stiftungen konnte Albinas Konzept bis heute auf mehrere Städte in Südamerika ausgeweitet werden. Anfragen zur Beratung erhält sie aus der ganzen Welt. Die Arbeit ist hart und die teilweise langen Verhandlungen und Diskussionen liegen der temperamentvollen Albina nicht besonders: »In den schwierigen Momenten atme ich tief durch und zähle von eins bis zehn … oder ich werde richtig wütend und laut.«

Trotzdem, Albina ist zufrieden: »Die Arbeit ist schwierig, aber wunderbar! Jedes Mal, wenn eine Familie durch einen Müll-Minijob Geld bekommt, um frisches Brot zu kaufen oder die Kinder zur Schule zu schicken, ist es ein herrliches Gefühl für mich. Arme Menschen brauchen meine Arbeit; für sie muss sich die Welt ändern. Manche Menschen haben kein Bett und leben auf dem Müllhaufen. Und trotzdem – sie stehen auf und gehen Abfall sammeln, jeden Tag. Ihre Arbeit ist so viel härter als meine. Mein Traum sind saubere Städte überall auf der Welt. Vielleicht werde ich das nicht mehr erleben, aber meine Kinder sicher. Im Moment wird unser Modell nach Mexiko und Uganda exportiert.«

Die Sonnen- und die Schattenseiten des Unternehmertums

Es ist unumgänglich, das Wort »Strahlen« im Zusammenhang mit Albina immer wieder zu benutzen. Ihr ganzes Wesen scheint zu lachen, um die Welt – so wie sie kommt – willkommen zu heißen. Mit ihren Lachfältchen sieht sie viel jünger aus, als das Alter ihrer Tochter vermuten lässt. In ihrem innersten Wesen ist Albina trotz des schwierigen Weges, den sie hinter sich hat, wohl immer das fröhliche Mädchen aus dem Dschungel geblieben. Sie hat es geschafft, einen schwierigen Beruf nicht nur mit ihrer Familie unter einen Hut zu bringen, sondern auch mit der Überzeugung, dass man für andere Verantwortung trägt und dieser Verantwortung auch im täglichen Leben gerecht werden kann und soll. Der Weg dahin war aber lang und beschwerlich. Zuerst hatte Albina mit Vorurteilen gegen ihre Arbeit zu kämpfen, dann mit der Korruption in den unterschiedlichen Verwaltungen der Stadtteile und immer wieder mit dem Finanzierungsproblem. Die von ihr entwickelten Systeme können zwar kostendeckend operieren, ihre Entwicklung, Dokumentation und Ausbreitung setzt aber ein gewisses Grundkapital voraus. Die permanente Suche nach Geld, das Schreiben von Anträgen, Beantworten von Anfragen und die ermüdenden Verhandlungen hinterließen in den letzten 15 Jahren ihre Spuren. Heute wird Albina von mehreren Organisationen für Social Entrepreneurship unterstützt, und 2006 bekam sie den

Skoll Preis für Social Entrepreneurship. Mit dem Preisgeld in Höhe von einer halben Million Dollar wird sie ihr System nun in weitere 20 Städte exportieren können.

Mit der Zeit kommt auch die Anerkennung

Die erfolgreiche Ingenieurin komplexer Systeme hat nichts dagegen, »Müllkönigin« genannt zu werden. Schließlich schafft sie hunderte von Arbeitsplätzen, vermeidet für Millionen von Menschen Krankheiten und horrende Gesundheitsausgaben, die sich diese kaum leisten können, und verschönert nebenbei ihre Stadt. Doch auch Albinas geliebter Dschungel profitiert von ihrem Engagement. In ihrer Heimatregion unterstützt sie unterschiedliche Projekte, unter anderem Gemeinschaftshäuser, in denen mittlerweile 3.000 Frauen Arbeit in Restaurants, Handwerksgeschäften, Touristenunterkünften und anderen Betrieben finden. Notwendig sind dort ebenfalls hygienische Mülldeponien und Schulen für die Kinder.

Dass Albina hin und wieder auf der ganzen Welt über ihre Erfahrungen referieren kann und ihr auch schon einmal Robert Redford einen Preis überreicht, gehört heute ebenso zu ihrem Leben wie die Führung der Mitarbeiter und die technische Weiterentwicklung ihrer innovativen Systeme. Wie uns Albina bestätigt, hätte sie sich das als Kind im peruanischen Urwald nie träumen lassen.

Info

www.ciudadsaludable.org
www.ashoka.org/node/3718
www.schwabfound.org/schwabentrepreneurs.htm?schwabid=497
www.avina.net
www.skollfoundation.org/grantees/2006.asp
Die vom eBay-Gründer Jeff Skoll initiierte Skoll Foundation hat Albina eine mehrjährige finanzielle Unterstützung zugesichert, um das von ihr entwickelte System international zu verbreiten.
www.expedition-welt.de
Detaillierte Beschreibung von Albinas Initiative.

»Geld an sich ist für mich ein leerer Wert. Ich bin eine erfolgreiche Geschäftsfrau. Aber nur wegen des Geldes mein Unternehmen zu betreiben, wäre gähnend langweilig und, ja, sinnentleert«

Safia Minney
Medienspezialistin, Magazinmanagerin,
Fair-Trade-Unternehmerin, Modemacherin
Tokio, Japan

Fair-Trade-Haute-Couture, sexy und sinnvoll

Safia Minney kommt aus der schnellen Welt der Werbung und der Hochglanzmagazine. Die Londonerin hatte mit 17 Jahren keine Lust mehr auf Schule und stieg bei einem Einlegermagazin für eine traditionelle Industriezeitung ein. Schon nach sechs Monaten langweilte sie sich, und das Angebot einer Werbeagentur kam gerade recht. Noch bevor sie richtig anfangen konnte, wurde sie ins Büro des Chefs zitiert – die Agentur verlor seit geraumer Zeit viel Geld mit einer Zeitschrift für Heiratswillige.

Da Safia, wenn auch nur kurz, bei einer Zeitschrift gearbeitet hatte, wollte man ihr die Chance geben, das Magazin wieder profitabel zu machen. Die ehrgeizige junge Frau nahm die Herausforderung an und schaffte es zusammen mit ihrem Team tatsächlich, die Auflage des Hochzeitsmagazins innerhalb von vier Jahren zu versiebenfachen und damit weit in die Gewinnzone zu treiben. Mit der Zeit genoss sie das multikulturelle Umfeld in der Agentur, gewann immer mehr Selbstvertrauen und fing auch an, nebenbei wieder in die Schule zu gehen.

Heilsamer Schock in der Ferne

Wie viele andere junge Menschen, bekam auch Safia eines Tages Lust darauf, die Welt zu erkunden und länger zu reisen. Sie fuhr nach Bali und machte sich von dort aus auf dem Landweg nach Myanmar (damals Burma). Was sie auf ihren täglichen Streifzügen sah, schockierte sie. In ihrer Hochglanzwelt hatte sie die gängigen Vorurteile gegenüber Drittweltländern verinnerlicht. Sie dachte an arme, bemitleidenswerte Nichtstuer, die sich den Tag mit Herumsitzen vertreiben und auf milde Gaben warten. Stattdessen fand sie hart arbeitende und talentierte Menschen vor, die mit ihren über Jahrhunderte weitergegebenen handwerklichen Traditionen sehr gute Produkte herstellten. Natürlich sah Safia auch die miserablen Bedingungen, unter denen viele von ihnen zu arbeiten gezwungen waren. Vor allem aber stellte sie fest, dass die landesüblichen Kleinbetriebe weder das Wissen hatten noch die Rahmenbedingungen vorfanden, um ihre Waren international verkaufen zu können. Und die lokale Nachfrage war meist sehr gering. Oft war Safia sehr aufgebracht, wenn sie Geschichten von Menschen hörte, die trotz härtester Arbeit keine Chance hatten, im internationalen Wettbewerb

Fuß zu fassen. Sie mussten um den einen Dollar kämpfen, den sie täglich benötigten, um ihrer Familie eine Schüssel Reis auf den Tisch stellen zu können.

Wenn Hundefutter mehr zählt als Menschenleben

Nach einem knappen Jahr des Reisens kehrte Safia mit einem unglaublichen Reichtum an Eindrücken nach London zurück. Sie verstand nicht mehr, weshalb hochintelligente Menschen ihre Tage damit zubrachten, sich die neuesten Werbetricks für Hundefutter und Diäten auszudenken. Sie dachte an die Millionen Dollar, die für diese Werbeschlachten hinausgeworfen wurden, und gleichzeitig liefen vor ihrem geistigen Auge Bilder von den Menschen ab, die kaum genug zu essen hatten. Zum ersten Mal fragte sie sich ernsthaft, ob man die Fähigkeiten der Londoner nicht positiver einsetzen könnte.

Safia wagte den Sprung ins kalte Wasser und gründete ihr eigenes Marketing-Beratungsunternehmen. Sie spezialisierte sich darauf, ethnische Minderheiten und gemeinnützige Organisationen zu beraten und ihr Wissen zu Themen auszubauen und zu publizieren, die ihr wichtig waren, wie zum Beispiel zu Entwicklungshilfe, Feminismus, Ökologie und Menschenrechten. Zum ersten Mal wusste sie, warum sie täglich aufstand. Als allerdings James, ihr damaliger Freund und heutiger Ehemann, ein sehr gutes Angebot aus Japan bekam, nahm das junge Paar die Chance wahr. Die mittlerweile 25-jährige Safia freute sich auf die neue kulturelle Perspektive, und so wurde Tokio Safias neue Heimat.

Japan – eine andere Welt

Doch hier warteten zunächst eine Reihe von Schocks auf Safia – nicht nur wegen der neuen Sprache und Kultur. Sie war sehr überrascht, als sie sich in der Sprachschule unter indischen und italienischen Missionaren wiederfand, die im reichen Japan für japanische Obdachlose sorgen wollten. Tokio, die stolze Hightech-Metropole, kümmerte sich anscheinend nur wenig um die nicht ganz so leistungsstarken Mitglieder der Gesellschaft. Noch erstaunter war Safia allerdings, als sie feststellte, dass sie keine der in Großbritannien üblichen Informationen über biologisch angebaute Nahrung oder Produkte aus fairem Handel finden konnte. Nach ihren Reiseerfahrungen hatte sie es sich in England zur Angewohnheit gemacht, so weit wie möglich sozial und ökologisch sinnvoll produzierte Waren zu kaufen. Doch in Japan schien sozialer und ökologischer Konsum kein Thema zu sein.

Gründung Nr. 1 – Global Village

Ihr Unternehmergeist sagte Safia, dass sie etwas ändern müsse. So gründete sie 1989 zusammen mit Freunden Global Village, eine NGO (Nichtregierungsorganisation), die sich für soziale und ökologische Gerechtigkeit stark macht. In den ersten Jahren konzentrierte sich Global Village vor allem darauf, Informationen über sozial und ökologisch sinnvolle Einkaufsmöglichkeiten zu publizieren.

Dank ihres Mannes, der als Bankangestellter gut verdiente, hatte Safia ein viel zu großes, meist leer stehendes Haus zur Verfügung – ideal als Hauptquartier für Global Village. Das Haus mit Menschen zu füllen, die etwas Positives bewegten, schien ihr die einzige Möglichkeit, sich wegen ihres Wohlstands nicht schuldig zu fühlen. Oft musste Safia ihre Teammitglieder spät abends aus dem Schlafzimmer ihrer Tochter vertreiben, weil sie das Kind endlich ins Bett bringen wollte. Das konnte kein Dauerzustand sein. Nach zehn Jahren zog deshalb das wachsende Global Village 1999 in ein eigenes Büro.

Gründung Nr. 2 – Fair Trade Company, heute People Tree

Sechs Jahre nach der Gründung von Global Village wurden immer mehr Anfragen wegen empfehlenswerter Produkte direkt an Safia gerichtet. Deshalb entschloss sie sich 1995, ein zweites Unternehmen in Japan zu gründen. Auch hier machte sie sich ihre Kreativität und ihr Kommunikationstalent zunutze.

Mit der Fair Trade Company zeigt sie seitdem, dass Konsumartikel aus fairem Handel sich in Qualität und Design vor klassischen Produkten keinesfalls verstecken müssen. Dank der kontinuierlich steigenden Nachfrage ist es ihr in den letzten zehn Jahren gelungen, ein Team mit fast 60 Mitarbeitern aufzubauen, das in Japan, England, der Schweiz, in den USA und in Italien mehr als acht Millionen Dollar pro Jahr umsetzt. Neben dem klassischen Handel mit Produkten aus fairem Handel, der immer noch einen Großteil des Umsatzes ausmacht, hat sich Safia in den letzten Jahren immer mehr auf ökologisch und sozial sinnvoll produzierte Mode spezialisiert.

People Tree und die Ansprüche

Wir treffen Safia in ihrem Büro in einem Vorort von Tokio. Außer der Sprache, die sie nach 15 Jahren nun nahezu perfekt spricht, scheint an ihr nicht viel typisch japanisch zu sein. Sie wuchs in London als Tochter eines indisch-mauritischen Vaters und einer Schweizer Mutter auf. Die zierliche Frau steckt voller Energie, ihre schwarzen Locken umspielen das häufig lachende Gesicht und sie ist auffällig gut gekleidet. Schlicht, elegant und etwas jugendlich – alles aus fairem Handel, erklärt sie.

Unter dem Label People Tree koordiniert Safia inzwischen 70 Produzentengruppen in 20 Ländern. Ihre Teams im Londoner Design-Center und in Japan entwerfen internationale Spitzenmode, die dann von diesen relativ kleinen Gruppen in der ganzen Welt produziert wird. Dadurch besteht auch für die Näherin im abgelegenen Laos oder im südamerikanischen Dschungel die Möglichkeit, Produkte auf dem Weltmarkt abzusetzen. Qualität ist oberstes

Gebot: Alle Produkte müssen sich am Markt gegen konventionell und damit oft umweltschädlich hergestellte Artikel durchsetzen, weil man in Japan auf den Luxus einer über fairen Handel aufgeklärten Kundschaft nach wie vor nicht zurückgreifen kann. Die passenden lokalen Produzenten hat Safia vor allem in Entwicklungsländern aufgebaut, vielen von ihnen Zusatzausbildungen ermöglicht und ihnen gezeigt, wie Mode in Japan und der Welt getragen wird. Im Gespräch erklärt Safia: »Viele unserer peruanischen Mitarbeiterinnen stehen um vier Uhr morgens auf, um einen Teil für unsere Kollektion herzustellen, bevor sie sich um ihre Kinder kümmern müssen. Es ist nicht immer leicht, ihnen klarzumachen, warum ein Zentimeter mehr oder weniger bei einem Kleidungsstück durchaus entscheidend sein kann für die Kundschaft von People Tree. Oder zu erklären, warum die Farben bei allen Teilen ganz genau gleich aussehen müssen. Dennoch macht es mich sehr zufrieden, zu wissen, dass eine solche Frau ihre Familie ernähren und ihre Kinder zur Schule schicken kann. Dafür arbeite ich sehr gerne ein bisschen mehr.«

Freier Markt?

Natürlich kümmert sich People Tree auch um das Marketing für die dezentral erstellten Produkte. Safia weiß nur allzu gut, dass es für die Kleinproduzenten unmöglich ist, im heutigen »freien Markt« allein zu bestehen. »Freier Markt«, so Safia, »ist doch unter anderem ein Markt mit perfekter Information. Wenn ich allerdings bedenke, wie schlecht die Information über die ökologischen und sozialen Folgen der Herstellung vieler Produkte immer noch ist, so kann man in dem Bereich nicht von freien Märkten sprechen.« Selbst hochrangige Entscheidungsträger aus Politik und Wirtschaft wüssten nicht über die Konsequenzen dessen Bescheid, was sie mit verantworteten – das habe sie auf dem Weltwirtschaftsforum in Davos immer wieder mit Schrecken feststellen müssen. Die Leader von heute haben in ihren Augen kaum Zugang zu entscheidenden Informationen.

»Auch Konsumenten werden von gut bezahlten PR- und Marketingprofis sehr clever manipuliert«, ist Safia überzeugt. »Die Menschen werden hinters Licht geführt«. Der faire Handel will dagegen aufklären und die Konsumenten dazu befähigen, bewusste Kaufentscheidungen zu treffen.

Herausforderung für die Produzenten

Solange die sozialen und ökologischen Kosten der Warenherstellung noch nicht in den Preisen enthalten sind, handelte es sich international keinesfalls um einen freien Wettbewerb in freien Märkten. Ökologische und soziale Anforderungen müssten noch viel mehr als bisher als gesetzliche Rahmenbedingungen im Produktionsablauf verankert sein. Als Beispiel führt Safia die Baumwollproduktion an. Baumwolle wird traditionell unter hohem Verbrauch von Wasser und Pestiziden angebaut. In vielen Regionen ist Wasser sehr knapp, und die Baumwollplantagen sorgen dafür, dass die Reserven noch schneller zu Ende gehen. Mehr als 20.000 Baumwollbauern sterben jährlich an der Belastung mit giftigen Pestiziden und hinterlassen Familien ohne Einkommen. People Tree arbeitet nur mit ökologisch produzierter Baumwolle, muss aber dafür – noch – einen höheren Preis berechnen. »Allein die Tatsache, dass diese Baumwolle acht bis 16 Monate vor Verwendung bestellt und bezahlt werden muss, macht es für viele Verarbeiter ohne die Unterstützung von People Tree unmöglich, an bezahlbare Rohstoffe für ihre Produktion zu gelangen.« Ihr Wunsch, den Menschen zu helfen, diese und andere Probleme des heutigen Wirtschaftssystems zu überwinden, treibt Safia zu Höchstleistungen an.

Fair Trade muss sexy sein

Sie will dem fairen Handel helfen, ein modernes Image zu gewinnen. »Vor zehn Jahren war Fair-Trade-Mode hässlich und altbacken. Heute sind wir in der Lage, sehr attraktive Mode zu gestalten«, stellt sie fest und führt uns ein paar Kleidungsstücke aus der nächsten Kollektion vor. Sie werden im Zimmer nebenan gerade von Top-Designern, die sie für People Tree gewinnen konnte, entwickelt. Safia und ihr Team sind überzeugt, dass hochwertige Fair-Trade-Mode zu vernünftigen Preisen in die Läden gebracht werden kann. »Es gibt hervorragende Fair-Trade-Stoffe. Warum sollte man daraus nicht sexy Kleider machen können? Natürlich brauchen wir Profis dazu. Die bekommen wir auch. Unser Designzentrum in London wird von erfolgreichen Designern geradezu belagert, die einen Sinn in ihrer Arbeit suchen.«

Geld ist ein leerer Wert

»Je länger ich im Fair-Trade-Bereich arbeite und je tiefer mein Einblick in die globalen Zusammenhänge wird, desto mehr bin ich von unserer Arbeit bei People Tree überzeugt. Allein die positiven Auswirkungen für die Menschen in unseren Partnerprojekten zeigen mir, dass die harte Arbeit der vergangenen Jahre sich gelohnt hat. Die große Freude und innere Zufriedenheit, die man spürt, wenn man diesen Menschen begegnet, kann ich gar nicht beschreiben«, begeistert sie sich. Dadurch hat Safia auch ein eigenes Verständnis von Geld gewonnen. »Geld an sich ist für mich leer«, sagt sie. »Ich bin eine erfolgreiche Geschäftsfrau. Aber nur wegen des Geldes mein Unternehmen zu betreiben, wäre gähnend langweilig und, ja, sinnentleert.«

Safia könnte bei großen Modelabels oder bekannten Magazinen erheblich mehr verdienen. Aber das interessiert sie nicht. »Ich wäre nicht glücklicher, wenn ich reicher wäre. In meinem Leben ging es schon immer um Prinzipien und Werte.« Der Handel und die damit einhergehende Information sind für Safia ein mächtiges Werkzeug, um Menschen sozial und politisch mündig zu machen. Doch in den meisten großen Unternehmen sind soziale Verantwortung und ökologisches Wirtschaften nur in der PR-Abteilung zu Hause. »Ehe diese Themen im Kerngeschäft verankert sind, werden noch Jahre vergehen«, fürchtet Safia. Sie sieht eine ihrer Aufgaben darin, diesen Weg durch das Beispiel ihres eigenen Erfolgs zu beschleunigen.

Info

www.peopletree.co.uk
Website von People Tree.

www.peopletree.co.uk/safia
Safias Blog (engl.)

www.globalvillage.or.jp
Japanische Nichtregierungsorganisation, die von Safia Minney gegründet wurde und sich für ökologische und soziale Gerechtigkeit einsetzt.

www.ifat.org
IFAT ist das globale Netzwerk aller anerkannten Fair-Trade-Organisationen.

www.helvetas.ch
1955 als erste private Entwicklungsorganisation der Schweiz gegründet, engagiert sich Helvetas stark im Bereich Bio-Baumwolle.

www.gepa.de
Die gepa ist die größte Fair-Handelsorganisation Europas.

www.transfair.org
TransFair arbeitet mit dem Ziel, benachteiligte Produzentenfamilien in Afrika, Asien und Lateinamerika durch den fairen Handel zu fördern.

www.maxhavelaar.org
Die Max-Havelaar-Stiftung fördert weltweit faire Beziehungen.

»Es spielt eine große Rolle, worauf du einmal auf dem Sterbebett zurückschauen wirst. Kannst du dir vorstellen, dass dann jemand denkt: ›Oh, hätte ich doch mehr Zeit im Büro verbracht‹?«

Chris Eyre
Finanzspezialist, Basketballteammanager,
Philanthropieberater, Familienmensch
Palo Alto, USA

Venture Capital mal ganz anders

Für viele Menschen scheinen sich eine erfolgreiche Karriere in der Hochfinanz und die Verbesserung unserer Welt gegenseitig auszuschließen. Entweder man nutzt seine Fähigkeiten, um richtig viel Geld zu verdienen, oder man setzt sie ein, um etwas Positives zu bewegen. Beides zusammen scheint nicht zu funktionieren.

Die Harvard-Prioritäten

Chris Eyre gehörte sicherlich auch einmal zu jenen, die von dieser Annahme überzeugt waren. Oder die sich die Frage nach einer möglichen Vereinbarkeit gar nicht erst stellten. Auch wenn ihm, der in einem Bergdorf im amerikanischen Staat Utah geboren wurde und aufwuchs, sein ganzes Leben lang die Familie und die Religion sehr wichtig waren, stellte er all diese Werte nach seinem Uniabschluss in Harvard erst einmal ganz weit hinten an. Denn wer in einer der Eliteschmieden der USA Betriebswirtschaft studiert hat, besitzt damit zunächst einmal einen Freibrief zum Geldverdienen. Gleich mit seinem ersten Job landete Chris einen Volltreffer: Innerhalb der Bank of America, einer der größten Banken der USA, bekam Chris die Chance, zusammen mit Kollegen den Venture-Capital-Bereich aufzubauen.

Risikokapital und fabelhafte Gewinne

Venture Capital oder Risikokapital war damals eine relativ unbekannte Anlageklasse: Hierbei beteiligen sich Banken an meist jungen, risikoreichen Unternehmen mit Eigenkapital. Wählt man die richtigen Unternehmen aus, steigert sich das eingesetzte Kapital innerhalb von nur wenigen Jahren oft um ein Vielfaches und man kann seine Beteiligung sehr teuer verkaufen. Auch wenn es einige der Jungunternehmen nicht zum Durchbruch schaffen, macht der Gewinn der erfolgreichen unter ihnen die allfälligen Verluste mehr als wett.

Anfang der 70er-Jahre gründete Chris zusammen mit drei Partnern eines der ersten unabhängigen Venture-Capital-Unternehmen: Merrill Pickar Anderson & Eyre im heute so berühmten Silicon Valley. Die Partner sammelten Geld für einen Fonds ein, den sie dann in junge Technologieunternehmen investierten. Da sie dies genau zur richtigen Zeit und am Anfang des kommenden Booms der Branche taten, konnten sie bald traumhafte Profite verzeichnen.

Der Erfolg hatte allerdings auch seine Schattenseiten: Die Arbeitstage waren lang, und es war keine Seltenheit, dass sich Chris selbst nach 13 intensiven Stunden in eine weitere Sitzung begab, um von einem Team von begeisterten Jungunternehmern zu hören, wie sie das nächste Multimillionengeschäft aufzubauen gedachten.

Und der Rest?

Auch wenn Chris die Arbeit sehr genoss, bemerkte er, wie sein Leben immer einseitiger wurde. Vor allem seine Familie hatte unter der permanenten Zeitnot zu leiden.

Während unseres Gesprächs erinnert er sich nachdenklich an einen entscheidenden Moment, knapp vor seinem vierzigsten Geburtstag. Er saß wieder einmal spät am Abend mit einem Team zusammen, welches das nächste elektronische Superspielzeug auf den Markt bringen wollte. Ermüdet schweiften seine Gedanken ab und ihm wurde bewusst, dass er – wie schon so oft in den letzten Jahren – gerade wieder einmal ein Basketballspiel seines Sohnes verpasste.

Dies war der entscheidende Augenblick, in dem sich Chris entschied, etwas in seinem Leben zu ändern. Die Vorstellung, einmal auf dem Sterbebett zu liegen und für seine Familie und die wirklich wichtigen Dinge des Lebens kaum Zeit gehabt zu haben, wurde unerträglich. Aus diesen Gedanken entwickelte sich allmählich auch das Gefühl, etwas Bedeutsames für andere Menschen tun zu wollen. »Es spielt eine große Rolle, worauf du einmal auf dem Sterbebett zurückschauen wirst. Kannst du dir vorstellen, dass dann jemand denkt: ›Oh, hätte ich doch mehr Zeit im Büro verbracht‹?«

Auf das Verständnis seiner Kollegen konnte Chris zu diesem Zeitpunkt kaum zählen. Sie nannten ihn einen Spinner und schüttelten die Köpfe. Doch seine Entscheidung, auszusteigen, stand fest und selbst die Vorstellung, sich aufgrund des Booms in der Branche mit hoher Wahrscheinlichkeit weitere Millionengewinne entgehen zu lassen, brachte ihn nicht ab von seinem Weg.

Zeit für Familie und mehr

Der Übergang zur nächsten Lebensphase war für Chris schwer. Denn durch seinen Job war er in Kontakt mit sehr vielen interessanten Unternehmern und deren innovativen Geschäftsmodellen gekommen. Mit seiner Arbeit waren viel Anerkennung, Renommee und auch eine fürstliche Entlohnung verbunden gewesen. Da Chris nun freiwillig eine Zeit lang keinen bezahlten Job mehr ausübte, entfielen auch diese vielen Annehmlichkeiten. Dennoch fühlte sich sein neuer Lebensabschnitt sehr gut an. Er hatte nicht nur Zeit für die Basketballspiele seines Sohnes, sondern konnte dessen Mannschaft sogar managen. Außerdem engagierte sich Chris intensiv in der Kirchengemeinde und genoss die Zeit, die auf einmal für seine Familie und sonstige Interessen frei wurde. Endlich war er nicht mehr getrieben vom nächsten Termin, sondern er konnte genau das tun und machen, was er wollte. Dabei spielte es keine Rolle, dass er vom Ersparten leben musste, denn davon hatte sich über die Jahre genügend angesammelt.

Es dauerte allerdings nicht lange, bis sich bei Chris die Frage einschlich, ob er bei seinen Engagements seine Fähigkeiten wirklich optimal einsetzte. Er fragte sich immer öfter: »Erziele ich wirklich den maximalen positiven Beitrag auf dieser Welt mit dem, was ich tue?« Auch wenn er zeitweise sehr zufrieden war, so hatte er doch das Gefühl, mit all seinen Beziehungen und all seinem Wissen mehr bewegen zu können. Die Kinder von Chris wurden langsam größer. So passte es perfekt, dass einer von Chris' ehemaligen Geschäftspartnern mittlerweile einen ähnlichen Sinneswandel durchlebt hatte und nun eine neue Idee bereithielt.

Das perfekte Angebot

Es ging dabei um eine intelligente Verbindung zwischen der Welt des Geldverdienens und der Welt des Weltverbesserns. Chris konnte nicht widerstehen.

Die Idee sah vor, dass beide ihre über die Jahre aufgebauten Beziehungen zu den besten Venture-Capital-Unternehmen in den USA dazu nutzen wollten, wohlhabenden Menschen die Chance zu geben, Gutes zu tun – und dies auf eine sehr professionelle Art und Weise. Mit diesem Ziel wurde 1999 Legacy Venture gegründet: Wohlhabende Personen zahlen in den Legacy-Fonds Geld ein. Chris und sein Partner platzieren dieses Geld bei den besten Venture-Capital (VC)-Fonds. Diese sind normalerweise so stark nachgefragt und so erfolgreich, dass man dort als neuer Investor kaum einsteigen kann. Die VC-Fonds beteiligen sich mit dem eingesammelten Geld an vielversprechenden, jungen Unternehmen aus der Gesundheits- und Technologiewelt. Nach einigen Jahren werden diese Beteiligungen für ein Vielfaches verkauft und dadurch sehr hohe Renditen erwirtschaftet. Diese Renditen fließen an Legacy Venture und dann an die wohlhabenden Investoren zurück. Der entscheidende Punkt ist nun, dass sich die Investoren im Voraus dazu verpflichten, diese Renditen für Initiativen einzusetzen, welche die Welt lebenswerter machen und Lösungen für schwerwiegende soziale und ökologische Probleme kreieren. Chris hilft seinen Investoren bei der Auswahl der Projekte, indem er diese oft mit einer vergleichbaren Rigorosität und Professionalität beurteilt, wie er es bei seinen früheren Investitionen gemacht hat. Heute versucht er allerdings, die soziale und ökologische Rendite zu maximieren, und nicht die finanzielle.

Die Gewinne werden gespendet, und die Investoren können diese Beiträge gemäß dem amerikanischen Recht steuerlich absetzen. So schafft Legacy Venture ein einmaliges System mit hohem Nutzen – vor allem für die gemeinnützigen Organisationen, die unterstützt werden. Diese profitieren von hohen Spenden und auch vom unschätzbaren Wert der Geschäftserfahrungen und -beziehungen, die ebenfalls in die Zusammenarbeit eingebracht werden.

Das Netzwerkprivileg

Nach einigen Jahren bei Legacy meint Chris: »Ich habe das seltene Privileg, mit den unglaublichsten Unternehmern im gemeinnützigen Sektor zu arbeiten. Sie sind die wahren Unternehmer unserer Welt – ›Social Entrepreneurs‹ –, die ihre Leidenschaft und ihr Vertrauen nutzen, um die Welt zu einem besseren Ort zu machen. Wenn ich sie nun mit den großzügigen, talentierten Philanthropen verbinden kann, gewinnt diese Kombination eine unglaublich positive Kraft.«

Es freut Chris aber auch, dass er die Entwicklung gemäß seiner Lebenseinstellung machen konnte: »Bevor du etwas wirklich Bedeutungsvolles tust, musst du zuerst einmal selbst gesund und in Ordnung sein. Meine persönliche Philosophie ist: Stelle zuerst sicher, dass du selbst o.k. bist. Zweite Priorität muss immer deine Familie sein. Die dritte Priorität, und das unabhängig von religiösem Glauben, sind deine Mitmenschen, was meiner Meinung nach einfach eine breitere Definition der Familie bedeutet.«

Eine geschickte Kombination mit Gewinnen für alle

Durch geschicktes Brückenschlagen zwischen der nicht gewinnorientierten und der gewinnorientierten Welt schafft Chris sozusagen eine »Vierfach-Gewinn-Situation«. Erstens kommt das Legacy-Modell natürlich den wohltätigen Organisationen und vor allem den Menschen, denen diese helfen, zugute. Zweitens bekommen die wohltätigen Beiträge der Legacy-Investoren durch das Legacy-Modell einen signifikanten Hebel, und der damit bewirkte positive Beitrag erhöht sich massiv. Drittens, auch wenn das weniger offensichtlich scheint, sind die Manager der VC-Fonds zufrieden, weil ein Teil ihrer Arbeit mit Sicherheit für einen guten Zweck eingesetzt wird. Und nicht zuletzt genießt Chris seine Arbeit, in der er viele seiner Fähigkeiten und Ideale verbinden kann. Heute ist er sehr glücklich darüber, dass er einst den Mut gehabt hat, den Verführungen der üblichen Karriere zu widerstehen.

»Who is who« des Silicon Valley

Es macht Chris enorm viel Spaß, mit dem »Wo is who« der erfolgreichen Geschäftsleute in Silicon Valley zusammenzuarbeiten. Diese sind nicht nur die innovativen Treiber hinter den Ciscos, Yahoos und Googles dieser Welt. Vielmehr sind viele von ihnen auch sehr leidenschaftliche Philanthropen, denen es nicht nur darum geht, den nächsten Scheck auszufüllen und sich damit Seelenfrieden zu erkaufen. Es ist ihnen ein wichtiges Anliegen, die von ihnen unterstützen Projekte aktiv zu fördern. Sie möchten den gemeinnützigen Organisationen helfen, erfolgreich zu wachsen – und dies auf eine möglichst effiziente und effektive Art und Weise. Chris empfindet es als eine Ehre, mit und für diese Menschen zu arbeiten, und genießt es immer wieder, die Leidenschaft in ihren Augen zu sehen, wenn sie sich positiv einbringen können.

Zum Abschluss unseres Gesprächs erklärt Chris: »Ich habe sehr viel Vertrauen in das kapitalistische System. Ich glaube immer noch, dass es mehr Gutes als Schlechtes bewirkt. Legacy benutzt den reinsten Teil dieses Systems – Unternehmer und Beteiligungskapital – um Gutes zu tun.«

Info

www.legacyventure.com
Website von Legacy Venture.

www.evpa.eu.com
European Venture Philanthropy Association: Zusammenschluss europäischer Organisationen, die im Bereich Venture Philanthropy oder Social Venture Capital tätig sind.

www.bonventure.de

»Jede Entscheidung in einem Unternehmen hat auch soziale und ökologische Konsequenzen. Wirtschaft geschieht nicht im luftleeren Raum.«

Maria Emilia Correa
Soziologin, Naturliebhaberin,
Umweltaktivistin, Unternehmensvorstand
Santiago de Chile, Chile

Von der Unternehmenskritik in die Verantwortung

Auf unserer Reise durch fünf Kontinente haben wir mit mehreren Verantwortlichen von Unternehmen gesprochen, die im ökologischen und sozialen Bereich weltweit führend sind. Toyota beeindruckte uns beispielsweise nicht nur damit, wie sozial verantwortlich und ökologisch zukunftsweisend die Produktionsstätten geführt werden, sondern auch durch seine inzwischen bekannten Hybridfahrzeuge.

Mit Managern bei Xerox unterhielten wir uns unter anderem über ein für den asiatischen und australischen Raum entwickeltes und umgesetztes Recycling-Konzept. Heute kann das Unternehmen 99,1 Prozent aller Druckerbestandteile in den eigenen Betrieben auseinanderbauen und wiederverwenden. Das Vorgehen spart Material, Energie, schafft Arbeitsplätze und ist mittlerweile auch eine nicht zu vernachlässigende Einkommensquelle. Interessanterweise haben sich durch den Kreislaufgedanken auch wichtige Impulse für die Entwicklungsinnovation ergeben, die zu besserer Qualität und interessanten Kundenkontakten führen.

Auch der Elektronikkonzern Philips überzeugte uns mit seiner neuen Strategie, komplett neue Produktserien, »Öko-Helden« genannt, nach höchstmöglichen ökologischen Standards zu gestalten und zu produzieren. Dass das seit Jahren auf Hightech setzende Japan auch im Bereich der ökologischen Innovationen führend ist, wussten wir. Umso spannender war es, ein solches Beispiel in Südamerika kennenzulernen. Zumal die von uns besuchte Grupo Nueva unter anderem in der Holzindustrie tätig ist, in einer Branche also, die in dieser Region eher für die Abholzung von Regenwäldern und für unmenschliche Arbeitsbedingungen bekannt ist.

Ein ganz normales Unternehmen?

Im wunderschön aus Massivholz gestalteten Hauptsitz der Grupo Nueva in Santiago de Chile empfängt uns die heute fast 50-jährige Maria Emilia Correa, die seit 2000 als Vizepräsidentin für den Bereich soziale und ökologische Verantwortung zuständig ist. Ihr Büro ist hell, modern, auf dem bogenförmigen Tisch stehen ordentlich aufgereiht alle heutzutage notwendigen Geräte – ein Laptop mit kabelloser Tastatur, ein Telefon, eine elektronische Agenda. An der Wand hängt ein modernes Kunstbild in Rot.

Die Grupo Nueva ist eine Holdinggesellschaft von in Lateinamerika tätigen Unternehmen; dazu gehört zum Beispiel ein Betrieb, der mit Geräten zur Wasseraufbereitung handelt, ein Baustoffunternehmen und mit Masisa ein Konzern im Bereich der Holzproduktion und -verarbeitung. Die Gruppe wurde von Stephan Schmidheiny gegründet, dem Schweizer Unternehmer, der sich seit Jahren für die nachhaltige Entwicklung in Lateinamerika engagiert. Dieser Mann ist es auch, der Maria Emilia in den vergangenen Jahren in vielen Gesprächen und durch provokante Fragen davon überzeugt hat, dass ein Großunternehmen der richtige Ort ist, um die Welt zu verbessern. Nicht nur in seinen Publikationen, sondern auch in seiner Geschäftspraxis ist Schmidheiny mit seinem Nachhaltigkeitskonzept dem Rest der Welt mindestens ein Jahrzehnt voraus. Seine Holding soll allen vor Augen führen, wie man es praktisch schafft, Unternehmen im Sinne des dreifachen Gewinns zu führen, das heißt finanziell, gesellschaftlich und ökologisch erfolgreich. Aus diesem Grund, so Maria Emilia, ist im Jahr 2000 unter anderem auch ihre Funktion geschaffen worden. Seither setzt sie zusammen mit dem Team von Grupo Nueva möglichst viele der Änderungen um, die sie früher als Naturschützerin in ihrem Heimatland Kolumbien von den Unternehmen gefordert hat.

Soziologie und Aktivismus

Maria Emilia absolvierte Ende der 70er-Jahre ein Jurastudium an der Universität von Bogotá. Schon damals interessierte sie sich sehr für die sozialen Aspekte menschlichen Zusammenlebens. Gerne hätte sie Sozialwissenschaften studiert. Aber dieses Fach war in Kolumbien aufgrund seines revolutionären Anstrichs in Verruf geraten. Also konzentrierte sie sich auf die sozialen Überlegungen hinter den Rechtswissenschaften und entschied sich später, noch ein Magisterstudium in Sozialwissenschaften und Gesellschaftsgeschichte an der New School for Social Research in New York anzuhängen. Nachdem sie 1984 in die Heimat zurückgekehrt war, wurde ihr unerwartet eine Stelle im Umweltschutz angeboten. Die junge Frau nahm sie vor allem wegen ihrer persönlichen Liebe zur Natur an. Sie befasste sich dann mit Fragen des Schutzes natürlicher Ressourcen und der Biodiversität, unter anderem für Organisationen wie The Nature Conservancy und Fundación Natura.

Die Entdeckung der Wirtschaftsmacht für das Gute

Direkt nach dem Erdgipfel von Rio 1992 wurde Maria Emilia vom Weltwirtschaftsrat für Nachhaltige Entwicklung (WBCSD) angefragt, ob sie nicht ein Buch schreiben und eine Seminarreihe zum Thema »Nachhaltigkeit und Wirtschaft in Lateinamerika« entwickeln und umsetzen wolle. Erfreut über die Ehre, Lateinamerika auf dem Weg zu einer nachhaltigen Wirtschaft und Gesellschaft unterstützen zu können, reiste Maria Emilia in den folgenden Jahren als Beraterin kreuz und quer durch den Kontinent.

Dabei traf sie Stephan Schmidheiny, der den Weltwirtschaftsrat für den Erdgipfel von Rio aufgebaut und einige bedeutende Publikationen herausgegeben hatte. Maria Emilia erinnert sich: »Als ich 1992 das Buch ›Kurswechsel‹ von Stephan Schmidheiny las, war seine Idee, dass Unternehmen die treibende Kraft für positive Veränderungen sein könnten, komplett neu für mich. Dieser Gedanke stand völlig konträr zur Einstellung der Naturschützer, die ›das Wirtschaftsunternehmen‹ als den Gegner per se begriffen. Heute sehe ich es so: Die Rolle der Zivilgesellschaft, aller Aktivisten und Naturschützer ist es immer noch, kritische Themen bei Politikern und Unternehmen auf die Tagesordnung zu bringen. Allerdings kann man in dieser Rolle nur wenig real verändern. In einem Unternehmen ist man hingegen in der richtigen Position, um Entwicklungen zum Positiven umzusetzen – auch wenn es manchmal schwierig ist.« So bemühte sich Maria Emilia, inspiriert durch Schmidheinys Buch, Unternehmern klarzumachen, welche Macht, aber auch Verantwortung sie gegenüber der Gesellschaft haben. Die Verantwortung beschränkte sich nicht darauf, höhere Gewinne zu erwirtschaften, sondern diese Gewinne auf eine Art und Weise zu erwirtschaften und zu verwerten, die die Lebensqualität von Menschen fördert und die Umweltsituation zumindest nicht verschlimmert.

Maria Emilia als Unternehmenskritikerin

Maria Emilias Beratungsarbeit mündete direkt in eine fünfjährige Tätigkeit als Leiterin des Weltwirtschaftsrats für Nachhaltige Entwicklung in Kolumbien. In dieser Funktion konnte sie zu verschiedenen Entwicklungen in einzelnen Unternehmen direkt und kritisch Stellung nehmen. Zusammen mit den internationalen Partnern des WBCSD entwickelte sie neue Konzepte und Ideen und versuchte, sie bei den Mitgliedsunternehmen umzusetzen. So half sie zum Beispiel, Themen wie »Soziale Verantwortung von Unternehmen« (Corporate Social Responsibility, CSR) oder Ressourceneffizienz auf die Tagesordnung internationaler Konzerne zu bringen. »Wenn man als Umweltschützerin mit Unternehmen sprechen will, begibt man sich auf einen Weg, auf dem man zweisprachig werden muss. Auch bedarf dieser Weg einer starken Komponente von Vertrauen und Respekt. Und dann läuft es wie in jeder anderen Verhandlungssituation, die einen Gewinn für beide Seiten anstrebt: Du nimmst ein bisschen und du gibst ein bisschen.«

Anscheinend hat es Maria Emilia so gut verstanden, mit den unterschiedlichen Sprachen und Denkweisen zurechtzukommen, dass der CEO von Grupo Nueva, Julio Moura, im Jahr 2000 auf sie zukam und ihr die neu geschaffene Stelle als Vizepräsidentin für Umwelt und Soziales anbot.

Maria Emilia als Unternehmerin

»In den Jahren vor 2000 habe ich die Unternehmen von außen kritisiert und versucht, ihnen aufzuzeigen, was sie machen könnten. Jetzt saß ich auf einmal selbst in den wichtigen Entscheidungsgremien eines Konzerns mit 11.000 Mitarbeitern und erkannte, wie schwer es war, viele der schönen Konzepte in die Realität umzusetzen. Als ich bei Grupo Nueva[1] anfing, hatte ich keine Ahnung von Unternehmensführung; ich kannte die Regeln nicht und verstand die Herausforderungen zu wenig. Heute verstehe ich sie und heute weiß ich auch, welches Potenzial Unternehmen zur Verfügung steht, um Veränderungen durchzusetzen.«

Maria Emilia erinnert sich dankbar an die Unterstützung von Julio Moura, der sie in die Grundlagen und später in die subtilen Spielregeln des Unternehmensmanagements einweihte. Dank dieser Einführung konnte sie ihre Vorstellungen immer häufiger verwirklichen. Insbesondere schaffte sie es, mit den Jahren einen Kulturwandel zu initiieren. Dies gelang neben permanenter Aufklärung und Kommunikation vor allem auch dadurch, dass sie bei allen Investmententscheidungen soziale und ökologische Kriterien zu festen Bestandteilen des Prüfprozesses machte. Auch wurden diese Kriterien konsequent in den strategischen Entscheidungen durch die Geschäftsleitung vorgelebt – nur so wirkten die Anstrengungen glaubwürdig. Im Gespräch führt sie aus: »Jede Entscheidung in einem Unternehmen hat auch soziale und ökologische Konsequenzen. Wirtschaft geschieht nicht in einem luftleeren Raum. Seltsamerweise sind Manager darauf trainiert, Finanzkennzahlen stundenlang von allen Seiten zu beleuchten, zu optimieren und auch die kleinsten Varianten zu bedenken. Gleichzeitig fällt es ihnen leicht, in fünf Sekunden über die Lebenssituation von hunderten von Familien zu entscheiden oder Wasser-, Luft- und Bodenverschmutzungen unhinterfragt zuzulassen. Dies wurde bei uns radikal geändert. Heute darf keine unternehmerische Entscheidung mehr getroffen werden, ohne die ökologischen und sozialen Folgen zu bedenken.«

Freiwillige Einhaltung von Standards

Wir wollen wissen, welche konkreten Maßnahmen Grupo Nueva aufgrund ihrer Arbeit trifft. »Zum Beispiel halten wir uns beim Formaldehyd-Anteil in unseren Holztafeln freiwillig an den höchsten europäischen Standard. Dieser Standard, der in unseren Märkten nicht verlangt wird, kostet uns sechs Millionen Dollar pro Jahr, die wir irgendwo anders wieder einsparen müssen. Allerdings sind wir überzeugt, dass dies die beste Entscheidung für unsere Kunden und Mitarbeiter ist. Damit sie auch gut fürs Geschäft ist, versuchen wir, solche Maßnahmen im Marketing zu nutzen.«

Diese und ähnliche sinnvolle Restriktionen, die sich das Unternehmen selbst auferlegt, sind nach Maria Emilias Erfahrung eine kaum zu unterschätzende

[1] Die Grupo Nueva erzielte von 2001 bis 2006 eine Umsatzsteigerung von 674 Mio. USD auf 1.700 Mio.USD und eine EBITDA-Steigerung von 62 Mio. USD auf 260 Mio. USD.

Quelle der Innovation. Es gelingt immer häufiger, das Geld durch bessere Lösungen an anderen Stellen wieder zu verdienen.

Ein besonderes rechtliches Konstrukt zur Werterhaltung

Interessant ist, dass Grupo Nueva ihre Umwelt- und Sozialmaßnahmen nicht nur als Spezialprogramme am Rande des Kerngeschäfts durchführt, sondern versucht, die Prinzipien überall zu integrieren. Um dies zu fördern, hat Stephan Schmidheiny ein besonderes rechtliches Konstrukt entwickelt. Hauptaktionär der Grupo Nueva ist der VIVA Trust, eine Treuhandgesellschaft, die sicherstellen soll, dass alle Unternehmen der Gruppe auf eine sozial und ökologisch verantwortliche Art geführt werden. Teile des Profits werden genutzt, um Avina, ein Netzwerk für lateinamerikanische Social Entrepreneurs, zu finanzieren. Der VIVA Trust stellt sicher, dass die Vision und die Werte des Gründers in allen Organisationen gelebt werden.

Die Integration ins Kerngeschäft

Und wie äußert sich eine solche Denkweise im Kerngeschäft?

Maria Emilia bringt als Beispiel eine strategische Vorgabe, die sie zusammen mit dem Geschäftsführer erlassen hat: Mindestens zehn Prozent aller Umsätze der Grupo Nueva müssen mit Projekten erwirtschaftet werden, die gezielt und aktiv die Lebensqualität der finanzschwächsten Kunden verbessern. Und damit die Kreativität der Mitarbeiter auch richtig gefordert ist, müssen diese Projekte auch die üblichen Renditen erwirtschaften. Diese Vorgabe, so Maria Emilia, hat in den letzten Jahren viele neue Ansätze entstehen lassen. Da die Lösungen immer auch für eine breite Masse anwendbar sein müssen, scheiden zwar einige Ideen aus, aber andere wurden in den letzten Jahren sehr erfolgreich umgesetzt. So ist von der Sparte Bewässerungsmaschinen beispielsweise ein Tropfenbewässerungssystem für kleine Bauern in Guatemala entwickelt worden. Dieses wurde auf die dortige Durchschnittsgröße der Anbauflächen angepasst und ist daher nur halb so teuer wie die herkömmlichen Systeme. Dadurch, dass die Grupo Nueva den Bauern auch Zugang zu Krediten ermöglichte, wurden diese innovativen Bewässerungssysteme in hohen Stückzahlen verkauft. Dies ist einerseits gut für die Aktionäre der Grupo Nueva, andererseits konnte der Wasserverbrauch in Guatemala stark reduziert werden und der Ertrag der kleinen Bauern stieg.

Guter Profit für eine gute Sache

Maria Emilia erinnert sich sichtlich gern an dieses Geschäft: »Solch positive Veränderungen für alle Beteiligten zu kreieren, lässt mich jeden Tag mit Freude aufstehen. Profit ist eine gute Sache, wenn man gute Projekte damit anstößt. Als Unternehmen haben wir ja schließlich auch Verantwortung gegenüber unseren Aktionären. Es ist nicht unser Geld, wir können es nicht einfach spenden. Unsere Investitionen in die Verbesserung der Umwelt und in soziale Verantwortung sind einerseits Risikomanagement für das Unternehmen. Andererseits ist es auch eine Wette darauf, dass sich die Kundennachfrage und damit die Märkte in diese Richtung entwickeln. Wir sind fest überzeugt, dass die Kunden ökologisches und sozial sinnvolles Wirtschaften mit ihren Kaufentscheidungen belohnen werden, und da möchten wir natürlich vor unseren Konkurrenten Gewinnsituationen für alle schaffen«, erläutert uns Maria Emilia mit der Schlagfertigkeit einer Frau, die gelernt hat, die Bedürfnisse verschiedener Menschen und Anspruchsgruppen zu verstehen und mit ihnen die jeweils richtige Sprache zu sprechen.

Menschen wertvoller als Maschinen

Der Stress im Leben einer Topmanagerin sei sehr groß. Doch die positiven Resultate, die man in solch einer Position erzielen kann, würden vieles ausgleichen, meint sie. Es zeigt sich immer mehr, dass die Angestellten der Grupo Nueva auf ihren Arbeitgeber stolz sind. Herausragende Fachkräfte bewerben sich gezielt bei dem Unternehmen, weil es für seine gelebten Werte bekannt ist. Dass die Mitarbeiter bei Grupo Nueva ihr Gewissen nicht an der Haustür abgeben müssen, macht Maria Emilia sehr glücklich.

Doch auch andere Erlebnisse geben ihrem Arbeitsalltag Sinn: »Als ich beispielsweise begann, mit Amanco, unserem Unternehmen zur Produktion von Wassersystemen, an deren Unfallquote in der Produktion zu arbeiten, lagen sie deutlich über dem Branchendurchschnitt. Nachdem wir alle unsere Programme umgesetzt hatten, hatten wir die Zahl der Unfälle signifikant reduziert und liegen nun deutlich unter dem Branchendurchschnitt. Das sind die Zahlen. Dahinter stehen aber Menschen, die gesund geblieben sind. Ich wusste wieder genau, wofür ich jeden Morgen aufstehe, als ein Mitarbeiter zu mir kam und mir nach Bekanntgabe dieses Ergebnisses mit leuchtenden Augen sagte: ›Zum ersten Mal fühle ich mich wertvoller als unsere Maschinen.‹«

Ihre grundsätzliche Motivation, so Maria Emilia, habe sich in den letzten Jahrzehnten nicht signifikant verändert. »Meine Inspiration kommt aus zwei Richtungen: Zuallererst ist da meine grundsätzliche Liebe zur Natur. Ich liebe es einfach, die Berge, Wälder, Seen und die Pflanzen- und Tierwelt zu genießen. Dann ist da noch das soziale Konstrukt, die Tatsache, dass die Umwelt die Grundlage allen menschlichen Lebens ist und außerdem ein Spielfeld vieler sozialer Interaktionen.«

Verankerung für die Zukunft

Doch wie kann man den Paradigmenwechsel, den Maria Emilia in den vergangenen Jahren zusammen mit dem Führungsteam von Grupo Nueva erfolgreich eingeleitet hat, so verankern, dass er auch in Zukunft Bestand hat? Wie kann man Werte institutionalisieren, damit sie weitergelebt werden, auch wenn die Menschen, die sie einst propagierten, nicht mehr da sind? Maria Emilia fragt sich oft, wie viel von der harten Arbeit Bestand hätte, wenn der Druck vom Geschäftsführer und von ihr selbst nachlassen sollte. Diese Fragen kann sie noch nicht zufriedenstellend beantworten. Ihre heutige Einstellung fasst Maria Emilia nochmals zusammen: »Unternehmen bilden die Gesellschaft und Unternehmen sind ein sozialer Akt. Jede Entscheidung, die ein Manager trifft, hat eine Wirkung, meist eine negative. Ich sage nicht, dass wir keine Entscheidungen treffen sollten. Wir sollten uns nur ein paar Minuten mehr Zeit lassen, um deren Konsequenzen zu bedenken und Wege ausfindig zu machen, wie wir diese weniger negativ oder sogar positiv gestalten können.« Nachdem sich Maria Emilia über Jahrzehnte in verschiedenen Positionen darum bemüht hat, das Leben und Arbeiten so zu gestalten, dass es nicht die eigenen Lebensgrundlagen zerstört, ist sie sich allerdings sicher: »Wir werden nicht in der Lage sein, unsere heutigen Probleme mit der gleichen Denkweise zu lösen, mit der wir sie geschaffen haben. Deshalb ist es so wichtig, mit jungen Menschen zu arbeiten und deren Horizonte zu erweitern. Ihnen zu zeigen, dass all ihre Aktivitäten im Geschäftsleben auch ökologische und soziale Auswirkungen haben und dass dies ein großes Risiko, aber auch eine riesige Chance bedeutet.«

Info

www.gruponueva.com
Website von Grupo Nueva.

www.vivatrust.com
Der VIVA Trust finanziert mit einem Teil der Dividenden, die von der Grupo Nueva generiert werden, die Aktivitäten der Avina-Stiftung und andere philanthropische Initiativen, die sich um die nachhaltige Entwicklung der Gesellschaft bemühen.

www.wbcsd.org
Von Stephan Schmidheiny 1992 gegründeter Verbund von Unternehmen, die sich der nachhaltigen Entwicklung widmen.

www.avina.net
Südamerikanisches Netzwerk von Social Entrepreneurs.

www.stephanschmidheiny.net
Lebenslauf und Philosophie von Stephan Schmidheiny.

S. Schmidheiny, Kurswechsel (München 1993).

Fazit

Fünf Einsichten und Erfahrungen aus Kapitel 1

- *Fast jeder berufliche Hintergrund kann dazu genutzt werden, um die Welt schöner, lebenswerter und nachhaltiger zu gestalten.*
- *Wer sich die grundsätzliche Frage stellt, ob er einen überwiegend positiven oder eher einen negativen Beitrag zur nachhaltigen Lebensqualität leistet, ist bereits auf einem guten Weg.*
- *Fachliche Wissenslücken lassen sich schließen. Mit Hilfe passender Fort- und Weiterbildungen kann man seine Kompetenzen und Fähigkeiten erweitern.*
- *Manchmal braucht es eine gehörige Portion Mut, neue berufliche Wege einzuschlagen. Bisweilen verlaufen diese Wege auch nicht geradlinig, sondern müssen immer wieder neu sondiert und ausgelotet werden. Aber der Lohn für diese Mühe ist ein Leben, das dauerhaft glücklich und zufrieden macht.*
- *Das eigene Wohlbefinden ist Voraussetzung, um auch für andere Positives bewegen zu können.*

2. »Ich bin noch zu jung oder schon zu alt«

»Dafür bin ich noch viel zu jung. Eigentlich würde ich diese Herausforderung gerne annehmen, aber mir fehlt dazu die nötige Erfahrung.«

Kommt Ihnen diese Ausrede bekannt vor? In jungen Jahren gibt es viele Hindernisse, die sich bei der Verwirklichung der beruflichen Ideale und Lebensträume in den Weg zu stellen scheinen. Zunächst wollen Lehre oder Studium beendet sein, und zur Absicherung der materiellen Bedürfnisse muss genügend Geld verdient werden. Im weiteren Verlauf des beruflichen Werdegangs sind entscheidende Karriereschritte zu berücksichtigen, und der einmal erreichte Lebensstandard will auch gehalten werden.

Die Spirale dreht sich immer weiter, und trotz einer latenten Unzufriedenheit ist die Verführung groß, den eingeschlagenen Weg nicht mehr zu verlassen: aus Bequemlichkeit, aus Angst vor dem Neuen oder vor dem Hintergrund finanzieller Verpflichtungen. So schiebt man die Realisierung der beruflichen Wünsche und Visionen immer weiter vor sich her. Bis man sich irgendwann zu alt wähnt, um das Abenteuer eines Neuanfangs zu wagen.

Die Geschichten des zweiten Kapitels zeigen, dass es in jeder Lebensphase möglich ist, die Weichen neu zu stellen. Sie wollen Mut machen und verdeutlichen: Nicht unser Alter bestimmt, was wir wann tun können. Wir haben die Gestaltung unseres Lebens zu einem bedeutenden Teil selbst in der Hand – ob mit 20 oder mit 60 Jahren.

Ein Beispiel dafür ist Mia Hanak, die – sehr jung – kurz nach ihrem Studium das Natural World Museum gründete. Oder ein Mann wie Dr. V, der noch mit 80 Jahren Augenoperationen an den Ärmsten der Armen in Indien vornahm. »Solange Menschen leiden, geht man nicht in Rente. Was ist Rente überhaupt?«, meinte er mit großer Selbstverständlichkeit.

»Ich hatte die Möglichkeit zu helfen, also tat ich das. Solange Menschen leiden, geht man nicht in Rente. Was ist Rente überhaupt?«

Dr. V (†)
Augenarzt, Rentenverweigerer,
Familienoberhaupt, Visionär
Madurai, Indien

Die McDonaldisierung der Augenoperationen

Betrachtet man das Lebenswerk von Dr. Gonvindappa Venkataswamy oder kurz Dr. V, so kommen einem die Rentendiskussionen in westlichen Industriestaaten absurd vor. Als wir den damals 88-jährigen Dr. V in einer seiner Augenkliniken am Aravind-Eye-Care-Hauptsitz im südindischen Madurai treffen, berichtet er in aller Ruhe und Gelassenheit: »Ich hatte die Möglichkeit, zu helfen, also tat ich das. Solange Menschen leiden, geht man nicht in Rente. Was ist Rente überhaupt?« Bis zu seinem Tod im Herbst 2006 kam Dr. V täglich um sieben Uhr in die Augenklinik, um dort seine Vision, nämlich unnötige Blindheit auf der Welt auszulöschen, ein Stück voranzubringen. Da verwundert es nicht, dass er nicht nur von seinen Familienangehörigen, den Millionen armen Menschen, denen er bereits helfen konnte, sondern auch von Augenspezialisten weltweit verehrt wird.

Wieso begann alles erst mit 58 Jahren?

Natürlich kann man berechtigterweise fragen, warum Dr. V, der in einem armen Dorf im Süden Indiens 1918 das Licht der Welt erblickte, erst mit 58 Jahren begann, Aravind aufzubauen. Bereits im Alter von 16 Jahren verlor er seinen Vater und musste als ältester Sohn Verantwortung für die ganze Familie übernehmen. So wurde er nach seinem Medizinstudium am Stanley Medical College ab 1944 Mediziner beim indischen Militär. Bedauerlicherweise musste er seine Laufbahn bereits vier Jahre später wieder abbrechen, da er unter chronischem Gelenkrheumatismus litt. Einer Krankheit, die seine Finger für immer verkrüppelte.

Dr. V erzählt: »Mein Traum war es immer, der Dorfbevölkerung zu helfen – Menschen, die aus irgendeinem Grund ihr Augenlicht verloren hatten, jedoch keine Chance erhielten, es zurückzugewinnen, da die Krankenhäuser nicht einmal über genügend Betten verfügten.«

Die Kämpfernatur Dr. V

So leicht ließ sich Dr. V nicht von den ungünstigen Lebensumständen in die Schranken weisen. Trotz seiner starken Behinderung schrieb er sich wieder als Medizinstudent ein und machte seinen Facharzt in Augenheilkunde. Es kostete ihn viele Stunden, den Umgang mit dem Operationsbesteck einzuüben, da er es aufgrund seiner verkrüppelten Finger in einem sehr speziellen Winkel halten musste. Dennoch brachte er es im Verlauf seines weiteren Lebens zu solch einer Perfektion, dass er 100.000 Menschen vom grauen Star befreite.

Zunächst jedoch wurde Dr. V Leiter der Augenheilkunde am medizinischen College in Madurai. Dort war er bald dafür bekannt, immer wieder innovative Wege zu finden, um Blindheit zu bekämpfen.

Muss es 50 Millionen Blinde geben?

Blindheit ist eine Krankheit, die auch heute noch das Leben von fast 50 Millionen Menschen weltweit zerstört. Allein in Indien macht sie für zwölf Millionen Menschen ein würdiges Leben fast unmöglich. In diesem Land voller Gegensätze, reich und bitterarm zugleich, müssen viele Menschen mit weniger als einem Dollar pro Tag auskommen. Da ist, wie ein indisches Sprichwort sagt, ein Blinder tatsächlich ein Maul ohne Hände. Für einen Erblindeten ist es praktisch unmöglich, seiner Arbeit weiter nachzugehen. Also fällt er den ohnehin schon stark belasteten Familien zusätzlich zur Last. Tatsächlich haben Untersuchungen gezeigt, dass Menschen, die in Entwicklungsländern erblinden, danach kaum noch länger als zwei bis drei Jahre leben. Dabei wären 80 Prozent aller Augenerkrankungen, die in Indien zur Blindheit führen, relativ leicht heilbar. Allerdings, und dessen war sich Dr. V aus eigener Erfahrung sehr bewusst, sind allein die Transportkosten zum nächsten Krankenhaus für viele Menschen im ländlichen Indien schlicht unbezahlbar, ganz zu schweigen von den Kosten des Aufenthalts im Krankenhaus oder gar den Operationskosten. Krankenversicherungen gibt es nur für sehr reiche Privatleute. Deshalb initiierte Dr. V schon während seiner Zeit am College Hilfsprogramme. Unter seiner Regie fuhren Augenspezialisten aufs Land, um den Menschen vor Ort zu helfen. Er bildete Laien zu Augenheilkunde-Assistenten aus, die in entlegenen Dörfern wenigstens die Voruntersuchungen machen konnten. Besonders lag es ihm am Herzen, die Kinder davor zu bewahren, durch Unterernährung zu erblinden.

Die Rente als Start in ein neues Leben

Viele Menschen haben im Rentenalter nur noch das Ziel, mit Urlaubsreisen, Golfspielen, Fernsehen und anderen Freizeitbeschäftigungen die Zeit bis zu ihrem Tod zu überbrücken. Doch für Dr. V war der Beginn seiner Rente die Gelegenheit, seinen Traum in Erfüllung gehen zu lassen. Zunächst wollte er die Operation des grauen Stars, die bei weitem häufigste Ursache für unnötige Blindheit, so perfektionieren, dass sie so sicher, einfach und günstig wird wie ein Burger bei McDonalds. Oder in Dr. Vs Worten ausgedrückt: »Wir sind daran interessiert, das Produkt ›Gute Sicht‹ an Menschen zu verkaufen, für die es überlebensnotwendig ist. Wir können die Operation des grauen Stars in Entwicklungsländern so organisieren, dass sie für jedermann erschwinglich ist.«

Dr. V spannte auch einen Großteil seiner eigenen Familie ein, als er 1976 begann, das erste Aravind-Krankenhaus für Augenheilkunde zu bauen. Er hatte sich schließlich vorher auch um sie gekümmert und vielen seiner Verwandten die Ausbildung – glücklicherweise häufig im Bereich der Augenheilkunde – bezahlt. »1977 hatte ich nicht das Geld, um ein Krankenhaus zu bauen; die Banken sagten, ich sei nicht kreditwürdig. Deshalb musste ich mein Haus mit einer Hypothek belasten. Anfangs musste mein Bruder das ein oder andere Schmuckstück verkaufen, damit wir genug zu essen hatten. Doch dann ist es uns gelungen, mit den Einnahmen, die wir im ersten Stock der Klinik erwirtschafteten, auch den Rest zu bauen.«

Was 1976 mit elf Betten und einer großen Vision begann, ist inzwischen zum weltweit größten und produktivsten Massenoperationsbetrieb für den grauen Star geworden. In jährlich mehr als 1.500 Auswahlcamps in ländlichen Regionen Indiens werden bis zu 2,5 Millionen Menschen untersucht. Den meisten von ihnen kann vor Ort mit gebrauchten Brillen und kleineren Eingriffen geholfen werden. Ungefähr 200.000 Patienten werden pro Jahr in Madurai am grauen Star operiert. Dies alles wurde nur finanzierbar, indem alle Prozesse optimiert wurden. Heute greifen die Systeme perfekt ineinander. Nicht zuletzt nahm Aravind die Produktion der Linsen in die eigene Hand. Linsen, die einst pro Stück 150 Euro kosteten, können heute mit Hilfe eines amerikanischen Unternehmers für 3,50 Euro hergestellt werden. Inzwischen exportiert Aravind diese hochwertigen Linsen bereits in 85 Länder. Die Aravind-Klinik hat auch den Operationsablauf rationalisiert. Der operierende Augenarzt konzentriert sich ausschließlich auf diese Tätigkeit; alles andere wird ihm von zahlreichen, gut ausgebildeten Hilfskräften abgenommen. So schafft es der Arzt, mit den eigens entwickelten Schnitttechniken bis zu 100 Operationen am Tag durchzuführen. Diese Qualität und Geschwindigkeit sind weltweit einmalig.

Aravind betreibt fünf eigene Krankenhäuser und hat zusätzlich an einigen Orten Indiens »Vision Centers« und »Gemeindezentren« erbaut. Daneben betreibt es ein weltweit anerkanntes Ausbildungszentrum, um sein Modell in die Welt zu exportieren und schloss Ausbildungskooperationen mit 150 Krankenhäusern ab.

Gewinn trotz kostenloser Behandlung von zwei Dritteln der Patienten

Täglich werden zwischen 600 und 1.000 Menschen in Madurai am grauen Star operiert. Spektakulär ist die Tatsache, dass Dr. V sein System von Anfang an so aufgebaut hat, dass zwei Drittel aller Patienten umsonst behandelt werden können, die Kliniken aber trotzdem genügend Gewinn einfahren, um weiter expandieren zu können. Umsonst sind bei Aravind die Operation, die Voruntersuchung in den Dörfern, der Transport von und zum Heimatdorf sowie Aufenthalt und Verpflegung im Krankenhaus. Die Entscheidung zu zahlen oder auch nicht, ist jedem selbst überlassen, und es kam deswegen noch nie zu Neid oder Streitigkeiten. Jeder Patient weiß, dass die Qualität der Behandlung für alle gleich ist. Die zahlenden Patienten erhalten jedoch eine bessere Unterbringung. Dr. V meint hierzu: »Man muss sich nicht dafür qualifizieren, umsonst behandelt zu werden. Ich betreibe hier nicht in erster Linie ein Geschäft, sondern ich gebe Menschen ihre Sehkraft und damit oft ihr Leben wieder zurück.«

Die Freude etwas Wunderbares zu schaffen

»Meine persönliche Motivation und Zufriedenheit verdanke ich der Tatsache, dass ich vielen Menschen wieder zum Sehen verhelfe«, so Dr. V. »Deshalb ist es mir so wichtig, dass wir unser Wissen mit allen teilen, die dies möchten.« Als wir die Menschenschlangen im Krankenhaus sehen, die Vielen beobachten, die glücklich über ihre wiedererlangte Sehkraft die Busse in Richtung Heimat besteigen, ahnen wir, was Dr. V meint.

Als wir ihm in seinem bescheiden eingerichteten Büro gegenübersitzen, wünschen wir uns, dass es in Zukunft viele – vor allem auch ältere – Menschen geben wird, die sich durch sein Vorbild inspiriert fühlen. »Intelligenz und Geschick sind dafür nicht ausreichend. Sie müssen gepaart sein mit der Freude, etwas Wunderbares zu schaffen. Der Menschheit zu dienen bedeutet weit mehr als die ausgefeilteste, beste Technologie einzusetzen. Wirklich zu dienen bedeutet, jedem Patienten Großzügigkeit und Mitgefühl entgegenzubringen.« Nach diesen Worten führt uns Dr. V zu seiner Schwester Dr. Nachiar und zu seinem Neffen Dr. Aravind, der nach seinem MBA in Stanford nach Madurai zurückgekehrt ist, um das Erbe von Dr. V weiterzuführen.

Die nächste Generation

Natürlich wollen wir nach dem beeindruckenden Gespräch auch wissen, wie die neue Generation über das Projekt denkt. Wir wussten bereits, dass sein knapp 30-jähriger Neffe nicht nur einige Jahre lang in Madurai seine Fähigkeiten als Augenchirurg unter Beweis gestellt hatte. Soeben hatte er auch an einer der besten amerikanischen Universitäten ein Aufbaustudium in Wirtschaftswissenschaften abgeschlossen. Was motivierte diesen jungen Menschen, dem die Welt offenstand, zur Rückkehr?

»Irgendeinen Job anzunehmen, nur um viel Geld zu verdienen, war nie wirklich eine Option für mich. Ich wollte zurückkommen, da ich nach den Erfahrungen in den USA noch deutlicher sah, welch riesigen Unterschied ich im Leben vieler Menschen bewirken kann. Außerdem habe ich hier die einzigartige Möglichkeit, als Krankenhausmanager meine unternehmerischen Fähigkeiten einzusetzen und gleichzeitig noch Augenoperationen durchzuführen. Ich liebe beide Berufe.«

Als wir Dr. Aravind fragen, wo er denn die größten Unterschiede sieht zwischen dem Ansatz von Dr. V und dem in Stanford, zögert er nicht lange mit seiner Antwort: »In Stanford habe ich viel über Wettbewerbsfähigkeit gelernt, darüber, wie man Gewinner-Verlierer-Situationen schafft und diese für sich entscheidet. Dr. V bringt Menschen dazu, auf andere Art und Weise über das Leben nachzudenken. Er entwirft mit ihnen eine Vision, einen Traum, und schafft Situationen, in denen jeder gewinnt.« Mit dieser Haltung könne er sich sehr viel besser identifizieren. Diese Unternehmenskultur macht es auch möglich, dass inzwischen drei Generationen und damit sehr verschiedene Persönlichkeiten zusammenarbeiten.

Alle sind sich über das Ziel für Aravind einig. Der nächste Schritt sei die Ausweitung der Aktivitäten auf eine Million Operationen jährlich. Dies soll sowohl durch die selbst betriebenen Krankenhäuser als auch durch Partnerschaftsmodelle erreicht werden. Wichtig dabei sei es, vor allem die Werte und die Qualität aufrechtzuerhalten, die das Unternehmen tragen. Aber gerade in diesem Punkt ist die gesamte Aravind-Familie sehr optimistisch.

Nach dem Gespräch sind wir uns sicher, dass das Erbe von Dr. V in guten Händen liegt. Schritt für Schritt wird seine Vision, unnötige Blindheit aus der Welt zu schaffen, umgesetzt. Auch wenn er dies – nach 30-jährigem Aufbau des Aravind-Systems – nicht mehr selbst erleben kann.

Info

www.aravind.org

www.youtube.com/watch?v=3cjnNPua7Ag

Video über Dr. V und Aravind auf YouTube.

www.friendsofaravind.org

Website der Organisation Friends of Aravind.

www.skollfoundation.org/newheroes/index.asp

CD »New Heroes«: Porträt von Dr. V von der Skoll Foundation.

www.project-impact.net

David Green baute das Aurolab zur Herstellung kostengünstiger Linsen auf und hilft dabei, weltweit innovative Technologien im Gesundheitsbereich für Bedürftige zugänglich zu machen.

www.cbm.de

Die Christoffel Blindenmission engagiert sich weltweit für blinde und anders behinderte Menschen.

»Überall auf der Welt ist qualitativ hochwertige Bildung die Basis, auf der eine Gesellschaft beruht ... Wirkliche Zufriedenheit gibt mir vor allem die Möglichkeit, die Bildungssituation zu verbessern und das Potenzial der Kinder in den vielen Gemeinden zu fördern.«

Vicky Colbert de Arboleda
Soziologin, stellvertretende Ministerin,
UNICEF-Leiterin, Stiftungsgründerin
Bogotá, Kolumbien

Bildung statt Drogen

Kolumbien ist für viele Europäer immer noch das Land der Drogenbarone, der Inbegriff von Unsicherheit, Gewalt und Gefahr. Mit diesen Gedanken im Unterbewusstsein landen wir auf dem Flughafen in Bogotá. Wir staunen nicht schlecht, als wir während der Fahrt zum Hotel die vielen Fahrradfahrer auf den auffällig sauber gepflegten Fahrradwegen beobachten. Unser Taxifahrer ist nicht ganz so zufrieden, weil die für Radfahrer reservierte Fahrbahn sogar breiter ist als seine. Überdies muss er den Zweiradbesitzern jeden Montag ganze Straßenzüge der Innenstadt komplett überlassen. So viel Grünfläche und in deren Mitte lachende Familien beim Fahrradausflug hatten wir in einer lateinamerikanischen Metropole nicht erwartet. Später erfahren wir, dass diese Entwicklung vor allem dem ehemaligen, visionären Bürgermeister der Stadt, Enrique Peñalosa1, zu verdanken ist.

In den folgenden Tagen lernen wir den von neuen Gebäuden und Geschäften geprägten modernen Stadtteil Bogotás kennen, in dem immerhin zwei der ungefähr acht Millionen Einwohner leben. In lauschigen Ecken schlürft man hier einen perfekt zubereiteten Espresso, besucht das Goldmuseum oder genießt ein professionell zubereitetes Sushi in einem der vielen Restaurants. Am meisten beeindrucken uns die vielen freundlichen, lebensfrohen und dynamischen Menschen. Eine von ihnen ist Vicky Colbert, die permanent ein ansteckendes Lachen im Gesicht trägt und die Diskrepanz zwischen dem Ruf, der ihren Landsleuten vorauseilt, und der Wirklichkeit gelassen erklärt: »In Kolumbien gibt es viel Unternehmertum – manchmal in einer negativen, viel öfter aber in einer positiven Richtung.« Es ist auch Vicky, die uns an die Lebensrealität außerhalb der guten Bezirke erinnert, vor allem an die zum Teil katastrophale Qualität der Bildung. Bildung, die die Grundlage und Voraussetzung ist für die Verbesserung der Lebensumstände.

[1] Enrique Peñalosa war von 1998 bis 2001 Bürgermeister der Stadt und führte eine Reihe von Maßnahmen durch, welche vor allem auf die Integration der ärmeren Bevölkerung abzielen. Siehe auch Interview auf www.myimpact.net.

Privilegien und Chancenlosigkeit

Vicky ist die Gründerin und langjährige Leiterin von Escuela Nueva, was so viel heißt wie »Neue Schule«. Nach einem Interview in ihrem Büro zeigt sie uns die malerischen Vororte von Bogotá und wir haben etwas mehr Zeit für Gespräche. Als junge Frau sei ihr ihre privilegierte Situation relativ früh bewusst geworden, erinnert sie sich. Ihre Familie konnte es sich leisten, Vicky in eine gute Schule zu schicken und ihr auch sonst ein angenehmes Leben zu ermöglichen.

Vicky schloss ihr Soziologiestudium in Bogotá in einem für manche Länder üblichen frühen Alter ab. Mit knapp 20 Jahren begann sie bereits, an verschiedenen kolumbianischen Universitäten »Bildungssoziologie« zu unterrichten. Auch wenn sie mit viel Spaß den werdenden Lehrern beizubringen versuchte, wie Bildung eine Gesellschaft verändern kann, so erkannte sie doch bald die Grenzen für wirkliche Veränderungen innerhalb des akademischen Systems. Bei einer Einladung der Organisation »Weltlehrer« in eine ländliche kolumbianische Schule wurden ihr die Herausforderungen, vor denen ihr Land stand, deutlich bewusst. Sie begriff, dass die Bildung für die ländlichen Regionen das Schlüsselproblem war. Gelänge es, hier die Qualität zu verbessern, dann hätte das Auswirkungen auf die Lebensqualität aller Kolumbianer.

Bevor sich Vicky diesem Problem allerdings aktiv widmete – und dass sie es einmal tun würde, da war sie sich sicher – wollte sie noch besseres Handwerkszeug erwerben. Deshalb nahm sie ein Stipendium an der bekannten Stanford-Universität in Palo Alto bei San Francisco an. In den zwei Jahren, die sie dort verbringen konnte, versuchte sie, so viel wie möglich über Soziologie und Erziehung zu lernen. Nach ihrem Abschluss schlug sie einige interessante amerikanische Jobangebote aus. Das verstand ihr damaliges Umfeld nicht wirklich. Doch Vicky zog es nach Kolumbien zurück, weil sie dort ein viel größeres Potenzial für Verbesserungen sah.

Auf Abwegen in ländliche Gebiete

Zurück in der Heimat, nahm Vicky eine Stelle im Erziehungsministerium an. Schon in den USA hatte sie eine klare Vorstellung von ihren Zielen entwickelt. Sie wollte die größte Herausforderung Kolumbiens angehen – die Schulbildung auf dem Lande. Wochenlang fuhr sie in die abgelegensten Gebiete. An diesen Orten wollte Vicky erfahren, wo sie ansetzen musste.

Sie fand Schulen, in denen neun Jahrgangsstufen gleichzeitig in einem Klassenzimmer unterrichtet wurden. Viele Kinder verließen die Schule nach nur wenigen Jahren. In den traurigen, verkommenen Klassenzimmern konnten sie kaum etwas lernen.

Ein neues System entsteht: Escuela Nueva

Zwei Jahre verbrachte Vicky mit ihrem Team hochmotivierter Lehrer aus kleinen ländlichen Schulen beim »Ausprobieren, Verwerfen und Verbessern« einer neuen Lehr- und Lernmethodik. Schließlich entstand Escuela Nueva, ein systemisch durchdachtes, vervielfältigbares und kosteneffektives Konzept. Im Zentrum stand ein kooperativer Unterrichtsstil, der die Rolle des Lehrers völlig neu definierte. Lehrer waren nicht länger die alleinige Quelle des Wissens, sondern Moderatoren des Lernprozesses. Das setzte Änderungen im Lehrplan genauso voraus wie eine neue Lehrerausbildung und andere Lehrmaterialien. Die Kinder lernten anhand der Themen, die in ihrem Alltag relevant waren. Sie bildeten sich durch gegenseitige Fragen weiter und entwickelten dadurch ein zuvor nie da gewesenes Selbstvertrauen. Auch die Gemeinden wurden integriert, indem die Projekte der Kinder über das Schulgebäude hinaus ausgeweitet wurden. Durch das Einbinden unterschiedlicher lokaler Anspruchsgruppen konnte ein System entwickelt werden, das die Qualität der Bildung kostengünstig erhöhte und mit nur drei Euro pro Kind und Jahr auskam.

Anspruchsgruppen durch messbare Resultate einbinden

Vicky war von Anfang an klar, dass das neue System nur mit wissenschaftlich dokumentierten Resultaten eine Chance auf Anerkennung hatte. Für diese Aufgabe waren von Beginn an Wissenschaftler mit von der Partie. Es ist überall auf der Welt schwer, innerhalb eines bestehenden Schulsystems Innovationen durchzusetzen. Um auch in den oberen Etagen der Verwaltung Wohlwollen zu gewinnen, half auch, so meint Vicky verschmitzt lächelnd, ihre soziologische Ausbildung. Das Wichtigste war aber, dieses Wohlwollen recht bald mit handfesten Resultaten zu belohnen. Dies war dank der Demonstrationsschulen, die anhand eigens erstellter Handbücher und Materialien das Modell perfekt umsetzten, kein Problem. Gleichzeitig gelang es Vicky, internationalen Organisationen eine finanzielle Unterstützung abzuringen. Nach neun Jahren war es geschafft: Vickys Reformen wurden zur kolumbianischen Norm erhoben. 20.000 kolumbianische Schulen sollten das neue System jetzt einführen.

Nachdem Vicky Escuela Nueva politisch verankert und in die Hände von vertrauten Mitarbeitern übergeben hatte, verabschiedete sie sich für zwei Jahre in die Elternzeit. Nach diesen zwei Jahren wurde sie, aufgrund des mittlerweile beeindruckenden Erfolgs ihres Bildungsmodells, zur stellvertretenden Bildungsministerin ernannt. Ihre Lösungen stießen auch langsam auf internationales Interesse, und die junge Mutter empfing über 30 Länderdelegationen, die nach Kolumbien kamen, um Mitte der 80er Jahre von Vickys Bildungserfolgen zu lernen.

UNICEF als neue Herausforderung

Überraschend für Vicky kam dann eines Tages ein Anruf des Leiters der UNICEF aus New York, der ihr das Angebot machte, Leiterin des Bildungsbereichs innerhalb der UNICEF zu werden. Da Vicky aus familiären Gründen nicht nach New York ziehen wollte, lehnte sie dieses ehrenvolle Amt ab, akzeptierte allerdings die Leitung des Lateinamerika- und Karibikbüros der UNICEF und die Funktion als regionale Bildungsberaterin. Vicky sah darin die Chance, Escuela Nueva über die Plattform der UNICEF nach ganz Lateinamerika zu exportieren und damit die gesellschaftliche Wirkung ihres Systems gewaltig auszuweiten. Dies sollte in den folgenden Jahren auch mit Erfolg geschehen.

Was jedoch nicht ganz so gut funktionierte, war die weitere Einführung des Systems in Kolumbien selbst. Kurz nachdem Vicky das Bildungsministerium verlassen hatte, wurde die gesamte Regierungsarbeit neu organisiert. Ganz Lateinamerika war vom Fieber der Dezentralisierung erfasst, und gute Innovationen der Vergangenheit blieben häufig auf der Strecke. Die politisch Verantwortlichen wollten sich mit neuen Modellen verewigen, egal wie erfolgreich das vorhandene funktionierte. Dieser Reorganisation fiel leider auch Escuela Nueva in weiten Teilen Kolumbiens zum Opfer.

Glücklicherweise hatte Vicky die Stiftung Escuela Nueva Volvamos a la Gente (»Geben wir die neue Schule dem Volk zurück«) gegründet, bevor sie ihre Position bei der UNICEF angenommen hatte. So konnte sie parallel zu ihrer Arbeit bei der UNICEF das Modell Escuela Nueva auch in Kolumbien auf kleiner Flamme weiterentwickeln und am Leben erhalten.

Zeit der Refokussierung

Obwohl Vicky die Arbeit bei der UNICEF genoss, kündigte sie 1997, da sie es nicht ertragen konnte, zu sehen, wie »ihr Baby«, die Escuela Nueva, in Kolumbien langsam starb. Sie kehrte zu ihren Wurzeln zurück und startete mit einem kleinen Team einen Wiederbelebungsversuch. Die neue Marketingstrategie griff glücklicherweise relativ schnell, nicht zuletzt weil Vicky nun auf Resultate aus über zwei Jahrzehnten zurückgreifen konnte. Die positive Energie, die in Bezug auf Escuela Nueva schon einmal Ende der 80er- Jahre vorhanden gewesen war, flammte nach einer erneut sehr anstrengenden Aufbauphase wieder auf, und Vicky bekam zum zweiten Mal Besuch aus der ganzen Welt. Sie wurde eingeladen, ihr System international vorzustellen. Wie sie sagt, ist die Erklärung des Erfolgs – im Gegensatz zu der Arbeit selbst – sehr einfach: »Überall auf der Welt ist qualitativ hochwertige Bildung die Basis, auf der eine Gesellschaft beruht. Wenn allein in Lateinamerika 60 Prozent der Bevölkerung Analphabeten sind, ist der Bedarf wohl offensichtlich.«

Vicky versuchte, dieses Mal mit etwas mehr Geschäftssinn an die Aufbauarbeit heranzugehen. Bisher hatte sie all ihr Wissen, all ihre Materialien umsonst verteilt und auch selten kontrolliert, was dann wirklich vor Ort realisiert wurde. Dies hatte zu verschiedenen Varianten der Escuela Nueva auf der Welt geführt, die nicht alle gleich erfolgreich waren. Ein Vorteil war allerdings, dass das System auf diese Weise genau auf einzelne Zielgruppen und lokale Besonderheiten zugeschnitten wurde.

Geschäftsmodell und Franchising

Neben der Herausforderung, die Lehrmaterialien in neuen interaktiven Technologien zu entwickeln und die Qualitätsprobleme auf der internationalen Ebene in den Griff zu bekommen, musste Vicky vor allem Geld für ihre Stiftung finden. Weiterhin auf Vertragsbasis einzelne Länder beratend zu unterstützen, war kein Modell, um Escuela Nueva weltweit in der gewünschten Qualität einführen zu können. Am Beispiel führender Geschäftsleute versuchte sie zu verstehen, was es bedeuten könnte, ein finanziell tragfähiges Geschäftsmodell für Escuela Nueva zu entwickeln. Hierbei half ihr das Weltwirtschaftsforum in Davos, zu dem sie durch das Netzwerk der Schwab-Stiftung in den letzten Jahren eingeladen worden war. Zusammen mit der London School of Business hat sie eine Art Franchising- System entwickelt, über das sie ihr Modell und eigene Produkte, in ihrem Fall Unterrichtsmaterialien, vertreiben will. Inwiefern dies gelingen wird, werden die nächsten Jahre zeigen. Auf alle Fälle gilt es nun, nach mehr als 30 Jahren der Entwicklung des innovativen Systems, die Organisation Escuela Nueva noch professioneller aufzustellen. Neben einer effizient arbeitenden Organisation im In- und Ausland schließt dies Partnerschaften mit Unternehmen ein, die einen Teil der Projekte finanzieren können. Die mit einer bedeutenden Spende verbundene Auszeichnung zum »Skoll Social Entrepreneur« des Jahres 2007[2] wird mit Sicherheit helfen, auch diesen Schritt erfolgreich umzusetzen und die in der strategischen Planung ausgewiesene Expansion in 20 Länder erfolgreich durchzuführen. Die im Frühjahr 2006 von 1.500 Personen besuchte Konferenz der Escuela Nueva in Medellín – der früher für Drogen, heute für Kunst und hoffentlich bald für Bildung bekannten Stadt – zeigt zumindest, dass das Interesse nach wie vor sehr groß ist. Und dies nicht nur im Ausland. Auch die kolumbianische Regierung hat 2007 ihre Absicht erklärt, das Modell Escuela Nueva mit Hilfe des Teams von Vicky wieder intensiv in die Schulen des Landes zu bringen.

[2] www.skollfoundation.org/grantees/a-e.asp

Was wirklich zählt

Bei all den Erfolgen und Auszeichnungen der Vergangenheit und bei all den anstehenden Aufgaben und neuen Herausforderungen darf eines nie vergessen werden, so Vicky: »Die Ehrungen und Auszeichnungen, wie etwa zu den 100 wichtigsten Personen in der kolumbianischen Geschichte zu gehören, sind schön, um in der Welt sichtbar zu sein und Unterstützung zu gewinnen. Wirkliche Zufriedenheit gibt mir jedoch vor allem die Möglichkeit, die Bildungssituation zu verbessern und das Potenzial der Kinder in den vielen Gemeinden zu fördern. Zufriedenheit gibt es mir, zu sehen, wie sich diese jungen Menschen verändern, wie ihr Selbstbewusstsein steigt, wie sie merken, was sie selbst aus sich machen können. Wenn ich dann noch sehe, dass neben den positiven Veränderungen für die Kinder auch das friedvolle Miteinander in den Gemeinden gefördert wird, dann sind das die Momente, die mich jeden Morgen zum Aufstehen motivieren. Das sind die Momente, für die wir alle hier täglich arbeiten, egal, was andere dazu sagen.«

Info

www.volvamos.org
  Website der Stiftung der Escuela Nueva.

www.schwabfound.org/schwabentrepreneurs.htm?schwabid=660
  Informationen über Vicky Colbert bei der Schwab Foundation for Entrepreneurship.

www.millennium-entwicklungsziele.de/pages/acommon/mdg.htm
  Informationen zur Verbesserung der weltweiten Bildungssituation, einem der Millennium-Entwicklungsziele.

www.porelpaisquequeremos.com
  Link zur Organisation von Enrique Peñalosa.

»Für mich stand schon früh fest, dass ich auf dem Sterbebett nicht sagen wollte, mein Leben lang konsumiert zu haben – inmitten eines Meeres von Armut. Meine Existenz sollte die Welt zum Positiven verändern.«

Isaac Shongwe
Slumbewohner, Politik- und Wirtschaftswissenschaftler, Unternehmer, Philanthrop
Johannesburg, Südafrika

Verlorenes Slumkind und afrikanische Führungsfigur

»Wir können Armut und Ungleichheit auslöschen, wenn wir dafür so hart arbeiten, wie wir es für das große Geld zu tun bereit sind«, so Isaac Shongwe, als wir ihn in seiner südafrikanischen Heimat treffen. Isaac weiß, wovon er spricht. Geboren wurde er in Alexandra, einem der schlimmsten schwarzen Armenviertel Johannesburgs, die von der weißen Elite zu Zeiten der Apartheid »Townships« genannt wurden. Isaac hat nie erfahren, wer sein Vater ist. Als er zehn Jahre alt war, starb seine Mutter nach einer schweren Krankheit, und er stand allein in der Welt. Ein Schicksal, das in Afrika nur allzu häufig ist und in den letzten Jahren durch die Pandemie HIV/Aids noch alltäglicher wurde. Die Seuche rafft junge Mütter und Väter dahin, die finanziell schlecht gestellt sind. Ihre Kinder, die dann in ihren Blechhütten mehr dahinvegetieren als leben, müssen sich ihr tägliches Brot erbetteln oder häufig auf illegalem Weg besorgen. Nicht viel aussichtsreicher war die Situation des Waisenkindes Isaac. »Ich hätte zu einem der vielen Straßenkinder werden können.« Er wusste oft nicht, wo die nächste Mahlzeit herkommen sollte. Niemand kümmerte sich um ihn. Manchmal dachte er sogar daran, seinem grauenvollen Leben ein frühes Ende zu setzen – vermisst hätte ihn sowieso keiner. Die Welt, so sagt er nachdenklich, sollte kein solcher Ort sein.

Heute ist Isaac Shongwe ein erfolgreicher Geschäftsmann in Johannesburg und investiert viel Mühe und Geld in die Verbesserung der Situation von Menschen, die auf eine Starthilfe angewiesen sind.

Das Wunder der Bildung

Wie durch ein Wunder gab es im Leben von Isaac Menschen, die ihn unterstützten, ihm wieder Halt und Hoffnung gaben. Einer von diesen Menschen glaubte so sehr an seine Talente, dass er ihm die Möglichkeit gab, nach seinem zwölften Lebensjahr die Ausbildung fortzusetzen. Dies war wohl der entscheidende Wendepunkt in Isaacs Leben. Wie er heute selbst sagt, hat Bildung sein Leben verändert. »Ich bin einer der wenigen glücklichen Menschen, die eine Chance bekommen haben. Meine Chance war die Bildung. Heute kann man mich irgendwo auf der Welt aussetzen und dank meiner Ausbildung werde ich überleben.« Isaac nahm diese Chance sehr ernst. Nach einem exzellenten Mittelschulabschluss in den frühen 80er-Jahren bekam er ein Stipendium für eine Hochschule in Großbritannien. Da er in seiner Jugend am eigenen Leib erleben musste, welche Hoffnungslosigkeit das Apartheidsystem für die 90 Prozent der nichtweißen Bevölkerung in Südafrika bedeutete, wollte er so viel wie möglich lernen, um dieses System zu verändern. Zunächst glaubte er, dass Politik das richtige Mittel dazu wäre, und deshalb bemühte er sich um ein weiteres Stipendium in den USA. Dort angekommen bemerkte er allerdings, dass er für die Politik nicht geeignet war, und entschloss sich, parallel auch Wirtschaft zu studieren. 1987 schloss Isaac sein Politik- und Wirtschaftsstudium an der Wesleyan-Universität mit Auszeichnung ab und kehrte in seine Heimat Südafrika zurück.

Erste Schritte in der afrikanischen Geschäftswelt

Zuerst einmal wollte er sich seine Sporen verdienen und arbeitete von 1988 bis 1993 für verschiedene Unternehmen, unter anderem für den Barloworld-Konzern. In seiner Freizeit absolvierte er eine Marketingausbildung an der Witwatersrand-Universität in Johannesburg. Im Jahr 1991 wurde er für ein Rhodes-Stipendium mit Managementausbildung in Oxford (GB) ausgewählt. Nach seiner erneuten Rückkehr 1993 half Isaac dann der Monitor-Gruppe, einer renommierten amerikanischen Beratungsgesellschaft, das Geschäft in Südafrika aufzubauen. Dies war eine Zeit, so Isaac, in der das Apartheidsystem zwar offiziell abgeschafft war, in der es aber durchaus passieren konnte, dass seine Kunden sich weigerten, die Präsentation durch einen schwarzen Südafrikaner zu akzeptieren. Viele Weiße trauten den Schwarzen nichts zu. Sie glaubten, diese seien ausschließlich aufgrund der neuen Fördermaßnahmen für Minderheiten an die guten Positionen gekommen. Deshalb ging es Isaac bei seiner Arbeit immer auch darum, den Transformationsprozess der südafrikanischen Gesellschaft voranzutreiben. Das heißt, gleiche Ausgangschancen für die 90 Prozent der nichtweißen Bevölkerung zu schaffen.

Gründung erster eigener Unternehmen

Um die dazu notwendigen Veränderungen noch aktiver vorantreiben zu können, gründete Isaac 1995 sein eigenes Beratungsunternehmen, Letsema Consulting. In diesem Unternehmen bemüht er sich darum, gut ausgebildeten Minderheiten eine Chance auf hochwertige Arbeit zu geben. Diese Menschen sind laut Isaac prädestiniert, die Transformation im Lande voranzutreiben. Der Staat hat in den letzten Jahren Gesetze erlassen, gemäß denen alle Menschen gleiche Chancen auf Arbeit haben sollen. Diese Gesetze fordern darüber hinaus unter anderem auch, dass ein gewisser Prozentsatz der Kapitalbeteiligung in den Unternehmen den im Apartheidsystem benachteiligten Bevölkerungsgruppen ermöglicht werden muss. In großen Konzernen laufen solche Programme der Integration der nichtweißen Bevölkerung unter dem Begriff des »Black economic empowerment«[1]. In vielen Fällen werden sie von Letsema entwickelt.

Da Isaac sehr schnell erkannte, dass es nicht ausreicht, für die Unternehmen Studien und Berichte über die notwendigen Strukturveränderungen zu schreiben und Lernprogramme für neue Mitarbeiter einzuführen, gründete er 1998 Letsema Investments. Mit Letsema Investments macht Isaac schwarze und farbige Investoren ausfindig, die in der Lage sind, die in den »Black economic empowerment«-Programmen vorgeschriebenen Eigentums-Umverteilungen sinnvoll umzusetzen. Er strukturiert Transaktionen so, dass sie zehn bis 20 Prozent des Firmeneigentums in den Besitz von gut ausgebildeten, nichtweißen Südafrikanern bringen. Dadurch sollen sich mit der Zeit die Eigentumsverhältnisse in Südafrika der Bevölkerungsstruktur anpassen – auch wenn dies noch ein sehr langer und mühevoller Prozess ist.

Isaac selbst hat sich beispielsweise mit 25 Prozent an Barloworld Logistics Africa, seinem ehemaligen Arbeitgeber, beteiligt und dort die Position des Direktors für Geschäftsentwicklung und Transformation übernommen. Dies gibt ihm die Möglichkeit, beispielhaft aufzuzeigen, wie moderne afrikanische Unternehmen in Zukunft gestaltet sein können und wie sie die Bevölkerung so integrieren, dass die Ungleichheit im Lande geringer wird.

Zufriedenheit durch steile Karriere und Geld?

Eine faszinierende Erfolgsgeschichte – das Waisenkind aus den Armenvierteln, das den Aufstieg zum finanzstarken Multi-Unternehmer geschafft hat. Noch außergewöhnlicher ist allerdings die zweite Seite des Isaac Shongwe. Insgesamt, so Isaac, waren seine eigenen Unternehmen ein Weg, um finanziell unabhängig zu werden und ihm das zu ermöglichen, was er wirklich tun wollte. Wie er erklärt, war es sein Ziel, mit 40 Jahren genügend Geld zu haben, um sich ausschließlich um soziale Projekte kümmern zu können.

Isaac war sich schon immer darüber im Klaren, dass er kein normaler Kapitalist werden wollte. »Für mich stand früh fest, dass ich auf dem Sterbebett nicht sagen wollte, dass ich mein Leben lang konsumiert habe – inmitten eines Meeres von Armut. Meine Existenz sollte die Welt zum Positiven verändern.« Er wollte seine Kindheit nicht ausblenden und vergessen. Er wollte nicht verdrängen, sondern er wollte sich daran erinnern, wie dankbar er sein musste, dass ihn andere unterstützt hatten. Bereits bei der Gründung der Letsema-Beratung, also in einer Lebensphase, in der sich die meisten Menschen zuerst einmal um ihr eigenes Wohl gekümmert hätten, gründete Isaac die Letsema-Stiftung. Dort unterstützt er Bildungsprojekte, um möglichst vielen Menschen über Stipendien und andere Unterstützungsmodelle die gleiche

[1] Weitere Informationen zu Black Economic Empowerment im Text von Andreas Kreuzel: www.ibn.co.za/bibliothek/downloads/Merkblatt_BEE_Feb_2007_neu.pdf

Chance zu geben, die er einmal bekommen hatte. Seit Jahren verbringt der junge Geschäftsmann zwischen 30 und 50 Prozent seiner Zeit mit Projekten, die zu mehr Chancengleichheit und damit Reduktion der Armut führen sollen. Wie er von sich sagt, ist er ein »Social Entrepreneur«, ein sozialer Kapitalist, der fest davon überzeugt ist, dass soziale Gerechtigkeit in Südafrika viele positive Impulse für den Geschäftserfolg bringt. Er war früh ehrlich und mutig genug zu wissen, dass all das verdiente Geld ihn nicht glücklich macht, oder wie er es ausdrückt: »Was ist das teuerste Essen wert, wenn man es alleine genießen muss?«

Herausforderung für verantwortliche Leader

Mit der Zeit wurde Isaac immer stärker bewusst, dass die Förderung von Unternehmern, die – wie er selbst – ihre persönlichen Wertvorstellungen im Geschäftsleben umsetzen, einen sehr wichtigen Hebel für die positive Entwicklung Afrikas darstellt. Deshalb startete Isaac 1998/99 regelmäßige Frühstücksgespräche mit anderen jungen, erfolgreichen Unternehmern. Bei den Treffen fordert er sie immer wieder heraus, indem er fragt, ob sie normale Kapitalisten werden möchten – wie sie überall auf der Welt anzutreffen sind – oder ob sie, in Anbetracht der Geschichte ihres Landes, Kapitalisten eines neuen Schlages werden möchten. Durch Besuche in den Townships und durch andere Aktivitäten, welche ihnen die Ungleichheit im Lande direkt vor Augen führt, macht er ihnen klar, dass Menschen in Führungspositionen eine große Verantwortung tragen. Es ist die Verantwortung gegenüber den schwächeren Mitgliedern der Gesellschaft. Isaacs Gruppe wuchs innerhalb kurzer Zeit auf über 100 Manager. Zusammen fingen sie an, soziale Projekte durchzuführen.

Die richtige Zeit für die richtige Idee

In diesem Moment kam eine Anregung von Peter Reiling vom Aspen Institute[2] gerade zur rechten Zeit. Peter, der lange Jahre Geschäftsführer der erfolgreichen Entwicklungsorganisation TechnoServe[3] gewesen war, schlug Isaac vor, mit Hilfe einer »Africa Leadership Initiative« die nächste Generation afrikanischer Führerpersönlichkeiten auszubilden.

Die Idee war genau das, was Isaac suchte: »Geld ist einfach. Wir wissen, wie man Geld verdient. Unser Hauptziel muss aber sein, die Welt zu ver-

[2] Das Aspen Institute ist eine »Denkfabrik« mit der Mission, aufgeklärte Führungspersönlichkeiten und einen aufgeschlossenen Dialog zu fördern. Durch Seminare, Konferenzen und Initiativen der Führungsentwicklung fördert das Institut unabhängige Forschung und die Wertschätzung von zeitlosen Wertvorstellungen. Führende Persönlichkeiten aus internationaler Politik, Wirtschaft, Kunst und Wissenschaft werden zu regelmäßigem Austausch eingeladen (siehe auch Interview mit P. Reiling auf myimpact.net).

[3] TechnoServe, Geschäftslösungen für ländliche Armut, ist eine Non-Profit-Organisation, welche unternehmerische Menschen in Entwicklungsländern unterstützt. Es stellt ihnen dieselbe professionelle Unternehmensberatung zur Verfügung, welche sonst von führenden internationalen Konzernen genutzt wird.

ändern. Wir brauchen dafür allerdings ethische, wertebasiert handelnde Führungspersönlichkeiten, die unsere Gemeinschaft schätzen. Wir müssen globale Brücken zwischen diesen Menschen bauen. Wir müssen eine neue geistige Haltung, eine neue Mentalität im Wirtschaftsleben kreieren. Es ist durchaus wichtig, was man mit seinem Geld macht, aber auch auf welche Art und Weise man es verdient.« Wie Isaac sagt, war es für ihn nie eine Option, nur Geld anzuhäufen ohne nachzudenken, was er damit bewirkt. Er meint, dass seine Seele verkümmert wäre, hätte er je so gehandelt. Er betont immer wieder: »Ein wirklicher Leader zu sein bedeutet, dass du deine Führungskraft demonstrierst, indem du der Gesellschaft dienst.«

Geldgierige zu Außenseitern machen

Isaac zögerte nicht lange und verpflichtete sich, die »Africa Leadership Initiative«[4] auf dem afrikanischen Kontinent zum Erfolg zu führen. Sein Ziel ist es, ein Netzwerk von Führungspersönlichkeiten zu gestalten, die sich der wahren Probleme der Welt annehmen und sich nicht nur um sich selbst und ihre eigenen Interessen kümmern. Seiner Meinung nach müssen ausschließlich eigennützig handelnde Unternehmer von der Gesellschaft geächtet werden. »Wir müssen eine Kultur schaffen, eine Bewegung, welche solche Menschen isoliert und beschämt. Jeder, der nur dem Geld nachrennt, sollte zum Außenseiter werden.« Den Respekt ihrer Mitmenschen haben Isaacs Meinung nach nur diejenigen verdient, die sich um eine bessere Welt bemühen und die ihr Geld in Win-win-win-Situationen verdienen, das heißt einen Gewinn für sich, für die gesamte Gesellschaft und für die Umwelt schaffen.

Ein Ferienhaus, zwei, drei? Ein Weingut? Eine Yacht?

Wenn man Isaac fragt, was ihn zu all diesen Aktivitäten motiviert, gerade in einer Zeit, die – wie er selbst feststellt – perfekt ist, um sein Seele für sehr viel Geld zu verkaufen, wenn man ein gut ausgebildeter, intelligenter, kapitalistisch denkender schwarzer Afrikaner ist, kommt seine Antwort bestimmt: »Es geht im Leben nicht um Geld. Geld ist gut, aber es macht nicht zufrieden.« Und er fährt leidenschaftlich fort: »Wie viel ist denn genug: ein Ferienhaus, zwei, drei; ein Weingut; eine Yacht; fünf Autos, sechs, ...?« Diese Fragen kann nur jeder für sich selbst beantworten. Isaac weiß aus eigener Erfahrung, dass das Geschäftsleben einen sehr schnell tief hineinzieht und finanzieller Erfolg süchtig macht nach mehr und immer mehr. Trotzdem hat er für sich entschieden, dass er die Chance, die ihm dadurch gegeben wurde, dass ein anderer Mensch an ihn geglaubt hat, nicht verschwenden möchte.

[4] Die »Africa Leadership Initiative« hat sich zum Ziel gesetzt, die nächste Generation von gemeinschaftsorientierten Führungspersönlichkeiten in Afrika zu entwickeln, und hat in den ersten Gruppen Partner im Alter von 25 bis 50 Jahren aus den Ländern Ghana, Ostafrika, Moçambique und Südafrika versammelt.

Wirtschaftlicher Aktivismus in den Vorstandsetagen

Isaac will eine Gemeinschaft von Gleichgesinnten bilden, die er die »sozial Kreativen« nennt. Diese Menschen können – wenn sie die richtigen Positionen in Regierung, Wirtschaft und Zivilgesellschaft innehaben – eine kaum zu überschätzende positive Wirkung erzielen. Er ist fest davon überzeugt, dass wir Armut auf der Welt ausrotten können, wenn mehr und mehr Menschen diese Haltung und Denkweise teilen. Täglich arbeitet er daran, Humankapital zu mobilisieren und es dort einzusetzen, wo augenblicklich zu wenig Kapazität vorhanden ist – im Geschäft der Weltverbesserung. Er spricht gerne von wirtschaftlichem Aktivismus und man fragt sich, ob seine Ausführungen nur für Südafrika gelten oder vielleicht auch eine Gültigkeit über die Grenzen hinweg haben: »Politischer Aktivismus, der Wille, das System zu ändern, auch wenn wir dafür hätten sterben müssen, war das, was die Apartheid beendet hat. Dieser Aktivismus ist heute verschwunden und wir müssen ihn zurückgewinnen. Aber dieser Aktivismus muss heute, da wir eine Demokratie sind, in einem anderen Bereich stattfinden. Heute müssen wir diesen Aktivismus in die Vorstandsetagen bringen. Der Feind war einst die Apartheid, heute heißen die Feinde Armut und Ungleichheit. Ich führe die jungen Führungskräfte Afrikas in die Slums und Armenviertel, damit sie die Ungleichheit wirklich sehen und am eigenen Körper fühlen können. Wir haben die Verantwortung und vielleicht zum ersten Mal in der Geschichte der Menschheit die Möglichkeit, diese Feinde gemeinsam zu bezwingen.«

Info

www.letsema.co.za
Website von Letsema Consulting.

www.africaleadership.net
Website der Africa Leadership Initiative.

www.aspeninstitute.org
Website des Aspen Institute.

www.technoserve.org
Website der Organisation TechnoServe.

www.southafrica.info/doing_business/trends/empowerment
Informationen zum Black Economic Empowerment.

Bildimpressionen der Weltreise

Abbildung 1
Die Unternehmerinnen eines von Development Alternatives (DA) entwickelten und unterstützten Landwirtschaftsprojekts in der Nähe der indischen Stadt Jhansi (s. Porträt Ashok Khosla, S. 149 ff.).

Abbildung 2
Das Dorf Punawli, Standort eines der »TARAhaat«-Internetcafés von Development Alternatives (DA).

Abbildung 3
Die Herstellung von handgeschöpftem Papier aus Baumwollabfällen im Trainingszentrum von Development Alternatives (DA) in der Nähe der Stadt Jhansi.

Abbildung 4
Eine Frau lernt die Herstellung von Ziegeln im Trainingszentrum von Development Alternatives (DA) in der Nähe der Stadt Jhansi.

Abbildung 5
Der Millionär und Philantroph David Bussau während eines Projekts in Barangay Silangan, Quezon City, Philippinen (s. Porträt S. 135 ff.).

Abbildung 6
Safia Minney bei der Eröffnung des Londoner Markts »Whole Foods«, der im Zentrum der Stadt biologische und Fair Trade-Produkte anbietet (s. Porträt S. 33 ff.).

Abbildung 7
Im Büro von People Tree in Tokio (s. Porträt S. 33 ff.).

Abbildung 8
Verkaufsraum eines People Tree-Shops in Tokio.

Abbildung 9
Karen Tse mit kambodschanischen Gefangenen (s. Porträt S. 125 ff.).

Abbildung 10
Das Autorenpaar mit Roma Debabrata (2. v. r.) und einer ihrer »Töchter« (s. Porträt S. 173 ff.).

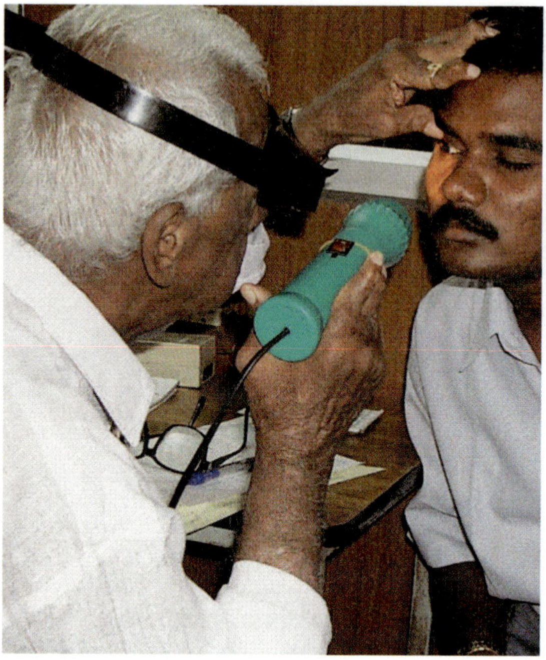

Abbildung 11
Der 80-jährige Dr. V bei der Untersuchung eines Patienten in der Aravind Augenklinik in Madurai im Süden Indiens *(s. Porträt S. 59 ff.).*

Abbildung 12
Dr. Aravind Srinivasan, Augenarzt, Wirtschaftswissenschaftler und Dr. V's Neffe

Abbildung 13
Überprüfung des im Abfallsystem von Albina Ruiz abgelieferten Materials (s. Porträt S. 27 ff.).

Abbildung 14
Albina Ruiz (Mitte) beim Empfang ihres Preises von der Skoll Foundation, ausgehändigt durch die Leiterin der Stiftung Sally Osberg, den Gründer Jeff Skoll (rechts) und die Schauspieler Robert Redford und Ben Kingsley.

Abbildung 15
Müllmänner bei der Arbeit im Rahmen des Abfallprojektes von Albina Ruiz.

Abbildung 16
Chris Eyre mit seiner Frau und Enkelkindern – eine der großen Motivationen für sein gemeinnütziges Engagement (s. Porträt S. 41 ff.).

Abbildung 17
Florian Krämer mit Kindern in seinem Kinderhort im Armenviertel Nyanga in der Nähe von Kapstadt (s. Porträt S. 111 ff.).

Abbildung 18
Kinder und junge Frauen aus dem Projekt von Florian Krämer während ihrer Tanz- und Gesangsaufführung in der Waldorfschule in Überlingen am Bodensee.

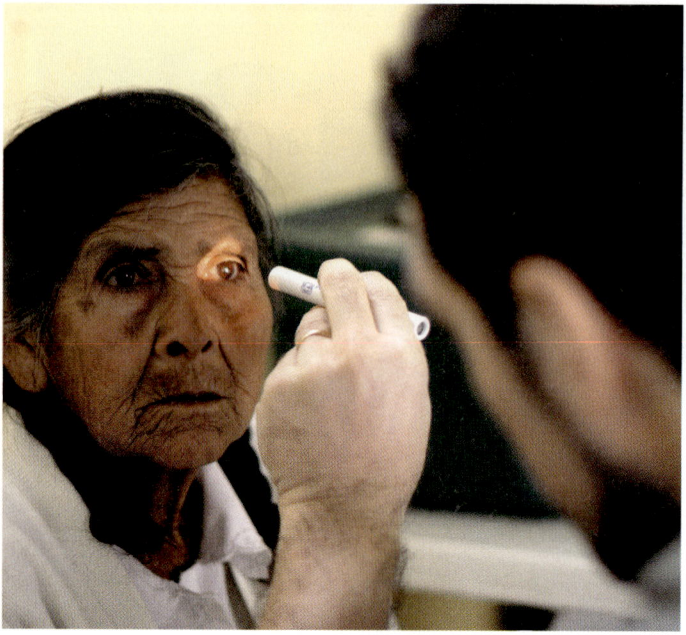

Abbildung 19
Jordan Kassalow untersucht eine Patientin (s. Porträt S. 163 ff.).

Abbildung 20
Endlich wieder lesen können – dank einer Brille der Scojo Stiftung (s. Porträt S. 163 ff.).

Abbildung 21
Die argentinische Choreographin Inés Sanguinetti bei der Aufführung des Stücks »Die Niemands« in Hamburg, 2004, zusammen mit Künstlern aus den Armenvierteln von Buenos Aires (s. Porträt S. 141 ff.).

Abbildung 22
Jugendliche in Buenos Aires bei einem Kunstprojekt der Choreographin Inés Sanguinetti.

Abbildung 23
Mia Hanak mit Kindern aus Nairobi (s. Porträt S. 97 ff.).

Abbildung 24
Mia Hanak bei der UNEP in Nairobi mit Friedensnobelpreisträgerin Wangari Maathai (2. v. l.) und dem damaligen Direktor der UNEP Klaus Töpfer (rechts) innerhalb der Installation »Trapped Inside«, die das Natural World Museum der UNEP nach der Ausstellung schenkte.

Abbildung 25
Wolfgang Hafenmayer im Gespräch mit Njogu Kahare (s. Porträt S. 119 ff.).

Abbildung 26
Njogu Kahares Pflanzenschule und »Versuchsanlage«
von Green Belt Movement.

Abbildung 27
Eifrige Schüler in einer Escuela Nueva-Schule von Vicky Colbert *(s. Porträt S. 65 ff.).*

Abbildung 28
Vicky Colbert (Mitte) beim Empfang ihres Preises von der Skoll Foundation, ausgehändigt durch die Leiterin der Stiftung Sally Osberg, den Gründer Jeff Skoll (rechts), Friedensnobelpreisträger Prof. Muhamad Yunus (2. v. r.) und Musiker Peter Gabriel.

Abbildung 29
Erin Ganju im Klassenzimmer einer der knapp 300 von Room to Read gegründeten Schulen (s. Porträt S. 157 ff.).

Abbildung 30
Erin Ganju mit einer Schülerin eines Room to Read-Projekts.

Abbildung 31
Das Autorenpaar vor den Ruinen von Machu Pichu in Peru.

*»Was ich tue,
ist ein Versuch, durch Kunst die Zusammenhänge zwischen unserem Lebensstil und dessen Auswirkungen auf die Umwelt aufzuzeigen und dadurch Menschen zum Überdenken gewisser Gewohnheiten anzuregen.«*

Mia Hanak
Kunsthistorikerin, Umweltaktivistin,
Globetrotterin, Unternehmerin
San Francisco, USA

Warum Mobiltelefone ins Museum gehören

»Die Panikmache der Umweltaktivisten in den letzten Jahren hat in weiten Teilen der Bevölkerung eher zu einer Art Abstumpfung geführt, als dass sie positive Aktivität hervorgerufen hätte. In den seltensten Fällen hat sie wirklich mehr Verständnis für die Zusammenhänge auf unserem Planeten bewirkt«, urteilt die gerade 30 Jahre alte Mia Hanak, als wir sie in einem kleinen, trendigen Restaurant an einem der vielen Hügel San Franciscos treffen. »Ich habe in meiner Jugend über 40 Länder bereist«, fährt sie fort. »Dabei habe ich über ein halbes Jahr intensiv mit Einheimischen in Kenia gelebt, habe mich in Mexiko und Guatemala durch den Dschungel geschlagen, war überwältigt von den Gletschern im Norden Argentiniens und den übrig gebliebenen Urwäldern Madagaskars. Doch überall sah ich das gleiche, traurige Bild. Unsere auf Wachstum getrimmte Konsumgesellschaft hinterlässt selbst im letzten Winkel dieser Erde ihre Spuren und nur allzu oft führt sie zur Zerstörung dieser einst wunderbaren Naturparadiese. Diese teilweise dramatischen Augenblicke in der Natur haben mir schon früh im Leben klargemacht, dass wir keine Zeit mehr haben, um abzuwarten. Wir müssen handeln, und zwar viele von uns, und zwar sofort.« Die permanente Panikmache dürfe aber nicht sein. Man müsse sich vielmehr auf Positives konzentrieren und sich um die Umsetzung von langfristig sinnvollen Lösungen kümmern.

Gründung des Natural World Museum

Mias beruflicher Hintergrund liegt aber weder im Reise- noch im Umweltsektor. Aus einer kunstsinnigen Familie stammend, entschied sie sich für ein Studium der Kunstgeschichte und Anthropologie. Es folgte ein Masterabschluss in Museumsmanagement und Ausstellungsdesign an der Tufts-Universität in Boston sowie erste Engagements in amerikanischen Museen.

Nach ihren ausgedehnten Reisen sah Mia jedoch die Notwendigkeit, sich für den Schutz der Umwelt einzusetzen. Da sie keine Frau der langen Reden, sondern der Tat ist, beschloss sie 2001, ihre Leidenschaft für die Natur und die Welt der Kunst auf innovative Art miteinander zu verbinden. Sie gründete zusammen mit dem Sammler Richard V. Smith als Mentor und Unterstützer das Natural World Museum (NWM) in San Francisco. Zu Beginn war das Projekt natürlich noch kein Museum, sondern eine Art Wandergalerie zu ökologischen Themen.

Dank Smith, der eine sehr umfangreiche Sammlung von Robert Bateman, einem der weltweit bekanntesten Umweltkünstler, erworben hatte, fiel es Mia leichter, erste Ausstellungen zu organisieren. »Was ich tue, ist ein Versuch, durch Kunst die Zusammenhänge zwischen unserem Lebensstil und dessen Auswirkungen auf die Umwelt aufzuzeigen und dadurch Menschen zum Überdenken gewisser Gewohnheiten anzuregen. Wir, das Natural World Museum, wollen das Publikum inspirieren, indem wir Ausstellungen organisieren, die sich auf höchstem künstlerischen Niveau bewegen und dadurch stark wirken. Wir haben Ausstellungen in San Francisco, aber auch international, zum Beispiel in Nairobi, Kenia, beim Umweltprogramm der Vereinten Nationen. Auch die Umweltausstellung bei den Olympischen Spielen 2008 in Beijing ist einer unserer Aufträge. Die Künstler, die wir beauftragen, stammen aus der ganzen Welt.« Das hört sich sehr erfolgsverwöhnt an. Doch das Vorhaben war am Anfang schwierig und erforderte mutige Schritte, um die Chancen zu ergreifen, die sich entlang des Weges boten.

Vier Monate, die die Welt bedeuten

In Mias Fall war diese Chance der Weltumwelttag der UN-Umweltorganisation UNEP 2005 in San Francisco. Nachdem Mia sich in ein Treffen der für diesen Tag politisch Verantwortlichen geschlichen hatte, ließ sie all ihre Überzeugungskünste spielen, um den Bürgermeister dafür zu gewinnen, sie und das Natural World Museum zu Organisatoren einer großen Ausstellung anlässlich des Umwelttags zu machen. Die Freude über die überraschende Zusage des Bürgermeisters währte allerdings nur kurz. Denn als Mia wieder klar denken konnte, merkte sie, welche Aufgabe sie sich gerade aufgehalst hatte. Die ganze Welt würde an diesem Tag nach San Francisco sehen, viele tausend Besucher, darunter sehr einflussreiche Menschen, würden die Stadt und damit die Ausstellung besuchen. Eigentlich perfekt, aber das Ganze sollte bereits in vier Monaten stattfinden.

Mit einem ungeheuren Kraftakt, tausenden Arbeitsstunden und nur dank der hervorragenden Arbeit des ganzen Teams konnte das Unmögliche rechtzeitig geschafft werden: Die weltweit größte Umweltausstellung in Museumsqualität ging unter dem Titel »Urbaner Dschungel« mit viel Aufmerksamkeit von Politik, Umweltbewegung, Kunstwelt, aber auch Hollywood-Stars über die Bühne. Werke von Foto-, Skulptur- und Multimediakünstlern zeigten die Schönheit der Natur, aber auch ihren Kontext in den modernen Städten, die das Hauptthema der Konferenz waren. Nicht zuletzt sahen 100 Bürgermeister aus der ganzen Welt die Ausstellung und wurden dazu inspiriert, das Thema Umwelt auch bei sich daheim so ernsthaft zu unterstützen, wie es San Francisco tat.

Warum Mobiltelefone die Lebensräume von Gorillas zerstören und Gewalt schaffen

Am liebsten befasst sich Mia mit den komplexen Kreisläufen und Abhängigkeiten in unserer Welt. Sie macht mit ihrer Arbeit deutlich, dass scheinbar zusammenhanglose Phänomene doch zusammengehören können, so wie zum Beispiel Gorillas und Mobiltelefone. In einer der Ausstellungen zeigt das Natural World Museum, wie Coltan, ein in den Mobiltelefonen genutztes Mineral, in Ruanda gewonnen wird. Dafür werden wunderschöne Wälder abgeholzt, die den Lebensraum der Gorillas bilden. Gleichzeitig sorgt die Förderung des kostbaren Minerals für Gewalt und Korruption in Ruanda und anderen Ländern Westafrikas, bevor es dann als Bestandteil von Mobiltelefonen schließlich relativ schnell in unseren Restmülltonnen landet.

Daneben ist Mia eine große Liebhaberin der Kunst Robert Batemans, der atemberaubend schöne, fast wie Fotos wirkende Bilder der Natur malt. Das Natural World Museum will das Thema Umwelt eben nicht mit Drohungen und Weltuntergangsbildern vermitteln, sondern durch die Macht der Schönheit und Hoffnung sprechen, die Kunst vermitteln kann.

Sexy auch mit Thermosflasche

Mia lächelt und bestellt ein Glas Wein. Essen will sie nichts, denn wenn sie die Gelegenheit hat, kocht sie am liebsten selbst – etwas Leichtes und Gesundes. Überhaupt hat sie an ihrem Lebensstil Einiges geändert. Im Land der großen Autos nutzt sie den öffentlichen Verkehr, trägt umweltschonende Kleider, nutzt ressourcenintensive Gebrauchsgegenstände sparsam und ersetzt Softdrinks in Plastikflaschen meist durch eine Thermosflasche voll Tee. Aber von Öko-Farblosigkeit keine Spur; Mia ist eine attraktive, junge Frau, die auf nichts verzichten muss. Sie ist lediglich konsequent und lebt, was sie anderen vermitteln will. »Es macht doch einfach Sinn, über Alternativen nachzudenken. Und Möglichkeiten gibt es zuhauf. Bei Innovationen im Umweltbereich ist der Himmel die Grenze«, erklärt sie.

Olympische Spiele, Bücher und mehr

Wenn wir Mia so betrachten und ihr zuhören, besteht kein Zweifel daran, dass sie mit ihrer Aktivität noch Großes bewegen will. »Langsamer werden? Mindestens bis zu den Olympischen Spielen 2008 ist das keine Option. Sogar meine Familie mag mein Engagement, auch wenn sie denken, dass ich etwas verrückt bin, und sich fragen, ob ich jemals Zeit zum Heiraten finden werde.« Als Nächstes will sie ein Buch über Umweltkunst publizieren[1] und vielleicht auch eines über ihre Reisen in über 40 Länder.

[1] Zur Zeit der Erstellung dieses Buches ist das während des Interviews geplante Buch unter dem Titel »Art in Action: Nature, Creativity and our Collective Future« im Juli 2007 erschienen (www. catalog.earthawareeditions.com).

Mias eigentlicher Zukunftstraum ist es, eine Reihe von Umweltausstellungen in der ganzen Welt zu organisieren. Es fällt uns nicht schwer zu glauben, dass wir in Zukunft Zeugen dieser Vision sein werden. Schließlich hat Mia schon als Kind Kunst und Umweltschutz verbunden, als sie im Einkaufswagen ihrer Mutter die Rückseiten der am Wagen angebrachten Werbetafeln bemalte. Wer hätte damals gedacht, dass sie sich zu einer Kunsthistorikerin und weltweit anerkannten Managerin von Umweltausstellungen entwickeln würde?

Natürlich gibt es nicht nur die Sonnenseite

Aber natürlich gibt es all diese Erfolge nicht ganz umsonst. Mia gesteht, dass die langen Nächte und durchgearbeiteten Wochenenden durchaus ihre Spuren hinterlassen. Auch wenn die Müdigkeit in Mias Augen von ihrem Lächeln überdeckt wird, gibt sie durchaus zu: »Die Arbeit, die ich mache, verlangt schon gewisse Überzeugungen; seit dem ersten Tag arbeite ich für ungefähr 100 Dollar pro Woche. Das ist aber nicht einfach ein Job, das ist eine Passion. Ich kann mir eine dankbarere und lohnendere Aufgabe einfach nicht vorstellen! Geld ist im Moment definitiv keine Option. Was mich motiviert, sind Menschen, die an eine gemeinsame Vision glauben.«

Info

www.artintoaction.org
Website des Natural World Museum.

Natural World Museum/A. Steiner, Art in action (San Rafael 2007).

Fazit

Fünf Einsichten und Erfahrungen aus Kapitel 2

- *Jede Lebensphase ist die richtige, um mit seinem Beruf einen Beitrag für eine bessere Welt zu leisten. Es ist dafür selten zu früh und nie zu spät.*
- *Selbst im hohen Alter kann man damit beginnen, Positives zu bewegen. Die beste Verjüngungskur ist es, täglich etwas Sinnvolles zu tun.*
- *Es gibt kein ideales Alter. Aber die Vorgehensweise und die Lösungen, die man wählt, sind durchaus altersabhängig. Oft sind eine längere Berufs- und Lebenserfahrung hilfreich, um effektiv und effizient gestalten zu können.*
- *Der Weg ist das Ziel. Und so kann allein schon die Entscheidung für einen Beruf mit positivem Impact zu großer Befriedigung und einem guten Lebensgefühl führen. Bereits das Wissen darum, nun auf dem richtigen Weg zu sein, machte unsere Gesprächspartner zufrieden und glücklich.*
- *Nicht die Größe des Impacts ist entscheidend, sondern die Tatsache, dass man damit anfängt, Positives zu bewegen.*

3. »Ich bin finanziell nicht abgesichert«

Dass Geld allein nicht glücklich macht, ist eine Binsenweisheit. Letztendlich geht es um die Frage, wie viel der Mensch zum Leben braucht, wann »genug« wirklich »genug« ist. Und das ist oftmals weitaus weniger, als gemeinhin angenommen.

Als wir nach unserer Rückkehr Freunden und Bekannten von unserer Reise erzählten, bekamen wir als Reaktion oft zu hören: »Das ist ja alles sehr interessant – aber für mich ist das nichts. Von irgendetwas muss ich ja schließlich leben, meine Wohnung und mein Auto bezahlen. Um mich zu engagieren und etwas Positives zu bewegen, müsste ich zunächst einmal genug verdienen. Das ist wohl doch nur etwas für Reiche.«

Wenn wir daraufhin von Menschen wie Karen Tse oder Florian Krämer berichteten, die sich ohne beträchtliche finanzielle Mittel, sondern »nur« mit ihrem festen Willen, einem ersten Lösungsansatz und einer gehörigen Portion Leidenschaft auf den Weg gemacht hatten, ernteten wir meist skeptische und oft ungläubige Blicke. Zugegeben: Die beiden fahren weder das neueste Auto noch kennen sie die aktuellen Modetrends. Aber sie freuen sich jeden Tag auf ihre Arbeit und wissen, wozu sie auf dieser Welt sind.

Je mehr wir von der tiefen Zufriedenheit und Lebensfreude erzählten, die wir bei unseren Gesprächspartnern erlebt hatten, desto größer wurde das Interesse und die Neugier bei unseren Zuhörern.

Um Gutes zu tun und dabei glücklich zu werden, braucht es kein prall gefülltes Konto. Die Geschichten in diesem Kapitel zeigen, dass es sich auch ohne große finanzielle Reserven erfolgreich und erfüllt leben und arbeiten lässt.

»Meine Vision hat mir die notwendige innere Kraft gegeben. Ich hätte nichts anderes tun können, weil ich mich sonst bereits zu Lebzeiten wie tot gefühlt hätte, wenn ich meine Lebensaufgabe verleugnet hätte.«

Mariana Galarza
Ganzheitliche Medizinerin, Kochbuchautorin,
Seminarleiterin, Familienunternehmerin
Quito, Ecuador

Gesundheit fördern, nicht Krankheiten heilen

Mariana Galarza holt uns mit einem Landrover in der 2,5-Millionen-Einwohner-Metropole Quito ab. Die Hauptstadt Ecuadors liegt auf einer Hochebene, 2.400 Meter über dem Meeresspiegel. Sie fährt mit uns auf steil abfallenden Straßen in das eine Stunde östlich von Quito gelegene Städtchen Pivo. Hier ist die 1950 geborene Mariana als eines von elf Kindern aufgewachsen. Den außerordentlichen Kräften und Fähigkeiten ihrer Mutter, die früh Witwe geworden war und erst spät wieder geheiratet hatte, sei es zu verdanken, dass sie und all ihre zehn Geschwister studieren konnten, erzählt uns Mariana. Ihre Mutter habe es geschafft, den Aufbau eines eigenen Textilunternehmens mit ihren Familienpflichten zu vereinbaren und keinem der Kinder das Gefühl zu geben, zu kurz zu kommen.

In Pivo, das inmitten einer herrlichen Gebirgslandschaft liegt, hat sich Marianas Liebe zur Natur und zu den Menschen entwickelt. Sie erzählt uns schon auf der Fahrt von ihrem Kindheitstraum, Ärztin zu werden. Bereits in jungen Jahren hatte sie die mitreißenden Lebensgeschichten großer Ärzte gelesen. Sie stellte sich eine selbstlose Arbeit im Dienste des Menschen vor, einen Kampf für das Gute und für Gesundheit für alle.

Ein schwerer Anfang

Umso schwerer war der Schock, als Mariana die Realität des Medizinstudiums in Quito über sich ergehen lassen musste. Während des achtjährigen Studiums und der zweijährigen Spezialisierung in Alternativmedizin musste sie die eine oder andere Krise überwinden. Sie konnte es nicht akzeptieren, dass sich die Medizin ausschließlich um Menschen kümmerte, die bereits krank waren, und diesen nur allzu oft lediglich hohe Medikamentendosen verabreicht wurden: »Im Krankenhaus kümmern sie sich um Krankheiten, nicht um Menschen«, erzählt Mariana. Fast nie erlebte sie, dass sich ein Arzt die Zeit genommen hätte, das Leben der Menschen zu verstehen, die er behandelte. Oft hatte sie das Gefühl, die Mediziner wollten die Menschen gar nicht langfristig heilen, sondern sie vielmehr von Medikamenten und der nächsten ärztlichen Untersuchung abhängig machen. Es ging immer wieder um die kurzfristige Behandlung der Symptome, um eine Tablette hier und eine Spritze dort.

Sie hatte ihren Beruf aus Idealismus gewählt, nicht um kranke Menschen vorübergehend etwas weniger krank zu machen. Ihr Ziel war es, Menschen langfristig zu heilen und vor allem gesunden Menschen zu helfen, gesund zu bleiben. Aufgrund ihrer ländlichen Herkunft war sie inspiriert von der traditionellen, auf natürlichen Wirkstoffen basierenden Medizin, die sie in ihrer Jugend bewundert hatte. Noch heute hat nur etwa ein Drittel der ecuadorianischen Bevölkerung Zugang zu medizinischen Dienstleistungen. Die Mehrheit weiß sich jedoch mit pflanzlichen Wirkstoffen und einer ausgewogenen Ernährung zu helfen. Dieses medizinische Wissen wurde in Ecuador von Generation zu Generation weitergegeben und erfährt heutzutage wieder größere Wertschätzung. Zu den Hauptelementen gehört das Prinzip der kalten und warmen Lebensmittel und Gewürze, die je nach Gesundheitszustand eingesetzt werden, sowie ein tiefer Respekt gegenüber der Natur, ihrem Gleichgewicht und gegenüber den Werten der Gemeinschaft.

Mariana war jedoch auch bewusst, dass mit traditioneller Medizin und Idealismus allein keine Glaubwürdigkeit in unserer modernen Gesellschaft zu erzielen ist. Also kämpfte sie sich erfolgreich durch ihr Studium und sammelte Erfahrungen in der Schulmedizin, um finanzielle Freiheit und Unabhängigkeit zu gewinnen. Sie meint: »Du brauchst Idealismus, aber auch Wissen!«

Geld als Lebensziel und das Kindheitsideal

Da sie ungern in Krankenhäusern arbeitete, eröffnete Mariana nach dem Studium eine Privatpraxis in einem der wohlhabenden Stadtviertel Quitos. Wirtschaftlich gesehen ging es ihr gut, doch sehr bald erkannte Mariana, dass ihre Lebensaufgabe nicht bei den reichen Patienten lag. Parallel zur Praxis in der Stadt eröffnete sie ein Gesundheitszentrum in ihrem Heimatdorf Pivo. Dort wollte sie das gängige Paradigma der Medizin auf den Kopf stellen und in erster Linie der armen Bevölkerung dienen. Sie wollte nicht nur Kranke heilen, sondern gesunden Menschen ermöglichen, Vorsorge zu treffen, damit sie gesund blieben. So gründete Mariana 1987 die Asociación Vivir (Vereinigung Leben), um ihr Kindheitsideal einer ganzheitlichen Medizin in die Realität umzusetzen. Sie gab Tipps zu Bewegung, zur Bedeutung der Ernährung und zu den traditionellen Heilmethoden, die für die lokalen Krankheiten häufig die besten Lösungen boten.

Anfangs waren Marianas Patienten nicht glücklich mit ihrem ganzheitlichen Ansatz. Froh darüber, eine moderne Medizinerin unter sich zu haben, forderten sie Medikamente ein. Sie waren wenig begeistert, als ihnen die junge Ärztin erklärte, dass das Einnehmen von Medikamenten allein langfristig nicht gesund machen werde. Wenn sie wirklich gesund werden und bleiben wollten, müssten sie einige ihrer Lebensgewohnheiten ändern und sich Gesundheit bewusst als Lebensziel setzen.

Ganzheitlich und langfristig gesund

Den ersten Gesundheitskurs, den Mariana in Pivo durchführte, besuchten gerade einmal fünf gute Freundinnen. Dennoch ließ sie sich nicht entmutigen. Sie erklärt uns bei einer Tasse Tee: »Meine Vision hat mir die notwendige innere Kraft gegeben. Ich hätte nichts anderes tun können, weil ich mich sonst bereits zu Lebzeiten wie tot gefühlt hätte, wenn ich meine Lebensaufgabe verleugnet hätte. Ich glaube, dass jeder von uns eine Mission hat, hier in dieser Welt. Wir sind nicht hier, nur um geboren zu werden, zu leben und zu sterben.« Mariana lernte also weiter, arbeitete aus finanziellen Gründen in ihrer Stadtpraxis, knüpfte Kontakte und wurde täglich besser darin, anderen ihre Ideen nahezubringen. Sie hatte das Gefühl, dass ihre Vision ihr die Kreativität gab, immer neue Wege zu finden, um ihrem Ziel näher zu kommen.

Diverse Weiterbildungen in alternativer Medizin, Kräuterheilkunde und gesundem Kochen machten sie über die Jahre zu einer Spezialistin in den unterschiedlichsten gesundheitserhaltenden Bereichen.

Ein schöner Massageraum für Reich und Arm

Ihre Patientinnen und Patienten, die sich teure Medizin kaum leisten konnten, lernten Marianas Arbeit mit der Zeit immer mehr schätzen. So wurde aus ihrer zu Beginn kleinen Gesundheitsstation über die letzten fast zwanzig Jahre ein Komplex mit mehreren größeren Gebäuden inmitten einer Gartenanlage.

Wir besichtigen das Gelände und stoßen in einem der Warteräume auf ein von Mariana veröffentlichtes Kochbuch mit Tipps für gesunde Küche. In einem anderen Raum stehen Reihen säuberlich beschrifteter Apothekerfläschchen; dort bewahrt Mariana Kräuter und andere Heilmittel auf. In einem weiteren Gebäude überrascht uns ein ruhiger, ästhetisch schön gestalteter Massageraum. So etwas haben wir bisher in kaum einer medizinischen Einrichtung gesehen, schon gar nicht in einem Entwicklungsland. Das Wohlbefinden und die Atmosphäre seien ein wichtiger Bestandteil der Gesundheit, erklärt Mariana – das gelte für arme Menschen genauso wie für Reiche. Sie fügt hinzu: »Ich arbeite nicht mit den Armen, ich arbeite mit Menschen. Man trifft überall alle Arten von Menschen. Die einen sind nett, die anderen unfreundlich; die einen hilfsbereit, wieder andere besitzen viel oder weniger Geld.« Für die Leistungen des Zentrums zahlen die Reichen etwas mehr, die Armen weniger – alle bekommen aber die gleiche Aufmerksamkeit und Pflege.

In den letzten Jahren wurde die ecuadorianische Regierung auf die Arbeit der Ärztin aufmerksam. Dies führte dazu, dass 1998 das medizinische Wissen der Ureinwohner verfassungsrechtlich wieder anerkannt wurde. Heute hat Marianas Asociación Vivir in 19 der 22 Provinzen Ecuadors Gesundheitsprojekte begonnen. In sechs Provinzen wird beispielsweise ein groß angelegter Versuch durchgeführt, wie man mit Hilfe des Wissens der Ureinwohner Malariafälle reduzieren kann. In diesem Versuch spielt eine Vielzahl unterschiedlicher Komponenten aus dem Wissensschatz von Vivir zusammen. Die Mischung aus gesunder Ernährung, präventiv wirkenden Kräutern und einem ausgewogenen Lebensstil soll die roten Blutkörperchen stärken. Deren Zustand hat einen großen Einfluss auf das Malariarisiko und vor allem auf die Ausbruchsintensität der Krankheit. Die Ureinwohner im Amazonasgebiet kennen außerdem mehrere Heilpflanzen und Lebensmittel, die das Abwehrsystem stärken und bei bestimmten Krankheiten mit großem Erfolg angewandt werden. Besonders hilfreich sind ihre Methoden bei Krankheiten und Epidemien mit hohem Fieber, zu der Malaria gehört. Grundsätzlich setzt dieses Wissen in erster Linie bei der Prävention an: das heißt, mit ihrer Anwendung wird vermieden, dass sich eine Malariaerkrankung zu einer Epidemie ausbreitet.

Man darf gespannt sein, ob in den nächsten fünf Jahren ein signifikanter Rückgang von Malaria in diesen Regionen erreicht werden kann.

Gesundheit fördern, nicht nur Krankheit heilen

Durch ihr Wirken versucht Mariana, den von vielen Medizinern seit Jahren geforderten Paradigmenwechsel hin zu gesundheitsfördernden Lebensstilen und -gewohnheiten breit umzusetzen. Immer wieder plädiert sie dafür, sich auf die Förderung der Gesundheit zu konzentrieren anstatt lediglich auf die Heilung akuter Krankheiten. Manche denken, diese Einstellung sei für ein Entwicklungsland sinnvoll, weil kaum ein Kunde teure Medikamente bezahlen könne. Doch auch in Industriestaaten könnten enorme Geldsummen gespart werden, wenn Ärzte diese Einstellung bei ihren Patienten noch stärker als bisher verwurzeln würden. Das gesparte Geld ist jedoch nur ein Nebeneffekt. Die Lebensqualität vieler Menschen würde sich sprunghaft verbessern, wenn sie sich vorsorgend um ihre Gesundheit kümmern würden.

Mariana arbeitet vermehrt auch mit Unternehmen und Gemeinden direkt zusammen. Mit Unternehmen entwickelt sie Gesundheitsprogramme, gibt Seminare zu ganzheitlichem, gesundem Leben und bezieht dabei die Besonderheiten der Arbeitsbedingungen mit ein. Diese Programme haben zunächst positive Auswirkungen für den einzelnen Mitarbeiter, der diese Ratschläge in seinem täglichen Leben umsetzt. Auf längere Sicht spürt das Unternehmen, dass sich der Gesundheitszustand und damit die Effizienz der Mitarbeiter auf breiter Front verbessern.

Für Gemeinden bietet das inzwischen 14-köpfige Team vergleichbare Dienste an. Immer öfter werden sogar ganze »Feste der Gesundheit« organisiert, um mit den Menschen, die ihre Gewohnheiten verändert haben, diesen Fortschritt gebührend zu feiern. Mit all diesen Aktivitäten will Mariana erreichen, dass sich Menschen verändern und zu verstehen beginnen, dass sie ihr Leben und ihre Gesundheit zu einem großen Teil selbst gestalten können. Eigentlich ist es ihr Ziel – auch wenn es etwas paradox klingen mag –, die Arbeit der Ärzte weitgehend überflüssig zu machen.

Die Familie zusammenhalten

Mit den Jahren hat Mariana auch viel über Unternehmertum und effizientes Wirtschaften gelernt. Für ihre Organisation verlässt sie sich nur teilweise auf Spenden. Eine Einkommensquelle sind die verschiedenen Beratungsaufträge, eine weitere will sie zusammen mit ihrem Mann, der die Arbeit ihrer Organisation seit Jahren unterstützt, aufbauen. Sie wollen biologische Lebensmittel produzieren und damit die Gesundheit der Menschen weiter steigern. Das verdiente Geld soll in die Arbeit von Vivir fließen. Auch ihre Tochter hilft mit, will Pressearbeit studieren und dann in der Organisation mithelfen. Mariana freut sich und hat auch für das Engagement ihrer Familie eine Erklärung: »Es ist einfacher und besser, mit einem Ideal zu arbeiten. Es erlaubt dir zu lernen, zu studieren und auch ein bisschen zu leiden. Ein Ideal zu haben hilft aber auch, die Familie zusammenzuhalten. Das ist keine Theorie; es ist unsere Realität.«

Info

www.avivir.org
Website von Asociación Vivir.

»Jeden Morgen, wenn ich die Kinder sehe, weiß ich, dass ich das Richtige tue.«

Florian Krämer
Abenteuerreisender, Afrikaliebhaber,
Sozialwissenschaftler, Segen der Aids-Waisen
Kapstadt, Südafrika

Kinder haben eine bessere Welt verdient

Die Bodenseeregion, gelegen im Dreieck zwischen Deutschland, der Schweiz und Österreich, ist eine wunderschöne Gegend. Malerisch liegen die vielen Obstplantagen am fruchtbaren Ufer des Sees, im Hintergrund steigen langsam die österreichischen und Schweizer Alpen an, nichts stört die ländliche Idylle. In dieser Region, die zu den wärmsten in Deutschland zählt, verbrachte Florian Krämer eine glückliche und entspannte Jugend.

Getrieben von Neugier auf die große, weite Welt und – wie er im Gespräch bemerkt – mit der üblichen Naivität eines 19-Jährigen freute sich Florian zusammen mit seinem Freund auf ein Abenteuer der besonderen Art. Sie hatten geplant, nach dem Abitur nach Zaire, in die heutige Demokratische Republik Kongo zu fliegen und von dort einen weiten Marsch nach Südafrika anzutreten. Ein Traum, den sie beide seit langem gehegt hatten und endlich umsetzen wollten. Als sie voller Tatendrang Anfang April 1994 in München an Bord des Fluges AZ 394 gingen, ahnte keiner von beiden, dass ihre Traumreise sich schon wenige Tage nach dem Auftakt in den größten Albtraum ihres Lebens verwandeln sollte und, zumindest für Florian Krämer, die kommenden Jahre bestimmen würde.

Das Ende der Naivität – der Krieg

Ohne sich großartig über die Zuspitzung der politischen Situation in dieser zentralafrikanischen Region zu informieren, wurden Florian und sein Kollege kurz nach ihrer Ankunft im Südosten Zaires vom schrecklichsten Bürgerkrieg, den Afrika bis heute je erlebt hat, erbarmungslos überrascht. Was sie dort erlebten, möchte uns Florian nicht noch einmal ausführlich schildern, da es ihn selbst mehr als ein Jahrzehnt später noch zu stark schmerzt. Wer jedoch weiß, dass in diesem Krieg bis heute mehr als vier Millionen Menschen ihr Leben ließen, kann auch ohne viele Worte ahnen, was die beiden Freunde erleben mussten, als sie versuchten, sich Richtung Norden durch die Republik Kongo durchzuschlagen, um ins benachbarte Uganda zu fliehen. In der Zwischenzeit waren nämlich die Grenzen zu den meisten Nachbarstaaten geschlossen worden. Und so marschierten die beiden Freunde wie in Trance zusammen mit anderen Flüchtlingen 600 Kilometer quer durch das Land, um zu einer noch passierbaren Grenze zu gelangen. Unbeschreibliche Szenen und kaum zu ertragendes Leid pflasterten täglich den Weg der Abiturienten. Als sie nach tagelangen Märschen vor Erschöpfung fast zusammenbrechend die Berge nördlich von Goma erreichten, konnte Florian einfach nicht mehr weiter und blieb in einem Bergwald erschöpft liegen. Wohl wissend, dass dies seine letzten Minuten sein könnten. Wie uns Florian erzählt, verdankten sie ihr Leben dem Mut, der Hartnäckigkeit und der Nächstenliebe eines neunjährigen einheimischen Jungen, der sie in der Nacht in diesem Wald fand, Florian bei der Hand nahm und ihn so lange zog, bis er ihm immer noch in Trance folgte. Nach weiteren Stunden ließ der Junge die beiden Freunde einfach vor einem Haus stehen und verschwand wieder im Wald. Wie Florian in den folgenden Minuten zu seinem Erstaunen erfuhr, wohnte in diesem Haus eine englische Botschafterfamilie, die in Uganda stationiert war. Vorerst waren sie gerettet, die Kriegsfeuer waren in den kommenden Tagen nur noch in weiter Ferne zu hören.

Von den Strapazen der Flucht geschwächt, steckten sich die beiden jungen Männer mit Denguefieber an. Als würde er es alles noch einmal erleben, erzählt Florian, wie sie versuchten, mit hohem Fieber im örtlichen Krankenhaus Medikamente zu bekommen. Als sie jedoch auf den Gängen die vielen vom Krieg verstümmelten und an Aids leidenden Menschen sahen und dazwischen die weinenden Kinder, die während der letzten Tage zu Waisen geworden waren, schämte sich Florian fast, wegen seines Fiebers nach Medikamenten zu fragen. Diese Situation unbeschreiblichen Leids war für ihn der Moment, in dem er sich schwor, sein Leben für die Kinder in Afrika einzusetzen – wenn er dies alles jemals lebend überstehen sollte. Florian Krämer war sich an diesem Tag im Krankenhaus sicher, dass er diese tragischen Erlebnisse in Positives umwandeln werde, in Positives für viele Kinder in Afrika.

Das Versprechen einlösen

Seit diesen traumatischen Erlebnissen sind mittlerweile elf Jahre vergangen. Was ist aus seinem Schwur geworden?

Er habe, so Florian, damals die Reise durch Afrika noch zu Ende gebracht, um auch andere Eindrücke von diesem Kontinent zu gewinnen. Anschließend sei es für ihn nicht in Frage gekommen, nach Deutschland zurückzukehren. Er hatte das Gefühl, den richtigen Platz gefunden zu haben, um seinem Versprechen Taten folgen zu lassen. In Erinnerung an die vielen Waisen in Zaire und Uganda wollte er ein Heim für HIV/Aids-Waisen aufbauen und entschied sich zunächst für ein Studium der Sozialwissenschaften in Kapstadt. Von dort aus unternahm er in den folgenden Jahren immer wieder längere Reisen durch den Kontinent, um Land und

Leute besser kennenzulernen. Dabei erlebte er auch viele sehr schöne Momente, die allerdings immer wieder durchbrochen wurden von der oft traurigen Realität Afrikas. Während der Semesterferien arbeitete Florian oft in sozialen Einrichtungen. So verbrachte er viel Zeit mit behinderten und missbrauchten Kindern und war Leiter einer Schule für Straßenkinder. Bei all diesen Projekten lernte er immer mehr über die katastrophale Situation vieler Kinder in Afrika.

Kindheit und Aids in Afrika

Neben dem täglichen Problem, etwas zu essen und sauberes Wasser zum Trinken zu bekommen, sind die hygienischen Verhältnisse und die mangelnde Schulbildung für viele Kinder in den Armenvierteln das größte Problem. Am schlimmsten trifft es diejenigen, die aufgrund des um sich greifenden HI-Virus zu Waisen werden und ohne jegliche Unterstützung den täglichen Kampf ums Überleben führen müssen. Die Zahl dieser Kinder nimmt jedes Jahr zu. Auch, weil viele Regierungen Afrikas das Aids-Problem lange zu leugnen und totzuschweigen versuchten. Für ein Land wie Südafrika ist es kaum möglich, die Folgen dieser grausamen Krankheit zu übersehen. Im Jahr 2004 ging man von einer Infiziertenquote von ungefähr 21 Prozent in der Bevölkerungsgruppe der 15- bis 49-Jährigen aus. Es wird prognostiziert, dass ab 2008 jährlich 500.000 Menschen an dieser Krankheit sterben werden. Deshalb hat zwischen 1990 und 2005 die Lebenserwartung um 22 Jahre abgenommen (von 65 auf 43 Jahre). Vor allem die vielen Kinder von Aids-Kranken leiden unter den verheerenden Folgen der Krankheit. Oft werden die Familien von den Vätern verlassen, und die Mütter – krank oder durch die Situation überfordert – überlassen die Kinder sich selbst. Wenn die Ernährer ganz ausfallen, müssen die Kinder für sich selbst sorgen. Jede Stunde verwaisen in Südafrika 16 Kinder, teilweise sind sie bereits selbst mit HIV infiziert. All diese Erfahrungen bestärkten Florian Krämer in seinem Entschluss, ein Heim für Aids-Waisen aufzubauen.

Die ersten Schritte und die Enttäuschung

So ging er dieses Projekt nach seinem Studienabschluss 2002 mit viel Energie an. Sein noch vergleichsweise junges Alter wollte er nicht als Ausrede gelten lassen, erst später zu beginnen. Doch wie gründet man ein Waisenheim direkt nach dem Studium ohne jegliche finanzielle Mittel?

Da Florian damals gerade noch genügend Geld für einen Rückflug nach Deutschland hatte, organisierte er mit Hilfe von Freunden, Verwandten und Bekannten in der Heimat Diavorträge. Dort berichtete er über seine Erlebnisse in Afrika und seinen Traum, ein Heim für Aids-Waisen aufzubauen. Nach einem Jahr harter Arbeit und vielen Vorträgen hatte er genügend Menschen von seinem Vorhaben überzeugt und dafür begeistern können. Er schaffte es, ausreichend Geld zu sammeln, um nach Südafrika zurückzukehren und mit dem Bau eines Heims zu beginnen.

Wie Florian heute rückblickend sagt, war es die richtige Entscheidung, seinem Herzen zu folgen und sein Lebensprojekt direkt nach dem Studium zu starten. Viele Menschen, so Florian, warten, bis sie genügend Erfahrung, Fähigkeiten und Geld gesammelt haben, aber oft ist es dann zu spät für sie. Sie scheuen sich dann, die Bequemlichkeiten des Lebensstils, den sie sich erarbeitet haben, wieder aufs Spiel zu setzen und neue Risiken einzugehen.

Guter Wille und Geld bewirken in Afrika noch gar nichts

Als Florian Krämer allerdings mit Tatendrang, gutem Willen und 50.000 Euro wieder in Südafrika ankam, musste er erfahren, dass die Regierung ein Verbot erlassen hatte, neue Waisenheime zu errichten. Dahinter stand der Gedanke, nicht zu viele Kinder in Institutionen aufwachsen zu lassen. Vielmehr wollte die südafrikanische Regierung die Großfamilien verpflichten, sich um die Waisenkinder zu kümmern, so wie es immer Brauch gewesen war. Dieser Ansatz sei eigentlich nicht schlecht, jedoch bei der enormen Zahl an Waisen schlichtweg nicht realisierbar, erklärt Florian. Doch so schnell gab er sich nicht geschlagen.

Anfang 2004 machte sich Florian auf die Suche nach einem bestehenden Projekt, das er sowohl mit seinen Spendengeldern als auch mit seiner Arbeit unterstützen konnte. Lange suchte er vergebens. Schließlich war er nahe daran, aufzugeben.

Das Licht am Ende des Tunnels

Doch dann stieß er auf einen Kinderhort in Nyanga, einem der großen Armenviertel 20 Minuten außerhalb von Kapstadt. Seine Hoffnungen waren nicht wirklich groß, als er mit Muriel, der Gründerin und Leiterin, einen Termin vereinbarte. Schon die Fahrt glich eher einer Abenteuerreise als einem normalen Arbeitsweg. Seit Monaten hatte sich kein Weißer mehr getraut, allein in das verrufene Township zu fahren. Geteerte Straßen gab es ebenso wenig wie Straßennamen und Hausnummern.

Als er schließlich ankam, empfingen ihn die etwa 60-jährige Muriel und ihr Mann, die diesen Kinderhort vor 15 Jahren gegründet hatten, sehr herzlich. Schon nach den ersten paar Minuten war klar, dass Florian hier Menschen gefunden hatte, die auf seiner Wellenlänge lagen.

Muriels Kinderhort stand knapp vor der Schließung. Es fehlten die finanziellen Mittel für eine weitere Bewilligung. Doch das konnte Florian nicht entmutigen. Er hatte große Pläne. Auf dem unbebauten Grundstück nebenan sah er im Geiste schon sein neues Waisenhaus entstehen. Und so geschah es dann auch.

Ein Fremdkörper und ein Segen

Seither vergehen die Tage für Florian wie im Flug. Die Aufgabenteilung mit Muriel funktioniert gut. Er ist zuständig für alle organisatorischen und betriebswirtschaftlichen Angelegenheiten, Muriel für alles Erzieherische. In den ersten zwei Jahren seiner Tätigkeit hat Florian den Kinderhort mit Hilfe der Spendengelder nicht nur finanziell wieder auf gesunde Beine gestellt, sondern auch die Zahl der Hortplätze verdoppelt, einen Kindergarten gegründet und die nächste Vergrößerung vorbereitet.

Anfangs hatte Florian Bedenken, wie die Menschen im Township auf ihn reagieren würden. Immerhin ist er wohl der einzige Weiße, der jeden Tag zum Arbeiten hierher kommt. Doch bisher blieb er unbehelligt, obwohl rings um den Kindergarten Schießereien und Gewalt an der Tagesordnung sind und die rivalisierenden Banden auch Exekutionskommandos einsetzen, um die Hierarchie im Viertel abzusichern. Wahrscheinlich schützen ihn inzwischen die geheimen Regeln des Slums. Die Einheimischen gaben ihm sogar den Spitznamen »Yentsikelelo«, was in der Lokalsprache Xhosa so viel wie »Segen« bedeutet.

Lagebericht zwei Jahre später: Höhen und Tiefen in Südafrika

Als wir zurück in Europa gerade an diesem Text schreiben, erreicht uns der folgende Lagebericht von Florian: »Als Muriel Hollow, die Co-Direktorin und ursprüngliche Gründerin des Projekts, im Jahre 2000 von der Stadt das Nachbargrundstück zugesprochen wurde, kam es zu nicht enden wollenden Schwierigkeiten. Auf dem Grundstück befindet sich ein uraltes Gebäude mit mehreren Garagen, die zwar der Stadt Kapstadt gehören, aber von einigen Bewohnern der Umgebung besetzt werden. Sie betreiben dort eine illegale Kneipe. In den Garagen lagern sie den Alkohol. Außerdem finden dort Partys statt und es werden auch andere mehr oder weniger legale Geschäfte abgewickelt. Die Polizei räumt die Garagen gelegentlich und findet dort immer wieder gestohlene Autos.

Seit dem Jahr 2000 kämpft Muriel nun für die Räumung des Gebäudes, da es laut Vertrag rechtmäßig zu unserem Grundstück gehört. Seit 2004 setze auch ich mich dafür ein, aber leider mit wenig Erfolg. Endlose Besprechungen mit den Behörden haben zu nichts geführt. Unser rechtmäßiger Anspruch auf das Gebäude steht außer Frage, doch die Rechtslage hilft einem in dieser Gegend wenig. Vetternwirtschaft und Korruption bei den Behörden erschweren die Sache zusätzlich.

Im März 2005 bekamen wir eine größere Spende, die für den Bau eines neuen Kinderhorts verwendet werden sollte. Dieser war bisher in einem alten Blechschuppen untergebracht. Nach einigen Wochen Bauzeit – zwei Außenwände waren bereits fertig – kamen zwei der Hausbesetzer in unser Projekt und drohten damit, das neue Gebäude zu zerstören, wenn wir nicht den sofortigen Baustopp veranlassen würden. Da wir dieser Drohung jedoch nicht nachgaben, zerstörten sie nach weiteren hitzigen Debatten, an denen sich die gesamte Gemeinde beteiligte, die beiden neu errichteten Außenwände.

Warum zerstören Bewohner einer Gemeinde etwas, das für sie und ihre Kinder errichtet werden soll? Die Nichte eines Täters ist sogar in unserem Kindergarten angestellt. Unsere Mitarbeiter standen mit Tränen in den Augen da, und die Kinder aus dem Hort blickten fassungslos auf die Trümmer ihres neuen Gebäudes. Täglich hatten sie das Haus wachsen sehen und voller Vorfreude auf die Fertigstellung gewartet.

Natürlich hatten wir vorerst kein Geld mehr für den Wiederaufbau, und da der Blechschuppen nun nicht mehr stand, mussten die Hortkinder den ganzen Winter hindurch im Freien spielen. Aber trotz der vielen Schwierigkeiten gaben wir nicht auf. Im Januar 2006 hatten wir dann wieder etwas Kapital und so konnte das Gebäude im August 2006 letztendlich und ohne weitere Zwischenfälle fertig gestellt werden.

Schon bald nach der Zerstörung des Hauses sollte mir persönlich noch eine sehr viel größere Prüfung auferlegt werden. An einem Nachmittag im August 2005 wurde ich auf dem Weg zur Arbeit an einer Kreuzung in meinem Auto mit einer Pistole bedroht und kam nur knapp mit dem Leben davon. Zwar wurden mein Auto und alles, was sich darin befand, gestohlen. Ich konnte jedoch glücklicherweise im letzten Moment noch entkommen, was bei Überfällen dieser Art in der Regel unmöglich ist. Dies zeigt das Schicksal von drei anderen weißen Männern, die alle unabhängig voneinander wenige Tage später an derselben Stelle überfallen und direkt neben ihren Autos am helllichten Tage erschossen wurden.

Als ich am nächsten Tag, noch immer unter schwerstem Schock, gefragt wurde, ob ich denn nun mit meiner Arbeit aufhören würde, kam die Antwort sekundenschnell: Auf gar keinen Fall! Ich weiß auch heute, eineinhalb Jahre später, noch immer nicht, woher ich diese Überzeugung in jenem Moment genommen habe, aber sie kam aus tiefstem Herzen. Nicht eine Minute lang habe ich daran gedacht, aufzugeben. Nicht weil ich stärker bin als andere, nicht weil ich keine Angst vor einem erneuten Überfall habe, nicht weil ich glaube, dass ich einen besonderen Schutzengel habe oder dass ich unantastbar bin. Sondern ganz einfach, weil meine Arbeit viel mehr als eine Arbeit ist. Sie ist eine Lebensaufgabe. Sie stellt mich vor Herausforderungen und bringt mich an die Grenzen der Selbsterkenntnis. Sie stärkt. Sie bringt zum Verzweifeln. Sie erfüllt mich mit enormer Kraft und dem festen Glauben, dass unsere täglichen Leistungen in diesem oft trostlosen Armenviertel nicht nur ein Tropfen auf den heißen Stein sind. Mit anderen Worten, sie ist ein tägliches Geschenk. Und niemals könnte ich aus Überzeugung sagen, dass meine Kinder es verdient hätten, im Stich gelassen zu werden, nur weil zwei arme, verzweifelte junge Männer mich bedroht und ausgeraubt haben. Ich weiß nicht, wie lange ich mein Glück noch herausfordern darf. Aber solange ich die Kraft habe, diese Arbeit weiterzuführen, und solange ich spüre, dass meine Arbeit sinnvoll ist, so lange bin ich bereit, jedes Opfer für diese Lebensaufgabe zu bringen!

Inzwischen habe ich auch begriffen, dass es nicht einmal Sinn macht, auf die Täter wütend zu sein. Ich erlebe hier tagtäglich, wie zerbrochene Elternhäuser, Armut, Gewalt, Alkohol, Arbeitslosigkeit und Missbrauch viele junge Menschen in unbeschreibliche Not treiben. Not, aus der es anscheinend keinen Ausweg gibt. All das sind die Folgen der brutalen Apartheidspolitik, dem Herrschaftsinstrument der weißen Bevölkerung Südafrikas. Und dennoch haben uns die schwarzen Menschen zum großen Teil bereits verziehen.

Ich kam zu der Erkenntnis, dass ich nicht anders kann, als diesen beiden jungen Menschen ihre Tat zu verzeihen. Und ich habe verstanden, dass dieses Verzeihen nicht einmal eine großzügige Geste meinerseits ist, sondern ganz einfach eine menschliche Notwendigkeit, wenn wir jemals aus diesem endlosen Kreislauf von Gewalt und Hass ausbrechen wollen. Und wenn ich täglich erlebe, wie sehr Armut, Aids und Kriminalität den Wert eines Menschenlebens in Südafrika verringert haben, so wird mir ständig umso bewusster, wie dankbar ich sein kann, dass ich nicht nur überlebt habe, sondern dass ich auch weiterhin diese Arbeit leisten darf!«

Info

www.indawo-yentsikelelo.org
Website der Organisation von Florian Krämer.

www.de.wikipedia.org/wiki/S%C3%BCdafrika
Informationen über Südafrika, unter anderem auch Kurzbeschreibung der Aids/HIV-Problematik.

www.de.wikipedia.org/wiki/Aids_in_Afrika
Hintergrundinformationen zum Thema Aids in Afrika.

www.millenium-entwicklungsziele.de
Hintergrundinformationen und Status der Millennium-Entwicklungsziele.

»Meine Verpflichtung ist die Verbesserung meiner eigenen Existenz, aber auch der Existenz der Menschen um mich herum.«

Njogu Kahare
Agrarwissenschaftler, Baumpflanzer, Erfinder,
Mitarbeiter einer Friedensnobelpreisträgerin
Nairobi, Kenia

Die eigenen Werte leben

Viele Menschen haben den Namen Wangari Maathai schon einmal gehört – ihr wurde 2004 als erster Afrikanerin für den Aufbau der kenianischen Umweltorganisation Green Belt Movement (GBM) der Friedensnobelpreis verliehen. Interessant sind aber auch ihre Mitstreiter, die zwar persönlich keinen Nobelpreis erhielten, aber hinter den Kulissen arbeiten und mit ihrer Hingabe und Motivation den Erfolg mitgestalten.

In Nairobi sprechen wir mit Njogu Kahare. Passend zur Arbeit des Green Belt Movement treffen wir ihn unter einer alten, ehrwürdig wirkenden Palme im duftenden Garten des Hauptsitzes der Organisation. Njogu Kahare ist eine faszinierende Erscheinung; ein Augenlid hängt nach einer Infektion leicht herunter, verdeckt einen Großteil des linken Auges und verleiht ihm einen etwas geheimnisvollen Ausdruck. Die ganze Person strahlt Bescheidenheit aus. Njogu ist 40 Jahre alt und Vater von vier Kindern. Er begleitet Wangari Maathai nun schon seit fast 20 Jahren – und nicht all diese Jahre waren so ruhmreich wie die Zeit nach dem Nobelpreis. Seine Geschichte beginnt in Nyandarua, einem Dorf im Westen Kenias. Wir haben ein eher idyllisches Bild vom ländlichen Kenia im Kopf: grüne Savanne, wilde Tiere, die auf Safari-Touristen warten, und malerische Dörfchen mit bunt angezogenen, breit lachenden Menschen. Doch dies ist nur ein Teil der Realität. Ein anderer ist die sich unglaublich schnell ausbreitende Wüste. Der Teil des Landes, der sich landwirtschaftlich nutzen lässt, wird immer kleiner und muss immer mehr Menschen ernähren. Intensive Landwirtschaft und Abholzung gefährden den Lebensraum der Menschen und führen zu Konflikten und Flucht. Sie sind ein Grund für die bittere Armut, die in vielen Teilen Kenias immer noch vorherrscht – genau wie in Njogus Heimatdorf.

Aller Anfang ist schwer

»Es war mein Kindheitstraum, einmal in die Hauptstadt zu ziehen«, erinnert sich Njogu. Der Traum ging in Erfüllung, als er zum Studium der Agrarwissenschaften nach Nairobi zog und dieses nach vier finanziell schwierigen Jahren 1989 abschließen konnte. Nun hoffte er, durch einen Job als Regierungsbeamter die Landwirtschaftssituation in seinem Land zu verbessern und genügend Geld zu verdienen, um seine Frau und seinen ersten Sohn in die Stadt nachholen zu können. Doch gerade als Njogu eine Stelle suchte, erließ die kenianische Regierung einen Einstellungsstopp. Er musste in sein Heimatdorf zurückkehren. Die Lebensbedingungen dort waren sehr hart. Gemeinsam mit Frau und Sohn lebte er in einem kleinen Zimmer und versuchte mit einer Forellenzucht wenigstens das notwendige Minimum zu verdienen.

Eines Tages besuchten ihn Freunde aus der Stadt und erzählten anschließend einer gewissen Frau Professor Wangari Maathai von Njogus Experimenten in der Fischzucht. Die Wissenschaftlerin, die als erste kenianische Frau einen Doktortitel erhalten hatte und an der Universität von Nairobi lehrte, bat Njogu zu einem Gespräch in die Stadt. Ihr Aufforstungsprojekt, Green Belt Movement (GBM), war noch sehr klein und Njogu hatte noch nie etwas davon gehört. Zwischen den beiden entwickelte sich ein mehrstündiges Gespräch. Auch wenn Njogu die Arbeit von Wangari Maathai sehr spannend fand, kehrte er zunächst zu seiner Fischzucht zurück, die ihm wenigstens ein Minimum an finanzieller Sicherheit bot. Der Gedankenaustausch beschäftigte ihn aber sehr, und so ging er bei einem seiner nächsten Ausflüge nach Nairobi wieder am Büro des Green Belt Movement vorbei.

Die Kraft des guten Namensgedächtnisses

Er erinnert sich noch heute genau an diesen Morgen: »Es war noch sehr früh und die Tore waren verschlossen. Allerdings konnte ich den Klang einer Schreibmaschine hören. Verwundert darüber, dass jemand so früh schon arbeitet, versuchte ich durch das Fenster zu erkennen, wer dies war. Ich war dann ziemlich erstaunt, als ich die Stimme von Professor Maathai hörte, die meinen Namen rief. Schließlich hatten wir uns nur ein Mal vor einem halben Jahr gesehen.« Im folgenden intensiven Gespräch ließ sich Njogu überreden, das Risiko einzugehen und für Professor Maathai und das GBM neue Gemeinschaften und Baumschulen in seiner Heimatregion aufzubauen. Nach einigen Monaten stellte Njogu erfreut fest, dass er mit GBM eine Organisation gefunden hatte, in der er sich wohl fühlte. Hier konnte er einen sinnvollen Beitrag für andere leisten und sein Potenzial und seine Kreativität voll ausleben. Dies wog bei weitem die anfangs klägliche Bezahlung und die vielen Anfeindungen auf, die er sich bei seiner täglichen Arbeit anhören musste.

Die Rechtfertigung der Unterstützung

Die meisten Menschen auf dem Land waren nämlich skeptisch, wenn Njogu zu erklären versuchte, warum es für sie gut sei, Bäume zu pflanzen. Sie vermuteten, dass er Geld für die Unterstützung verlangen würde, die GBM anbietet. Es fiel den meisten sehr schwer zu glauben, dass es Menschen geben sollte, die etwas Gutes für andere tun, ohne davon finanziell zu profitieren.

Njogus Schwierigkeiten nahmen noch zu, als der kenianische Geheimdienst auf ihn aufmerksam wurde und versuchte, ihn einzuschüchtern. Seit dem Eintreten von Wangari Maathai gegen diverse, ökologisch schädliche Projekte wurde GBM als eine Anti-Regierungsgruppierung verstanden. »Im Jahr 1993, als GBM fast als Staatsfeind galt, mussten wir wegen der Verfolgung durch die Regierung oft den Treffpunkt wechseln und manchmal geheime Sitzungen organisieren. Professor Maathai war drei Mal im Gefängnis. Aber jedes Mal half ihr der öffentliche Druck, wieder frei zu kommen«, erinnert sich Njogu.

Die vielfältige Bedeutung der Bäume

Trotz all dieser Schwierigkeiten gelang es Njogu, in nur zwei Jahren 94 Baumschulen und Gruppen aufzubauen, welche diese pflegten. Diese Gruppen sind ganzheitliche ökologische und ökonomische Hilfsprojekte. Vor allem Frauen schließen sich zusammen und erhalten von GBM Baumsetzlinge, die sie dann auf ihrem eigenen oder auf dem Schul- oder Kirchengrund anpflanzen und pflegen. Dadurch gewinnen sie Holz für ihre Kochherde, können im Schatten der Bäume Gemüse anpflanzen und erwirtschaften durch den Verkauf der Ernte und der neuen Setzlinge ein eigenes Einkommen. Das Einkommen verbessert die Stellung der oft noch stark benachteiligten Frauen in der Gesellschaft immens. Langfristig möchte GBM die Menschen für die Umwelt sensibilisieren und ihnen Lösungen anbieten, die eine nachhaltige Entwicklung ermöglichen. So soll vermieden werden, was in vielen Teilen Afrikas zu unglaublichem Leid führt – die Übernutzung der natürlichen Ressourcen bis zu einem Punkt, an dem die Bauern ihre eigene Lebensgrundlage zerstören und, wie zum Beispiel im Norden von Kenia, riesige Flächen der fortschreitenden Wüste überlassen müssen.

Von der Feldarbeit zur Büroarbeit

Im Februar 1993 erlitt Njogu eine schwere Netzhautentzündung. Er vermutet heute, dass die Krankheit durch die vielen Fahrradreisen auf den staubigen Pisten von Gemeinde zu Gemeinde hervorgerufen wurde. Noch heute ist seine Sicht deswegen eingeschränkt. Damals hatte er Angst, dass er durch die Krankheit seine Arbeit für GBM, das er mittlerweile lieben gelernt hatte, verlieren würde. Stattdessen bekam er das Angebot, vom Hauptquartier in Nairobi aus für die Verbesserung der Methoden und Arbeitsabläufe von GBM zu sorgen. Vor allem bedeutete es, zuerst einmal ein Umfeld zu schaffen, in dem auch Universitätsabsolventen eingestellt und zum Bleiben motiviert werden konnten. Njogu war 1991 nämlich der erste und einzige Universitätsabsolvent bei GBM. Er erreichte dieses Ziel: 2006 arbeiteten 15 Akademiker/-innen für GBM. Viele von ihnen befassen sich mit der Optimierung von Controllingprozessen für die inzwischen 6.000 Baumschulen. Inzwischen sind zehn teilweise internationale Programme entstanden, die permanent weiterentwickelt werden.

Njogu ist mittlerweile froh darüber, dass aus dem Job beim Staat nichts geworden ist. »Sehr früh habe ich verstanden, dass ich, um zu überleben, entweder die dreckigen Taktiken anwenden müsste, die die meisten Menschen im etablierten System nutzen – und die meine Kreativität töten würden –, oder aber ein total anderes Spiel spielen müsste. Ich wollte nicht in einer Kultur arbeiten, in der Menschen ihre Ideen nicht teilen wollen, weil jemand sie stehlen und verkaufen könnte. Ich wollte nicht in einer Kultur arbeiten, in der Menschen ausschließlich ihrem persönlichen Interesse nachlaufen und keine Ziele für das Gemeinwohl verfolgen. GBM gab mir die Option, ein anderes Spiel zu spielen, meine Kreativität und Werte zu bewahren.«

Sofort 100 Dämme bauen

Manchmal vermisst Njogu die Feldarbeit. Aber dann erinnert er sich an die glücklichen Augen der Menschen, wenn sie stolz ihre eigenen Bäume oder ein kleines Einkommen präsentieren können. Besonders gern denkt er an die Erfahrung mit einem Programm zum Bau von kleinen Dämmen für die Bewässerung zurück: »2003 haben wir einen Staudamm für ein Dorf gebaut. Als wir fertig waren und schauten, wie das Wasser hineinfließt, sahen wir die Frauen an. Sie standen da und waren einfach glücklich, dass sie nicht mehr stundenlang laufen mussten, um Wasser fürs Kochen, für ihre Tiere und Bäume zu holen. Eine solche Erfahrung gibt dir eine unglaublich tiefe Zufriedenheit und Motivation. Du fühlst dich, als ob du auf der Stelle 100 weitere Dämme bauen müsstest. Es spielt keine Rolle, wie viel Kraft das kostet.« Solche Erinnerungen verlieren auch im Büroalltag kaum an Kraft.

Das Unverständnis der Familie

Wenn er heute seinen vier Kindern mit Stolz die vielen Bäume und Dämme zeigen kann, für die er in den letzten Jahrzehnten mitverantwortlich war, so denkt Njogu zufrieden an die schwierigen Zeiten zurück, als ihn seine eigene Familie voller Unverständnis und fast Missachtung behandelt hatte. Sie begriffen nicht, warum ein Universitätsabsolvent die Tätigkeit für eine Anti-Regierungsorganisation einem gut bezahlten Regierungsjob vorzog. Njogu hatte am Anfang keine materielle Sicherheit, und die meisten Verwandten sagten ihm ein elendes Ende bei GBM vorher. Doch wenn er auf das intensive, von tief innen kommende Engagement der GBM-Mitarbeiter in den letzten Jahren zurückblickt, so wundert es Njogu nicht, dass sie das erreicht haben, wofür sie die Welt heute bewundert.

Der Preis der Preise und die Bedeutung der Werte

Dass sich die öffentliche Wahrnehmung von GBM durch den Regierungswechsel in Kenia im Jahr 2002 und den Friedensnobelpreis für Wangari Maathai 2004 signifikant geändert hat, empfindet Njogu als angemessen. Jedoch sieht er auch die Schattenseiten dieses manchmal überwältigenden öffentlichen Interesses. Viele gierige und egoistische Menschen hätten sich nach 2004 für GBM interessiert, und so wurde es schwierig, zwischen den gut meinenden Unterstützern und den sich nur aus eigennützigen Gründen engagierenden Menschen zu unterscheiden. Allerdings sei es dem Team dank der tief verwurzelten Werte der Organisation nicht schwer gefallen, die richtigen Entscheidungen zu treffen. Dazu meint Njogu sehr bestimmt: »Es gibt nichts Wichtigeres als Wertvorstellungen – das habe ich gelernt. Werte wie Selbstachtung, Selbstversorgung, ehrenamtliche Tätigkeit, der Glaube an sich selbst, die Notwendigkeit, auf all die kleinen, wesentlichen Sachen zu achten, welche die ganze Sache erst zum Laufen bringen – das sind die Grundlagen des Green Belt Movement.« Über Jahrzehnte hinweg haben Njogu und das gesamte Team des GBM den Menschen in Kenia diese Werte vorgelebt und immer wieder von Verantwortlichkeit, Transparenz, Ermächtigung der Gemeinschaft und von der Macht der vielen einzelnen Gutgesinnten gesprochen. Dies kam der Organisation nach dem Nobelpreis zugute. Njogu kommt fast ins Schwärmen, wenn er sagt, dass er sein Glück manchmal kaum fassen kann, Teil dieser Bewegung sein zu dürfen. »Meine Verpflichtung ist die Verbesserung meiner eigenen Existenz, aber auch der Existenz der Menschen um mich herum. Das ist ein sehr ehrgeiziges Ziel, weil viele Menschen gar nicht wissen, in welche Richtung sie überhaupt gehen wollen, was Verbesserung überhaupt bedeutet. Wenn du für Green Belt Movement arbeitest, musst du über solche Sachen nachdenken.«

Info

www.greenbeltmovement.org
Website von Green Belt Movement.

www.nobelprize.org/nobel_prizes/peace/laureates/2004/maathai-bio.html
Biografie von Wangari Maathai für die Nobelpreisverleihung.

S. Ehlert, Wangari Maathai – die Mutter der Bäume. Die erste afrikanische Friedensnobelpreisträgerin[3] (Freiburg 2007).

W. Maathai, The Green Belt Movement: Sharing the Approach and the Experience (Charlotte 2004).

W. Maathai, Unbowed: A Memoir (New York 2007).

»Am wichtigsten ist die Reise, nicht das Ziel. Es zählt nicht vor allem das, was du von außen bekommst, sondern die Person, zu der du auf dem Weg wirst.«

Karen Tse
Juristin, Taoistin, Energiebündel,
Menschenrechtskämpferin
Genf, Schweiz

Der Weg ist das Ziel

»Ich kann mich an Momente erinnern, in denen ich zusammenbrach, weinte und mich fragte: Warum mache ich das nur? In Kambodscha wissen viele Polizeibeamte nichts von Beweisaufnahmen. Wer ihnen in die Finger kommt, wird gefoltert, bis er ein Geständnis ablegt. Die Polizisten stecken ihn dann ins Gefängnis und halten das Verfahren für abgeschlossen. Was mich immer wieder motiviert, ist die Verbesserung solch scheinbar auswegloser Bedingungen.« So fasst Karen Tse ihre Erfahrungen der letzten Jahre zusammen, mit einer Mischung aus ungläubiger Verzweiflung und gelassener Zuversicht. Ihre Organisation mit Sitz in Genf heißt Internationale Brücken für Gerechtigkeit (IBJ, International Bridges to Justice). Karen engagiert sich seit Jahren für die Durchsetzung rechtsstaatlicher Maßstäbe in Strafverfahren. Ihre Schwerpunkte hat sie vorerst in Kambodscha, China und Vietnam gesetzt, doch ihr Fernziel lautet, in immer mehr Ländern Strafverteidiger auszubilden, damit kein Mensch mehr gefoltert oder ohne Verfahren gefangen gehalten wird.

Von Kalifornien nach Kambodscha

Karen Tse ist eine junge Frau chinesisch-amerikanischer Abstammung. Sie hat ihr Jurastudium an der Universität in Los Angeles, Kalifornien (UCLA) 1990 abgeschlossen und arbeitete dann als Menschenrechtsanwältin und Pflichtverteidigerin in den USA, vorwiegend in San Francisco. 1994 ging sie nach Kambodscha, um beim Wiederaufbau des durch die Roten Khmer vollkommen zerstörten staatlichen Rechtssystems zu helfen. Drei Jahre lang arbeitete sie im Auftrag des »Juristischen Mentorenprogramms« des Menschenrechtszentrums der Vereinten Nationen und des »Kambodschanischen Verteidigerprojekts« in dem Land, das sich von der Schreckensherrschaft des Diktators Pol Pot und seiner Armee noch lange nicht erholt hat. Sie war unter anderem dafür zuständig, Strafverteidiger auszubilden – als sie ankam, gab es im ganzen Land deren drei. Diese Arbeit hinterließ tiefe Spuren. Einmal besuchte Karen ein gefoltertes zwölfjähriges Kind im Gefängnis. Dessen Vergehen war der Versuch gewesen, ein Fahrrad zu klauen. Das Kind hatte ständig Angst vor dem nächsten Tag, da es nicht wusste, welche Quälereien es vielleicht noch zu befürchten hatte. Eigentlich hätte dem Kind ein öffentlich bestellter Verteidiger zugestanden. Stattdessen wurde ein Geständnis aus ihm herausgefoltert, weil die im Rechtssystem Arbeitenden dies aus der Vergangenheit nicht anders kannten.

Gesetze, die keiner kennt

Karen erklärt uns, dass Länder wie Kambodscha keineswegs die Menschenrechte ablehnen. Im Gegenteil: Viele von ihnen verfügen über ein sehr modernes Strafrecht. Doch die in westlichen Ländern als selbstverständlich angesehenen Prozesse der Rechtsfindung sind in dieser Region noch nicht verwurzelt – sowohl kulturell als auch in der Ausbildung des Personals. Oft mangelt es schon an Kenntnissen bei der Beweisaufnahme oder bei der professionellen Befragung von Zeugen. Manchmal fehlen auch einfache Handwerkszeuge wie ein Aufnahmegerät, eine Kamera oder ein Computer.

Karen und ihre Kollegen haben während dreier Jahre in Kambodscha in enger Zusammenarbeit mit der Regierung unzählige Seminare für Strafverteidiger und am Strafprozess beteiligte Personen durchgeführt, um so die Einhaltung der neuen Gesetze zu ermöglichen. Auch wurde die Bevölkerung über die Rechte der Angeklagten und Straffälligen informiert, damit das geltende Recht überhaupt eine Chance hat, umgesetzt zu werden.

Theologie als nächster Schritt

Nach ihrer Rückkehr aus Kambodscha entschied sich Karen, an der Harvard Divinity School, einer nicht konfessionsgebundenen Universität für Theologie- und Religionsstudien zu studieren und danach Priesterin zu werden. Ihre Religion, der Taoismus, faszinierte sie und sie wollte hier ihren weiteren Weg finden. Doch die Erfahrungen aus Asien ließen sie nicht ruhen. So schrieb Karen noch während ihrer Studienzeit 1999 einen strategischen Plan, wie man mit Hilfe einer Organisation zuerst in Kambodscha, Vietnam und China und später weltweit die Strafrechtssysteme und vor allem deren Umsetzung verbessern könnte. Karen erinnert sich an diese Zeit: »Ich war komplett naiv, als ich IBJ gründete; ich hatte keine Ahnung, wie schwierig und hart das werden würde. Ich erkannte den großen Bedarf, hatte eine gute Idee und nahm einfach idealistisch an, dass alle Menschen auf der ganzen Welt kommen würden, um mir zu helfen. Ich dachte, dass ich spätestens nach einem Jahr mit dem Anschieben der Organisation fertig sein würde und dann mit meinem eigenen Leben fortfahren könnte.«

Die idealistische Naivität und das Geld

Diese Vorstellung sollte sich jedoch in den folgenden Monaten als großer Irrtum herausstellen. Weil ihr Mann beruflich versetzt wurde, zog Karen nach Genf. Ihre Wohnung war bald täglich von freiwilligen Helfern besetzt. Festangestellte Mitarbeiter gab es nicht, denn Spender waren in dieser frühen Phase des Organisationsaufbaus nicht aufzutreiben, und umsonst war niemand bereit, in Vollzeit für IBJ zu arbeiten. Dennoch arbeitete Karen mit ihrem wechselnden Team von Freiwilligen sehr hart und ausdauernd, um möglichst viele ihrer Lösungen auch ohne Geld umzusetzen. Es dauerte zwei Jahre, ehe die vielen Anstrengungen durch die erste größere Spende belohnt wurden.

Für Karen war es eine schwere, deprimierende Zeit. Aber ihre Organisation war keine normale Geschäftsidee, die man einfach wieder verwerfen konnte, wenn sie kein Geld einbrachte. IBJ füllte eine Lücke, einen Bedarf, der von niemandem sonst gedeckt wurde. »Jemand musste sich um diese Menschen kümmern. Warum nicht ich?«

Karen ist eine energiegeladene, fröhliche Person. Sobald sie zu sprechen anfängt, ist man von ihrer Leidenschaft und Herzlichkeit überwältigt und versteht sofort, welche Kraft in ihr steckt. Sie lernte, die schwierige Zeit als eine Art Prüfung zu verstehen. Es half ihr sehr, dass durch ihren Mann und seine Arbeit der Lebensunterhalt für die Familie gesichert war. Für die Organisation und ihre eigene Karriere gab es aber keine Sicherheiten – dieses Risiko musste sie selbst tragen.

Über die Rechte der Angeklagten

Heute verfügt IBJ über ein gemütlich eingerichtetes, permanent betriebsames Büro. Das kleine Team organisiert in den Schwerpunktländern China, Kambodscha und Vietnam in Zusammenarbeit mit den lokalen Regierungen Seminare für Strafverteidiger. Hinzu kommen Informationskampagnen, um die Bevölkerung über ihre Rechte aufzuklären, und Mentorenpartnerschaften zwischen westlichen und asiatischen Strafverteidigern. In China wurde beispielsweise zusammen mit dem nationalen Rechtshilfezentrum und dem chinesischen Justizministerium in 16 Provinzen eine »Kampagne für die Rechte der Angeklagten« in Mandarin, Mongolisch, Tibetisch, Uyghur und Englisch durchgeführt. In landesweiten Trainingskonferenzen wurden mehrere hundert Strafverteidiger und öffentliche Verteidiger (public defender) ausgebildet. Zudem wurde das erste chinesische Handbuch für Strafverteidiger, ein Ratgeber rund um alle bestehenden Rechts- und Prozessvorschriften sowie deren Anwendung, entwickelt und verteilt. IBJ half auch, eine Webplattform zu entwickeln, auf der sich lokale Strafverteidiger und Strafrechtshilfszentren über die bestehenden Vorschriften und neuesten Entwicklungen informieren können.

Wie einige unserer Gesprächspartner, die für die weltweit aktiven Netzwerkorganisationen sozialer Unternehmer arbeiten und die Arbeit von Karen seit mehreren Jahren genau beobachten, feststellten, haben all diese Aktivitäten und der kooperative Ansatz von Karen schon heute sehr viel Positives für die Menschenrechtssituation der Menschen vor Ort bewegt.

Manch einer meinte sogar mehr, als all die vielen Delegationen der großen internationalen Organisationen und Regierungen.

Ähnliche Resultate sind auch in Kambodscha und Vietnam erzielt worden, und durch die guten Ergebnisse steigerte sich auch das öffentliche Interesse an der Arbeit von IBJ. Dadurch haben schließlich auch Menschen mit Möglichkeiten zur finanziellen Unterstützung den Weg zu dieser kleinen, aber effektiven Organisation gefunden, wie zum Beispiel die Skoll Stiftung.

Strafverteidiger, bildet und vermehret Euch!

Wenn Karen heute in die Zukunft blickt, sieht sie unzählige weitere Möglichkeiten, die Lebensqualität vieler Menschen auf diesem Planeten durch eine verbesserte Implementierung der bestehenden Strafrechtsgesetze anzuheben. Da sie inzwischen auch auf finanzielle Unterstützung zurückgreifen kann, lassen sich ihre Pläne immer schneller verwirklichen. Als nächster großer Schritt ist der Aufbau eines Internationalen Strafverteidigerinstituts (IDI) geplant, um den Anfragen aus vielen Ländern gerecht zu werden, die Hilfe beim Aufbau der Strukturen für ein faires und effektives Strafrechtssystem brauchen. IBJ plant, eine Gruppe von Strafverteidigern aus diesen Ländern in Intensivkursen mit den Regeln des modernen Strafverfahrens vertraut zu machen. So sollen sie in die Lage versetzt werden, das Modell anschließend in ihren Ländern umzusetzen. Sie können dort quasi als Treibriemen für Veränderungen agieren und Zehntausende weiterer Juristen zu Strafverteidigern ausbilden. Das Institut wird es Strafverteidigern aus der ganzen Welt auch ermöglichen, die Infrastruktur und das technische Wissen von IBJ zu nutzen. Zusätzlich wird ein internationales Fellowshipprogramm aufgebaut, damit die Bemühungen um internationale Partnerschaften verstärkt werden können.

Der Weg als Ziel

Wenn Karen aus heutiger Sicht auf ihre nicht ganz einfache Zeit mit IBJ zurückblickt, dann ist sie trotz allem tief zufrieden mit den Ergebnissen, die sie mit ihrem Team erzielen konnte. Wir wollen natürlich wissen, ob sie es jemals bereut hat, diesen Weg gewählt zu haben, ob sie jemals wirklich ans Aufgeben gedacht hatte. Hierzu meint sie: »Als ich IBJ gegründet habe, dachte ich, dass das Ziel das Wichtigste ist. Nach einer Weile konnte ich diese Einstellung ändern und ich habe zwei Dinge erkannt: Erstens, am wichtigsten ist die Reise, nicht das Ziel. Und zweitens – es zählt nicht vor allem das, was du von außen bekommst, sondern die Person, zu der du auf dem Weg wirst.« Erst im Laufe der Zeit habe sie verstanden, weshalb jeder Tag trotz aller Probleme ein Gefühl der Zufriedenheit in ihr hinterließ: Sie war Teil einer Lösung, nicht Teil des Problems.

Das Glück programmieren

Karen ist fest davon überzeugt, dass Menschen letztlich nur dann glücklich werden können, wenn sie es schaffen, ihr Leben mit einem über sie hinausgehenden, höheren Ziel zu verbinden, und nicht nur egoistisch an ihr eigenes Wohl denken. Dafür ist es natürlich nicht immer notwendig, eine neue Initiative zu starten. Jeder kann mit seinen Fähigkeiten zu etwas Höherem beitragen, sogar ein Computerprogrammierer, wie Karen schnippisch meint. »Er muss ja nicht den ganzen Tag ein Kriegsspiel oder eine Bankensoftware entwickeln. Er könnte zum Beispiel ein multimediales Trainingsprogramm für Strafverteidiger programmieren oder ein Wissensmanagementsystem für die 2.500 Rechtsunterstützungszentren in China.«

Noch vor wenigen Jahren hätte sich Karen kaum träumen lassen, dass sie einmal eine Organisation leiten würde, in der sie täglich das Leben so vieler Menschen weltweit beeinflusst. Hätte sie in den ersten zwei Gründungsjahren von IBJ nicht auf ihre innere Stimme gehört, dann müssten heute noch viel mehr Menschen hilflos unter der Folter leiden. Auch wenn weltweit noch viel auf diesem Gebiet getan werden muss, so bringt die Arbeit von IBJ doch Hoffnung und Zuversicht in einige Länder dieser Erde. Karen gönnt sich einen poetischen Moment, und ein ernsthafter Ausdruck schleicht sich auf ihr sonst meist lächelndes Gesicht: »Khalil Gibran sagt: ›Eure Freude ist euer Leid ohne Maske. Und derselbe Brunnen, aus dem euer Lachen aufsteigt, war oft von euren Tränen erfüllt.‹ Folglich kann die Freude häufig aus genau dem gleichen tiefen Ort entstehen, aus dem davor Leid entstanden ist. Ich bin dankbar für die Herausforderungen, die ich beim Aufbau von IBJ erfahren habe.«

Info

www.ibj.org
Website von International Bridges to Justice.

Fazit

Sieben Einsichten und Erfahrungen aus Kapitel 3

- *Man findet immer einen Weg zum bedeutungsvollen Beruf. Manchmal kann dies allerdings bedeuten, seinen Lebensstil anzupassen, parallel in einem anderen Job dazuzuverdienen oder Menschen zu finden, die einen unterstützen.*
- *Oder man sucht als Angestellter in seinem Unternehmen nach einem Arbeitsbereich, der dem Kriterium »positiver Impact« gerecht wird.*
- *In der Phase der Neuorientierung ist die Unterstützung durch Familie und Freunde sehr wichtig.*
- *Fast alle unsere Gesprächspartner betonten, dass sie Geld allein nicht glücklich gemacht hat. Auch wenn es finanziell für den einen oder anderen nach wie vor nicht einfach ist, denkt keiner von ihnen daran, etwas anderes zu unternehmen.*
- *Wer an seine Vision glaubt und dafür intensiv arbeitet, findet auch finanzielle Unterstützung. Bei der Planung sollte man allerdings davon ausgehen, dass dies zwei bis fünf Jahre dauern kann.*
- *Es ist sinnvoll, sich über den eigenen finanziellen Bedarf im Klaren zu sein. Oft, so die Erfahrung unserer Gesprächspartner, benötigt man für die notwendige Grundversorgung weniger als man meint.*
- *Das neue berufliche Engagement sollte – seinem Bedarf entsprechend – finanziell abgesichert sein, um stabile und für die Projektpartner verlässliche Strukturen und Beziehungen schaffen zu können und die neuen Kunden durch ein mögliches Scheitern des Projekts nicht vor große Probleme zu stellen.*

4. »Ich bin schon erfolgreich mit dem, was ich tue«

Warum schlägt ein Mensch einen neuen beruflichen Weg ein, entwickelt sich in eine andere Richtung oder geht gar das Risiko eines Neuanfangs ein? Die Gründe für eine derartige Entscheidung sind meist vielfältig und abhängig von der jeweiligen Lebenssituation. Für Außenstehende sind sie mal mehr, mal weniger gut nachvollziehbar.

Auf den folgenden Seiten lernen Sie Männer und Frauen kennen, bei denen sich viele von uns fragen würden: Warum beschäftigt sich gerade dieser Mensch mit der Frage nach einer Veränderung in seinem Leben? Denn es handelt sich um Personen, die nach den gesellschaftlich üblichen Erfolgsmaßstäben nahezu alles erreicht haben, wovon die meisten nur träumen: finanziellen Erfolg, eine verantwortungsvolle Position und anerkannte gesellschaftliche Stellung, Macht und Einfluss. Sie waren Multimillionäre und erfolgreiche Geschäftsleute. Sie besetzten hochrangige Ämter oder genossen den Ruhm, auf großen Weltbühnen zu stehen. Doch irgendwann im Laufe ihrer Karriere merkten sie, dass es nicht wirklich das war, wonach sie eigentlich suchten.

Was ist Erfolg?

Wenn man Erfolg definiert als »ein Bestätigungserlebnis bei der geglückten Verwirklichung von Zielen«[1], konnten und können sich unsere Gesprächspartner durchaus als erfolgreiche Menschen bezeichnen. Viele Ziele in ihrem Berufsleben hatten sie erreicht. Doch mit Ernüchterung stellten sie fest: Sie hatten sich dabei kaum Gedanken darüber gemacht, ob diese auch mit ihren persönlichen Zielen übereinstimmten, ob ihre Realisierung auch einen Zuwachs an Zufriedenheit und Freude für sie selbst bedeutet hatte.

Diese schmerzhafte Erkenntnis führte zu einem Umdenken. Unsere Gesprächspartner überlegten sich fortan genau, welche beruflichen Ziele sie auch privat befriedigen und bereichern würden. Und sie versuchten zu erkennen, worauf sie später einmal mit Freude und Genugtuung zurückblicken wollten.

[1] lexikon.meyers.de

»Wenn du arm bist, hast du keine Wahlmöglichkeiten. Du bist ökonomisch entmachtet. Ich will Menschen zu der Fähigkeit verhelfen, wählen zu können. Denn das ist für die Entwicklung einer Person entscheidend.«

David Bussau
Waisenkind, Millionär, Gründer der Investmentgesellschaft Maranatha Trust, Investor in soziale Unternehmen
Sydney, Australien

Die Ökonomie des Genug

Als kleiner Junge wurde David von seiner Mutter vor der Tür eines neuseeländischen Waisenhauses abgestellt. »Mit 15 Jahren verließ er das Heim, mit 17 eröffnete David Bussau seinen ersten Hot-Dog-Stand, mit 35 war er Multimillionär und Besitzer eines äußerst erfolgreichen Bauunternehmens in Sydney ...«[1]. Hier verfallen die meisten Journalisten in hymnische Bewunderung für den Tellerwäscher-zum-Millionär-Mythos, den der Porträtierte verkörpert. Der Fortgang der Geschichte ist absehbar: Jahre weiterer erfolgreicher Aktivitäten, immer neuer Geschäftsideen und finanzieller Höhenflüge eines mit der Zeit ergrauenden Helden.

David Bussaus Leben folgt nicht dieser Schablone. Die Unternehmensberatung Ernst & Young kürte ihn 2003 gerade deswegen zum australischen Unternehmer des Jahres. In der Laudatio heißt es: »Allerdings erwies sich das Geldmachen als hohle Belohnung, und als ein Zyklon 1974 die Stadt Darwin in Australien verwüstete, gab der Sturm auch Davids Leben eine völlig neue Richtung. Er sammelte ein Team von Geschäftsleuten um sich und ging zusammen mit ihnen und seiner Familie nach Darwin, um die Stadt wieder aufzubauen. Diese Erfahrung veränderte sein Leben. David steht heute als Gründer und Visionär hinter Opportunity International Australien. Durch das Prinzip der Hilfe für Kleinunternehmen hat diese Organisation die Entwicklungshilfe revolutioniert. Heute schafft Opportunity International alle 35 Sekunden einen neuen Job, insgesamt bisher mehr als drei Millionen Arbeitsplätze in 27 Entwicklungsländern. David knüpft Beziehungsnetze und berät Regierungen, internationale Konzerne und andere Organisationen, die seine Grundsätze teilen und sich dem Kampf gegen die Armut anschließen.« Das ist die kurze, sachliche Zusammenfassung eines Lebenslaufs, dessen überraschende Wendungen ihn aus der Masse der Durchschnittsmillionäre herausheben.

Daheim beim Barfußmillionär

Was geht in einem Menschen vor, der auf eine solche Biografie zurückblickt? Wir begeben uns auf Davids Spuren.

[1] www.ey.com/global/content.nsf/International/Entrepreneur_Of_The_Year_-_World_Summit_ 2006_-_Presentation_-__David_Bussau

In einem ruhigen Vorort Sydneys finden wir ein bescheidenes, aber komfortabel aussehendes Haus. Wir werden in ein etwas altmodisch eingerichtetes Wohnzimmer gebeten. Uns sitzt ein frisch und zufrieden aussehender Mann Anfang 60 gegenüber. Wie es sich für einen Australier gehört, trägt er eine kurze Hose, ein sportliches Polo-Shirt und keine Schuhe. Er strahlt Ruhe, Gelassenheit und inneren Frieden aus. Seine Augen sind wach, ab und zu meint man, einen leicht schelmischen Ausdruck in ihnen zu bemerken. Gleich zu Beginn stellt David fest, dass seine Motivation aus seiner Beziehung zu Gott stammt: »Der Schöpfer hat viel in mich investiert und – auch wenn es seltsam klingt – er erwartet auch etwas zurück.« David zögert, scheint Widerspruch zu erwarten, als er sein religiöses Lebensfundament beschreibt. Er spricht von Gott mit großer Selbstverständlichkeit, als wäre er ein guter Freund, der nebenan sitzt. Keine Spur von religiösem Fanatismus klingt durch.

Keine Eltern – kein Druck

Davids Blick auf sein Leben offenbart ein paar überraschende Einsichten: »Die Tatsache, dass ich keine Eltern hatte, ist einerseits tragisch, hatte aber auch ihre Vorteile«, erklärt er. »Dadurch konnte und musste ich für mich ganz allein entscheiden, wer ich sein wollte. Es gab keine fremden Einflüsse, ich hatte nicht die Träume oder Erwartungen anderer zu erfüllen.« David entdeckte sich selbst – ganz alleine. Die Hot-Dog-Stände zeigten ihm sein Talent fürs Geschäftliche. Danach war die Lebensplanung ganz einfach: »Bis 40 so viel Geld zu verdienen, dass ich danach nur noch Fußball spielen könnte. Das war meine Passion.«

David lernte blitzschnell, wie man Geld verdient und es vermehrt. Mit 14 Jahren verlor er bei der Arbeit einige Finger. Das Schmerzensgeld aus der Versicherung seines Arbeitgebers diente als Startkapital für die erste Hot-Dog-Bude. Plötzlich war er der Chef seiner Kollegen: Er stellte sie für die Bedienung weiterer Hot-Dog-Stände ein. Alles, was er für den geschäftlichen Erfolg benötigte, lernte David im Selbststudium, meist sehr früh am Morgen oder spät in der Nacht. Sein Geld reichte anfangs nicht für teure Universitäten. Später hatte er dafür keine Zeit.

Mit 30 Jahren hatte David bereits viel Geld verdient, sehr viel Geld. Er hatte mehrere Unternehmen erfolgreich gegründet, geführt und verkauft. Ohne Netzwerke, finanziellen und familiären Rückhalt war das kein Kinderspiel. Doch David kannte sein Ziel: Seit seinem 16. Lebensjahr wollte er Fußballstar werden, träumte von Geld und schönen Frauen. Er war bereit, für seinen Traum zu zahlen. Es folgten Jahre voller Entbehrungen, dann Jahre im Überfluss. David genoss zunächst den Erfolg und die Anerkennung. Er hatte einen herausfordernden Job, gründete neue Unternehmen, die Investitionsmöglichkeiten wurden immer spannender und Budget-Restriktionen gab es kaum.

Passt das überhaupt?

Das erste Signal, dass sein Leben vielleicht doch nicht ganz zu ihm passte, nahm David im Alter von 35 Jahren wahr. Er war damals Besitzer und Geschäftsführer einer erfolgreichen Baufirma in Sydney und Teilhaber von 30 weiteren Unternehmen. Kerry Packer, damals Australiens reichster Mann, gab 1976 eine Party in seinem Anwesen in Sydney. Plötzlich bemerkte er, dass sich eine Bartür, die Davids Firma installiert hatte, nicht richtig schließen ließ. Der Millionär rief David direkt an und verlangte von ihm, sofort vorbeizukommen, um das Problem zu lösen. Kein guter Zeitpunkt, wenn man gerade dabei ist, einen Abend mit seiner Familie zu verbringen. David löste das Problem des Kunden sofort, aber die Situation gab ihm zu denken. »Ich wurde wütend, weil diese Person über mein Leben und meine Prioritäten bestimmen durfte«, erinnert sich David. Der einzige Grund, weshalb er seine Familie allein lassen musste, war sein Unternehmen und das Geld, das er verdienen wollte. »Ich fragte mich, ob ich wirklich des Geldes wegen meine Wertvorstellungen ändern muss und ob ich tatsächlich so dringend viel Geld brauche, dass ich solche Situationen akzeptieren muss«, erklärt David. Diese Gedanken waren natürlich nicht zum ersten Mal aufgekommen, zum ersten Mal bedrängten sie David aber in solchem Ausmaß. Es folgten viele Gespräche mit seiner Frau. Sie drehten sich um Werte, um Ziele und auch immer wieder um den christlichen Glauben, dem David jahrelang wenig Bedeutung beigemessen hatte. Schließlich entschied seine Familie, dass sie wohl den Punkt erreicht hatte, den David als »Ökonomie des Genug« bezeichnet. Er hatte ganz einfach genug Geld und es machte keinen Sinn, noch mehr zu verdienen.

Dabei war es für David kein »Genug« im Sinn von »jetzt genieße ich meinen Wohlstand auf einer schönen Insel«, sondern die Feststellung, dass er durch noch mehr Geld nicht zufriedener wurde. Er wollte einen tieferen Sinn im Leben finden und der Gesellschaft etwas zurückgeben. Was genau das sein würde, wusste David damals nicht. Er wusste nur, dass er nicht weitermachen wollte wie bisher. Die Rückbesinnung auf die im christlichen Glauben verankerten Werte half ihm bei den nun folgenden Entscheidungen. David fing an, seine Unternehmensbeteiligungen zu verkaufen und sein wachsendes Barvermögen in einer Familien-Treuhandgesellschaft zu parken. Dieser Prozess dauerte ungefähr fünf Jahre. Davids Geschäftspartner begegneten ihm mit völligem Unverständnis. Doch deren Ansichten interessierten ihn nicht mehr.

Der Auftrag seines Lebens

David begann die Suche nach dem Auftrag seines Lebens in Darwin. Ein Zyklon hatte die nordaustralische Stadt zerstört. Er rief ein paar Kollegen und die Familie zusammen. Mit ihnen verbrachte er einige Monate in der fast völlig zerstörten Stadt, und alle halfen mit, diese wieder aufzubauen. Aufgrund seiner Erfahrungen in Darwin wurde David nach einer Katastrophe in Indonesien um Hilfe gebeten und entschied sich, zusammen mit seiner Familie, diese neue Herausforderung anzunehmen. »Ich verbrachte fünf Jahre in einem indonesischen Dorf, reparierte Brücken, lebte mit den Bauern und half ihnen, Häuser und Brunnen zu bauen. Das gab mir Zeit, zu überlegen, wer ich bin, wer ich sein will und was ich bewirken will«, erinnert sich David. Er stellte mit der Zeit fest, dass die Menschen trotz aller Bemühungen immer arm blieben. Seine Unzufriedenheit wuchs, denn er konnte an ihrer Lage nichts ändern und die spezifischen Fähigkeiten, die er früher erworben hatte, lagen brach.

Die Kraft der Mikrounternehmer

Eines Tages lieh David einem Bauern 50 Dollar. Der Bauer wollte sich mit diesem Geld eine Nähmaschine kaufen, um sich eine neue Existenz als Schneider aufzubauen. Sobald er konnte, zahlte er David das Geld zurück. Diese Erfahrung brachte David zurück in ein Feld, das ihm vertraut war – das Unternehmertum. Rasch erkannte er, welche Kraft in der Unterstützung von Mikrounternehmern lag. Nach fünf Jahren Reflexion und aktiver Suche schien er den für sich richtigen Weg gefunden zu haben. Niemand war besser geeignet als er, andere Unternehmer zu unterstützen und ihnen so einen Ausweg aus der Armut zu weisen. »Fußball war mein Traum. Aber das ist es nicht, wofür ich geschaffen wurde. Was mir heute Zufriedenheit gibt, ist die Investition in eine Person, damit sie die Person sein kann, die sie zu sein geschaffen wurde und sich zum Nutzen der Gemeinschaft weiterentwickeln kann.«

Gaben und Talente

Wenn David von seinen Überzeugungen spricht, glänzen seine Augen. »Ziel im Leben ist es, den Gaben und Talenten treu zu sein, die Gott uns schenkte. Ich bekam die Gabe, Unternehmer zu sein und zu wissen, wie man Geld verdient. Diese Gabe kann ich nun für die Unterstützung der Armen verwenden.«

In den letzten 30 Jahren half David zusammen mit einem ständig wachsenden Team, für etwa drei Millionen Menschen eine Existenz aufzubauen. Im Jahr 1979 gründete er zusammen mit dem amerikanischen Geschäftsmann Al Whittaker die Organisation Opportunity International. Ihr Ziel war es, Menschen aus armen Verhältnissen zu helfen, ihre Probleme selbst zu lösen. Das Instrument war Geld, winzige Summen, aber ausreichend für kleine Kredite und für eine Grundausbildung. In den 80er-Jahren kamen weltweit ähnliche Systeme auf. Der Volkswirtschaftsprofessor Muhammad Yunus aus Bangladesch wurde zum prominentesten Vertreter der Mikrofinanz-Bewegung.

Opportunity International wächst weiter. Die Zahl der Kunden in 28 Ländern nähert sich einer Million. Im Jahr 2010 sollen es zwei Millionen sein. Das ist mit ungefähr zehn Millionen geschaffener Existenzen gleichzusetzen, denn ein Unternehmer kann vielen Verwandten aus der Armut helfen.

Guter Rat ist wertvoll

David hat sich mittlerweile aus Opportunity International zurückgezogen und unterstützt neue Organisationen, die sich der Bekämpfung der Armut widmen. Als Unternehmer setzt er dabei auf das wirtschaftliche Modell. David spendet niemals Geld, sondern er investiert es und erwartet finanzielle Unabhängigkeit. Heute ist er an ungefähr 20 Unternehmen beteiligt, die alle die Verbesserung der Lebensqualität der Armen zum Ziel haben, darunter auch eine Organisation in Nordkorea. Sein Rat und seine Begleitung sind das Wertvollste, was er geben kann und viel wichtiger als Geld. Seine Erfahrungen gibt David heute auch an Regierungen und Nichtregierungsorganisationen weiter. Er ist als Berater, Redner und Coach international tätig.

Die Entscheidung, aus dem Geschäftsleben auszusteigen, und nicht alte Erfolgsrezepte endlos zu wiederholen, hat David niemals bereut. Auch nicht die lange Zeit der Suche. David ist dankbar für das Glück, eine Tätigkeit gefunden zu haben, bei der er einerseits seine Fähigkeiten optimal einsetzen kann und die andererseits seinem Leben Sinn verleiht. »Wenn du arm bist, hast du keine Wahlmöglichkeiten. Du bist ökonomisch entmachtet. Ich will Menschen zu der Fähigkeit verhelfen, wählen zu können; denn das ist für die Entwicklung einer Person entscheidend.«

Im Laufe der Jahre hat sich David davon gelöst, etwas hinterlassen zu wollen – sei es ein Erbe materieller oder immaterieller Art. »Ich kam auf diese Welt ohne Besitz und ich werde sie ohne Besitz verlassen. Mir wurde die Gabe des Unternehmertums geschenkt. Ich weiß, wie man Geld ›macht.‹ Diese Gabe habe ich nicht verdient, ich habe sie einfach geschenkt bekommen.«

Info

www.oid.org
Opportunity International Deutschland.

www.grameen-info.org
Website der Grameen Bank von Muhammad Yunus.

www.oikocredit.org
Einer der weltweit größten Refinanzierer im Mikrofinanzsektor.

www.responsability.ch
Informationen rund um Mikrofinanzen.

M. S. Robinson, The Microfinance Revolution (Washington 2002).

M. Yunus, Wirtschaft, die den Menschen hilft. Mit sozialem Unternehmertum die Armut besiegen (München 2007).

»Keine Revolution ohne Freude und keine Freude ohne Revolution.«

Inés Sanguinetti
Tänzerin, Choreografin, Soziologin, Social Entrepreneur
für Kunst und gesellschaftliche Entwicklung
Buenos Aires, Argentinien

Der Weckruf zur Verbindung von Leidenschaften

»Ich bin der Bewegung verpflichtet; ich bin eine Tänzerin und bei Bewegung geht es um Leidenschaft und Spannung.« Wenn Inés diese Worte sagt, spürt man ihre Lebendigkeit. Man fühlt die kraftvolle Energie, ihre Passion und die Sehnsucht nach Bewegung.

Im Leben von Inés geht es um Bewegung und Leidenschaft – als Tänzerin, als Choreografin und ab einem bestimmten Punkt als Grenzgängerin zwischen Kunst und gesellschaftlicher Entwicklung.

Klassengegensätze als Familienerbe

Die Mutter von Inés Sanguinetti entstammt der argentinischen Bourgeoisie, ihr Vater einer klassischen Mittelklassefamilie. Schon als Kind erlebte sie die soziale Spaltung Argentiniens innerhalb der eigenen Familie. Sehr oft wurde am Küchentisch kontrovers über politische Themen des Landes diskutiert, vor allem über den Ausschluss ganzer Bevölkerungsteile aus dem aktiven Leben. Dies war mit Sicherheit einer der Hauptgründe, warum sich Inés entschied, in Buenos Aires Soziologie zu studieren und sich durch Engagement in verschiedenen sozialen Projekten um Menschen in den Armenvierteln der Stadt, den so genannten Villas, zu kümmern. Die steigende Ungleichheit der argentinischen Gesellschaft und die damit verbundene teilweise extreme Gewalt – gerade auch an den Orten, an denen die Armen, Ausgeschlossenen und Hoffnungslosen lebten –, ließen ihr freiwilliges Engagement allerdings immer schwieriger werden. Als es erste Todesopfer unter ihren Freunden gab, entschloss sich die junge Frau, diese Welt komplett hinter sich zu lassen und sich auf ihre zweite Leidenschaft, den modernen Tanz, zu konzentrieren.

In den nächsten Jahren perfektionierte Inés ihren Tanzstil, wirkte in mehreren Modern-Dance-Ensembles mit, nahm an internationalen Tanzfestivals teil und entwickelte sich zu einer anerkannten Choreografin. Sie arbeitete Tag und Nacht hart an ihrer künstlerischen Karriere, die von ihrer Familie stark unterstützt wurde. Auch wenn sich Inés, wie sie erst im Nachhinein erkannte, in dieser Zeit oft einsam fühlte, gab ihr der zunehmende Erfolg doch ein Gefühl der Zufriedenheit. »Es fühlte sich einfach gut an, von immer mehr internationalen, berühmten Festivalveranstaltern eingeladen zu werden und unter Applaus gefeiert zu werden.« Auch wenn sich die soziale Ungleichheit der argentinischen Gesellschaft und die damit einhergehende Armut, Hoffungslosigkeit und leider auch Gewalt von Jahr zu Jahr verschlimmerten, wollte sich Inés keine Zeit mehr für diese Seite ihres Landes nehmen. »Es war, als hätte ich eine Wand in mir hochgezogen, um kein schlechtes Gewissen zu haben«, erinnert sie sich.

»Mein Mann musste mich wecken«

Ihr Mann, Juan Peña, fragte sie gerade in dieser Zeit der Erfolge: »Ist das dein Leben? Während Argentinien zugrunde geht, tanzt du für das Imperium?« Inés konnte und wollte ihn anfangs nicht verstehen und erwiderte nur: »Du verstehst gar nichts von Kunst.« Andererseits ließen sie die Fragen ihres Mannes nicht mehr los. Juan zeigte ihr seine Antwort. Er gab seinen prestigeträchtigen Job als Top-Manager einer großen Bank auf, weil er am Ende seines Lebens nicht nur auf seine materiellen Reichtümer, den schnellen Sportwagen und das viel zu große Haus zurückblicken wollte. Er wollte die Gewissheit haben, etwas Positives für andere im Leben bewegt zu haben. Inés bemerkte, dass er, seitdem er die Stiftung El Otro (»Der Andere«) gegründet hatte, nebenbei wieder Philosophie lehrte und sich breiter weiterbildete, sehr viel glücklicher war mit sich und seinem Leben. Und dies, obwohl er nicht mehr zu eleganten Partys eingeladen wurde und keine wichtigen geschäftlichen Entscheidungen zu treffen hatte.

Der Gang in die Armenviertel

Als ihr Mann bemerkte, dass er etwas in Inés ausgelöst hatte, legte er nach: »Du warst doch schon immer daran interessiert, die Welt zu verändern. Warum tust du in deinem Alltag nichts dafür? Wenn dein Tanz so wichtig ist für die Gesellschaft, warum zeigst du ihn nicht einfach den armen und unterprivilegierten Menschen?«

Provoziert und motiviert durch diese Bemerkungen, ging Inés zum ersten Mal nach Jahren wieder in die Armenviertel von Buenos Aires. Zögernd, verlegen, nicht sicher, wie relevant ihre Kunst an einem Ort sein würde, an dem Menschen um das tägliche Überleben kämpften. Aber sie war entschlossen, etwas zu bewegen und zu verändern – mit Leidenschaft. »Das Spannende beim Austausch ist, dass es immer eine Bewegung ist«, erklärt Inés. Als Inés anfing, Menschen in den Villas zu besuchen und mit ihnen über Kunst, Kreativität und Tanz zu sprechen, wurde allen bald klar, dass Kunst den Menschen durchaus helfen kann, ihren schwierigen Alltag zu bewältigen.

In dieser Anfangszeit meldete sich eine Gruppe von 15 ehemaligen Drogenabhängigen und Gewalttätern bei Inés. Diese Jugendlichen hatten dank der Arbeit ihres Mannes mit El Otro ein neues Leben begonnen und versuchten nun, andere Jugendliche in den Armenvierteln wieder auf einen besseren Weg zu bringen. Die Gruppe fragte, ob es der Choreografin nicht möglich wäre, zusammen mit ihnen ein Theaterstück zu schreiben und aufzuführen, das ihre eigenen Lebensgeschichten zum Thema haben würde. Es sollte eine Art Therapie-Theaterstück für die Gruppe werden und gleichzeitig anderen den Mut geben, selbst den Sprung in ein besseres Leben zu wagen. Diese Einladung nahm Inés gern an, nicht ahnend, dass sie die nächsten Jahrzehnte ihres Lebens prägen sollte.

Sozialer Ausschluss ist brutal

Bei der Arbeit mit den Jugendlichen stellte Inés fest, wie viel Energie, Leidenschaft und Kreativität in diesen Menschen verborgen war. Begeistert von den ersten Resultaten, wollte Inés den Jugendlichen ermöglichen, auch außerhalb ihres Armenviertels ihr Stück aufzuführen. Schnell musste sie jedoch erkennen, was soziales Ausgeschlossensein wirklich heißt. Kaum eine Bühne außerhalb der Armenviertel ließ die Aufführung zu. Und auch die Jugendlichen hatten Angst, aus den Slums hinauszugehen. Sie fürchteten, nicht akzeptiert zu werden, sie schämten sich ihrer Herkunft und hatten jegliches Gefühl für die eigene Identität, jegliches Selbstbewusstsein verloren.

Gründung von Crear Vale la Pena

Die einzige Möglichkeit, diesen jungen Menschen zu helfen, sah Inés im Aufbau von passenden Institutionen in den Armenvierteln selbst. Es müssten Orte sein, an denen sich die Jugendlichen treffen und weiterbilden konnten, vor allem, was ihren künstlerischen Ausdruck anging. Weiter hoffte Inés, mit der Zeit soziale Netzwerke aufbauen zu können, um ihnen so eine neue Sicherheit zu geben. Solche Netzwerke, sagt sie, seien in allen anderen Gesellschaftsschichten selbstverständlich. Sie tragen Menschen und helfen ihnen, sich zu etablieren.

Nach vier Jahren, in denen Inés mit den Jugendlichen in einzelnen Projekten zusammengearbeitet hatte, gründete sie 1997 die Organisation Crear Vale la Pena (»Kreativität lohnt sich«). Das erste kulturelle Gemeindezentrum, Joven Creativo (»Kreativer Jugendlicher«) im Armenviertel Bajo Boulogne gab den Menschen der Gemeinde das Gefühl, dass sich jemand ernsthaft um sie kümmerte. So fand ihre Arbeit nach anfänglicher Skepsis breite Unterstützung. Bis zum Jahr 2000 wurden zwei weitere Zentren eröffnet, in denen jährlich inzwischen weit mehr als 1.000 Studenten über 100 Workshops besuchen.

Die besondere Stimmung bei Crear

Zehn Jahre später erreichen wir ein dunkles, älteres Gebäude in einem Vorort von Buenos Aires. Wir wissen nicht genau, wer uns empfangen wird.

Während wir warten, schauen wir durch eine leicht geöffnete Tür in einen großen Raum. Das muss der Tanzraum sein. Massiver hölzerner Boden, eine große, leere Fläche in der Dämmerung. Eine Gitarre an der Wand und ein sanfter, zerstreuter Lichtstrahl lassen das Leben erahnen, das den Raum während der Proben erfüllen muss. Heute Abend ist alles still.

Plötzlich ruft jemand und begleitet uns in einen mit Arbeitstischen vollgestellten und mit Aufführungsplakaten beklebten Raum im oberen Stock. Wir stehen auf einmal einer Menge von Leuten gegenüber; sie telefonieren, lachen, diskutieren und laufen geschäftig umher. Verflogen ist die ganze Ruhe des unteren Stockwerks. Jemand winkt uns zu sich und zeigt uns ein Video über die Organisation Crear Vale la Pena. Das Wort »Crear« hat eine große Kraft in sich, wie auch die Bilder der Aufführungen, die uns gezeigt werden. Wir denken gerade, dass diese Energie in einem Raum kaum Platz hat, als ein fröhlicher, lockiger, etwa 50-jähriger Rotschopf durch eine versteckte Tür in den belebten Dachstock hereinstürmt.

»Keine Revolution ohne Freude und keine Freude ohne Revolution«, sagt Inés oft. Genau diesen Eindruck vermittelt sie auch. Im Vorbeigehen beantwortet sie ein paar Fragen ihres Teams. Bald darauf sitzen wir in einem gemütlichen Raum mit der energiegeladenen und sich anmutig bewegenden Hauptakteurin der Organisation.

Wir fragen Inés, warum eine erfolgreiche Tänzerin und Choreografin auf die Idee kommt, ihre Karriere aufzugeben und sich hauptberuflich für die Armen von Buenos Aires engagiert. Warum hat sie damals auf ihren Mann gehört?

Sie erwidert verlegen: »Ich weiß nicht so genau, warum ich mich engagiert habe. Meine Hingabe an Leidenschaft, Spannung und Bewegung haben mich dort hingetragen, wo ich heute stehe. Durch Crear habe ich eine Möglichkeit gefunden, Bedeutung in meinem täglichen Leben zu finden. Als Kind und als professionelle Tänzerin fühlte ich mich oft sehr isoliert – fast wie die Jugendlichen, denen ich heute helfe. Bei dieser Organisation habe ich zum ersten Mal ein Gefühl der Dazugehörigkeit erlebt. Und all das gibt mir sehr viel Kraft und Freude im Leben.«

Persönliche Reife

Inés erklärt auch, dass sie ihre berufliche Karriere gar nicht aufgegeben, sondern neu interpretiert und in einen anderen Kontext gestellt hat. Persönlich war sie erst im Jahr 2000 reif genug, um sich zu hundert Prozent auf die Arbeit von Crear einzulassen. Sie hatte über die Jahre immer eindrücklicher erfahren, um wie viel energiegeladener und spannender die Arbeit in den Armenvierteln im Vergleich zu ihren eintönigen Auftritten an den herkömmlichen Bühnen war. »Das einzige Unmoderne im modernen Tanz sind heute die ästhetisch perfekten Körper. Sie entstammen immer noch der griechischen Mythologie. Wenn jedoch alle professionellen Tänzer die gleichen Körper haben, die gleichen Bewegungen und Abläufe einstudiert haben, wie können dann Tanzaufführungen etwas Neues, Innovatives bieten? Anfangs versuchte ich, Eindrücke, die ich in den Armenvierteln aufnahm, in meine Vorführungen zu integrieren. Doch dann merkte ich, dass sich die Energie, der Fluss, die Bewegung der Menschen in den Slums niemals glaubwürdig übertragen lässt. Da ich mich selbst in meinem Ausdruck, in meiner Kunst weiterentwickeln wollte, war ich immer mehr angezogen von der Arbeit mit den authentischen Künstlern in den Armenvierteln.« Als dann im Jahr 2000 die Stiftung Avina[1] anbot, Inés finanziell zu unterstützen, wenn sie sich voll auf Crear konzentriere, fiel ihr die Entscheidung leicht.

»Lasst uns Ideen großziehen, nicht Namen!«

Inés betont immer wieder, dass jeder Erfolg nur ein Erfolg von Menschen sein könne, die zusammenarbeiten. Crear bestehe nicht nur aus ihr, an Helden glaubt sie nicht. »Helden sterben oft unter der Last ihrer eigenen Ideen. Ich sehe eine Gefahr in Anführern, die man aufbaut und in dem Glauben bestärkt, dass sie die Welt verändern können. Sie werden in einem bestimmten Moment Anführer sein. Aber immer werden sie ein Team brauchen. Einzelne Führer bekommen mit der Zeit so viel Macht, dass die meisten der Versuchung nicht widerstehen können, diese Macht für persönlichen Profit zu nutzen.« Inés' Appell lautet daher: »Lasst uns Ideen großziehen, nicht Namen!« Deshalb war es ihr ein wichtiges Anliegen, dass die professionellen Lehrer, die sie für Crear engagierte, die Schüler zu Ausbildern machten. So wuchs die Zahl der Trainer, die den Geist von Crear weitertragen, mit der Zeit auf über 60 an, und auch das Team um Inés ist 15 Personen stark. Die Verantwortung, aber auch das Recht, die Zukunft der Organisation mitzubestimmen, will Inés delegieren und teilen.

Soziale Transformation und demokratische Beteiligung

Die letzten sieben Jahre waren sehr intensiv und brachten Inés oft bis an die Grenzen ihrer Belastbarkeit. »Manche Leute glauben mir nicht, es gibt aber Momente, in denen ich mich unglaublich müde fühle, vielleicht sogar deprimiert. Aber sie verfliegen meistens schnell. Meine Arbeit ist so voller Leben, dass man nicht wirklich deprimiert sein kann.« Die Freude an der täglichen Arbeit gibt Inés so viel Energie, dass sie mit ihrem Team eine ganze Reihe von Projekten zur sozialen Transformation und demokratischen Beteiligung aufbaute, die sich alle um Ausbildung, die Produktion von Kunst und die Weiterentwicklung der kulturellen Gemeindezentren drehen.

[1] Avina ist ein von Stephan Schmidheiny gegründetes Netzwerk von Social Entrepreneurs in Lateinamerika; genaueres siehe www.avina.net.

Demokratische Beteiligung beginnt bei Crear damit, dass die Managementteams der lokalen Kulturzentren aus Studenten und Lehrern der Zentren selbst bestehen. Die Nachbarn aus dem Viertel sollen ihr Zentrum weitgehend autonom führen und es als Solidaritätsnetzwerk verstehen. »Dadurch«, so Inés, »werden die Gemeinschaften wirklich gestärkt und es kehrt Selbstbewusstsein und ein Gefühl des Miteinanders zurück«. Crear hilft aber auch, Beziehungen nach außen aufzubauen. Hier ist nicht nur die Verbindung mit anderen Armenvierteln wichtig, sondern auch die Verbindung in andere Gesellschaftsschichten, zu Regierungsmitgliedern und nicht zuletzt auch zu Unternehmen, die die Arbeit von Crear finanziell unterstützen. All diese Verknüpfungen sind ein systematischer Ansatz, um sozialen Ausschluss zu beenden und eine neue Integration in der argentinischen Gesellschaft zu schaffen. Natürlich helfen hier auch die vielen Tanz- und Musikvorstellungen, die die Crear-Studenten inzwischen auch außerhalb ihres Viertels und im Ausland, zum Beispiel in Deutschland, geben. Durch den professionellen Unterricht in Musik, Schauspiel und bildender Kunst sind viele Studenten inzwischen so gut, dass ihre Produktionen auch in den gehobenen Theatern von Buenos Aires aufgeführt werden.

Internationales Netzwerk für Kunst und soziale Transformation

Aber Inés will noch mehr erreichen. Einmal infiziert von der Arbeit mit den Jugendlichen, wollte sich die Choreografin nicht damit begnügen, den Erfahrungsaustausch nur innerhalb der von ihr gegründeten Zentren zu pflegen. Da sie auch von anderen Organisationen in Lateinamerika hörte, die an ähnlichen Projekten arbeiteten, war die Idee eines Netzwerks rund um Kunst und soziale Transformation geboren. Nach vier Jahren eher informeller Arbeit trafen sich 2007 über 20 Organisationen in Santa Clara de la Sierra, um sich gegenseitig über ihre Erfahrungen im Bereich sozialer Transformation durch Kunst auszutauschen und voneinander zu lernen. Dadurch, so Inés, könnten alle einen weiteren Schritt nach vorne machen und die Bewegung auf die nächste Stufe bringen. So will sie sich in Zukunft aus dem operativen Geschäft bei Crear etwas zurückziehen und daran arbeiten, die Ideen und Erfahrungen der Organisation übertragbar zu machen. Es geht dabei nicht um ein Duplizieren des Modells, sondern um ein Teilen der Erfahrungen mit anderen Künstlern. Was diese damit machen, müssen sie selbst entscheiden.

Leidenschaft, Spannung und Bewegung

Inés fasst noch einmal zusammen: »Es ist schwierig zu sagen, was sich genau für mich in den letzten Jahren verändert hat. Eines ist sicher: Für mich wird Kunst immer in einem politischen und gesellschaftlichen Kontext stehen.« Auch wenn sie zufrieden ist mit dem, was sie durch ihre Fähigkeiten und durch Crear in den Armenvierteln von Buenos Aires, aber auch darüber hinaus verändern konnte, so ist sie sich dennoch bewusst, dass noch vieles geschehen muss. »Wir müssen unsere Arbeit mit noch mehr Sexappeal versehen, damit wichtige Veränderungen wirklich stattfinden. Es ist unglaublich, wie attraktiv die Propaganda für Geld, Profit, Effizienz, aber auch für Gewalt und Krieg heute weltweit gestaltet wird. Davon können wir viel lernen, wenn wir die gesellschaftliche Realität wirklich verändern wollen.« Und Inés schließt mit einer unerwarteten Aussage: »Wir sollten uns der Gegenwart des Todes im Leben immer bewusst sein. Das macht das Leben sehr viel leichter. Es ist so einfach, die richtigen Dinge zu ändern, wenn man weiß, dass man sowieso irgendwann sterben muss.«

Info

www.crearvalelapena.org.ar
Website von Crear Vale la Pena.

www.artetransformador.blogspot.com
Informationen über das internationale Netzwerk Kunst zur sozialen Transformation inklusive vieler Organisationen, die in diesem Bereich aktiv sind und seit Jahren gute Arbeit leisten.

www.crear-in-kiel.de
Website des deutschen Kooperationspartners.

»Trotz des schnellen Erfolgs und der hervorragenden Perspektiven, hatte ich nicht das Gefühl, das zu tun, wofür ich bestimmt war. Es war ein sehr leises und unsicheres Gefühl, aber es war da und wurde stärker.«

Ashok Khosla
Physiker an der Harvard-Universität,
UN-Funktionär, Nachhaltigkeitsexperte,
professioneller Arbeitsplatzschaffer
Neu-Delhi, Indien

Die Macht der Verführungen

Zum ersten Mal hören wir von Ashok Khosla in Berlin, im prunkvoll kühlen Reichstagsgebäude. Ernst Ulrich von Weizsäcker, damals Bundestagsabgeordneter, erzählt uns von einem Mann, der hohe Harvard- und UNO-Posten ausschlug und in sein Heimatland Indien zurückkehrte, um dort eine Million Jobs zu schaffen. Das klingt spannend genug, um Neu-Delhi in unsere Reiseroute aufzunehmen und Ashok Khosla aufzusuchen.

Vier Monate später fahren wir mit einer der für Delhi typischen gelben, klapprigen und lauten dreirädrigen Rikschas durch die Außenbezirke der Stadt. Im Gegensatz zu Berlin ist es hier heiß, staubig und ganz und gar nicht prunkvoll. Während der Fahrt umgibt uns ein lautes Getümmel von Autos und Menschen. Herumstreunende Kühe knabbern ab und zu an einem Müllhaufen, andere versperren gelassen eine Kreuzung. Unser Ziel ist die Qutab Institutional Area, das derzeitige Büro von Development Alternatives (DA). Unsicher, ob wir am Ziel sind, fragen wir uns in einem marode wirkenden Gebäude durch, als ein Mann in traditionell indischer Kleidung an uns vorbeieilt. Es ist Ashok Khosla höchstpersönlich. Nach einer kurzen Begrüßung führt er uns durch das Haus, um uns seine Mitarbeiter vorzustellen. Schließlich sei er selbst nicht so wichtig, das Team sei es, erklärt er eilig. Überhaupt strahlt alles Bescheidenheit aus – vom Gebäude, über das einfach eingerichtete Büro bis zu Ashoks Person. Wir machen es uns in einem kleinen Raum bequem, und nach kurzer Zeit sind wir im Bann dieses warmherzigen, demütigen und hochintelligenten Mannes.

Ein Prinz in den Vorstädten

Im nördlichen Kaschmir geboren, wurde Ashok bereits im Alter von 14 Jahren von seinen Eltern zur Schulausbildung nach Cambridge geschickt. Nach dem Abitur nahm er ein Physikstudium an der amerikanischen Eliteuniversität Harvard auf, das er in Rekordzeit absolvierte und mit der Dissertation abschloss. Dem hochbegabten 23-Jährigen wurde bereits kurz nach seinem Abschluss eine Dozentenstelle für Physik und Astronomie in Harvard angeboten. Zusätzlich erhielt er den Auftrag, den neuen Studiengang »Mensch, Ressourcen und Umwelt« zu entwickeln, den der spätere amerikanische

Vizepräsident Al Gore als einer der ersten Absolventen abschloss. Fasziniert von der Geschwindigkeit, mit der er Karriere machte, genoss Ashok zunächst die mit seinem Harvard-Job einhergehende gesellschaftliche Stellung, die lukrativen Nebenjobs und die intellektuelle Herausforderung. Wie Ashok heute selbst sagt, hatte er einfach das Glück, zur rechten Zeit mit der richtigen Hautfarbe am richtigen Ort zu sein – Menschen aus ehemaligen europäischen Kolonien, wie Indien, wurden gerade gern gefördert. »All das ermöglichte mir ein Leben wie ein Prinz, und so war ich nach ein paar erfolgreichen Jahren in Harvard bereits mit 31 Jahren in einer Position, die sich die meisten Menschen nur erträumen können.«

An diesem Punkt von Ashoks Ausführungen schauen wir uns im Raum nochmals genau um: Außer den vollen Bücherregalen erinnert nicht vieles an seine »Prinzen«-Vergangenheit. Von den luxuriösen Büros in Harvard hin zu diesem klapperigen, zerkratzten Tisch, den nackten, betonierten Wänden, dekoriert nur mit ein paar ausgeschnittenen Zeitungsartikeln und Grafiken muss es ein weiter Weg gewesen sein.

Umweltpolitik in Indien

Ashok fährt fort: »Trotz des schnellen Erfolgs und der hervorragenden Perspektiven, hatte ich nicht das Gefühl, das zu tun, wofür ich bestimmt war. Es war ein sehr leises und unsicheres Gefühl, aber es war da und wurde stärker.« Auch wenn er nicht genau wusste, was er wirklich suchte, glaubte Ashok, dass er dies in Harvard nicht finden würde – auch nicht, wenn er noch eine oder zwei Sprossen auf der Karriereleiter nach oben klettern würde. So beschloss er 1971 nach acht hochinteressanten Jahren in den USA, in seine Heimat Indien zurückzukehren. Nach der Zeit in der westlichen Welt erlitt er jedoch, wie er es nennt, einen »Wiedereintritts-Burn-out«. Deshalb zog sich Ashok zunächst an die in den 70er-Jahren angesagten Strände von Goa im Südwesten Indiens zurück, um über sich und das Leben nachzudenken. Als er während dieser Phase des Reflektierens und der Selbstfindung vom indischen Staat das Angebot bekam, die Umweltabteilung des Ministeriums für Wissenschaft und Technologie aufzubauen, konnte er nicht widerstehen. So widmete er sich während der folgenden vier Jahre mit all seiner Kraft dem Aufbau des ersten indischen Umweltministeriums. Die Aufgabe gefiel ihm, denn er hatte schon immer großes Interesse an ökologischen Themen und das Bedürfnis, seinem Land etwas zurückzugeben. Bald stellten sich auch erste Erfolge ein. Doch als sich die politischen und ökonomischen Probleme auf dem Subkontinent immer mehr verschärften, verhängte Indira Gandhi 1975 den Ausnahmezustand. Sehr viele Freiheitsrechte wurden eingeschränkt. In dieser Situation konnte Ashok seiner Arbeit nicht mehr seinen Vorstellungen gemäß nachgehen. Er beschloss deshalb, einer Anfrage der Vereinten Nationen zu folgen und das neu geplante UNO-

Umweltprogramm aufzubauen. So verließ Ashok 1976 Indien zum zweiten Mal, diesmal in Richtung Nairobi.

Umweltpolitik im Weltmaßstab

Das Projekt der UNO schien genau die Gelegenheit zu sein, die Ashok suchte, um an der Verbesserung der internationalen Umweltstandards mitzuarbeiten. Nach den Erfahrungen in Harvard und in Indien war er fest davon überzeugt, dass es höchste Zeit war, die ökologisch brisante Situation des Planeten ernst zu nehmen. Ashok übernahm die Verantwortung für den Aufbau und die Etablierung von Infoterra, der Vorläuferorganisation des heute weltbekannten Umweltprogramms der Vereinten Nationen (United Nations Environment Programme, UNEP). Von Nairobi aus, dem Hauptsitz der UNEP, ging er unermüdlich auf Reisen um den Globus, um bei internationalen Entscheidungsträgern die immer gravierenderen Umweltprobleme auf die Tagesordnung zu setzen und zu versuchen, Menschen zum Handeln zu bewegen. Wie er selbst meint, könne man übrigens reichlich arrogant und überheblich werden, wenn man täglich die Hände internationaler Würdenträger schüttelt.

Doch mit der Zeit beschlich Ashok das Gefühl, erneut von einer faszinierenden Aufgabe verführt worden zu sein und vor dem zu flüchten, was eigentlich seine Berufung war. Denn während er in Sachen Infoterra rund um den Globus flog, stieg die weltweite Armut täglich an und auch die ökologischen Probleme wurden zusehends bedrohlicher. Dieses Gefühl, von Geld, Macht und einem herausfordernden Job verführt zu werden, war ihm nur allzu bekannt. Doch anders als in Harvard wusste Ashok diesmal, was er zu tun hatte: Er wollte am Kernproblem arbeiten. Das Kernproblem war und ist für Ashok die Tatsache, dass Millionen armer Menschen in Entwicklungsländern, und vor allem in seiner Heimat Indien, keine Möglichkeit haben, sich ihren Lebensunterhalt selbst zu verdienen. Ganz zu schweigen von der Möglichkeit, auf eine Art und Weise Geld zu verdienen, die auch unter ökologischen Gesichtspunkten zu verantworten ist.

Ökologische Armutsbekämpfung

Im Jahr 1983 zog Ashok schließlich die Konsequenz und folgte seiner inneren Stimme: Er wollte das Armutsproblem durch die Schaffung von Arbeitsplätzen angehen, die auch ökologischen und sozialen Kriterien standhielten. Die Bekämpfung von Armut erforderte seiner Ansicht nach innovative Ansätze in der Entwicklungsarbeit. Erstens war es notwendig, die Spenden durch eine neue Kombination aus Marktanreizen, Investitionen und Technologien zu ersetzen, die zweitens speziell auf die Bedürfnisse armer Menschen zugeschnitten sein müssten.

»Irgendwo in meiner Erbsubstanz war das Wissen gespeichert, dass man Entwicklungsarbeit als gutes Geschäft betreiben könnte und dass es meine Rolle ist, das zu versuchen.« Mit dieser Idee stand Ashok damals allerdings ziemlich alleine da. Seiner Ansicht nach war und ist das Weltsystem in einer Weise strukturiert, die Arme immer ärmer und Reiche immer reicher macht. Daraus erwächst eine nicht enden wollende Spirale von Chancen- und Hoffnungslosigkeit, Krankheiten, Hunger und letztendlich Gewalt – mit gravierenden Auswirkungen auf die Lebensqualität vieler Menschen.

Befreiung aus der Armutsfalle

Noch im gleichen Jahr gründete Ashok die Organisation Development Alternatives (DA), was so viel bedeutet wie »Entwicklungsalternativen«. Ziel der Organisation ist es, für Millionen von Menschen in den ländlichen Gegenden Indiens Möglichkeiten zu schaffen, ihren Lebensunterhalt unter Berücksichtigung von sozial sinnvollen und ökologischen Rahmenbedingungen zu verdienen. In den letzten 25 Jahren widmete sich Ashok zusammen mit seinem Team mit Ausdauer und Hartnäckigkeit der Aufgabe, Lösungen für dieses Problem zu finden und umzusetzen. Die von DA konzipierten Lösungen sind nicht für die einmalige, kurzfristige Bekämpfung eines Problems entwickelt. Vielmehr versucht DA Modelle zu etablieren, die eine langfristig positive soziale und ökologische Wirkung haben. Lösungen, die finanziell attraktiv sind und oft kopiert werden können. Diese Lösungen sind auf Kleinunternehmer zugeschnitten: Sie sollen es Einzelnen, Familien oder Kleingruppen ermöglichen, ein Geschäft aufzubauen. Durch das so gewonnene kleine Einkommen kann eine Familie genug verdienen, um sich in einem ersten Schritt aus der Armutsfalle zu befreien.

Dachziegel für ein besseres Leben

Bei einem Ausflug nach Jhansi, einer rund viereinhalb Stunden von Neu-Delhi entfernten Stadt, haben wir die Gelegenheit, einige der Initiativen von DA kennenzulernen. Auf glühend heißen und staubigen Straßen machen wir uns bei fast unerträglichen 47 Grad Celsius auf den Weg zu einem ländlichen Ableger von DA. Überall sehen wir Menschen, die ihre Köpfe mit Stofftüchern umwickelt haben. Das schütze die Ohren vor Staub und Hitze, erklärt man uns; bei den herrschenden Temperaturen würden diese am schnellsten angegriffen.

Wir erreichen das Zentrum des Ortes, das – im Gegensatz zu seiner Umgebung – relativ grün und freundlich wirkt. Vom klimatisierten Auto aus gehen wir direkt in einen ebenfalls klimatisierten Raum, dankbar, dass wir nur kurze Zeit in der gleißenden Sonne verbringen müssen. Lange bleiben wir aber nicht verschont, denn es geht hinaus zu einigen Arbeitern, die sich, nur geschützt von einem kleinen Unterstand, in der Herstellung von Dachziegeln ausbilden lassen. In Gruppen von fünf bis zehn Personen erfahren sie, welches Rohmaterial für die Produktion der Ziegel benötigt wird. Sie lernen Lagerhaltung und den Umgang mit einfachen Hilfsmitteln. In einem Zusatzkurs bringt man den künftigen Kleinunternehmern bei, wie sie rund um den Produktionsprozess einen kleinen, profitablen Betrieb aufbauen können. Auch wenn die Gegend auf uns einen unwirtlichen und lebensfeindlichen Eindruck macht und die Gebäude in der Stadt eher provisorisch wirken – Baumaterial wird immer benötigt. Die selbst gemachten Ziegel finden auch Kundschaft unter den Ärmsten, in Jhansi ebenso wie in vielen anderen Gegenden Indiens.

In Jhansi wird aber nicht nur Dachziegelkunde unterrichtet. Mit Unkraut, das die Ärmsten der Armen rund um das Zentrum sammeln, werden zwei Generatoren betrieben, die für das Gasthaus, die Papierfabrik und andere Betriebsstätten umweltfreundlichen Strom liefern. Das Papier wird aus zerkleinerten Baumwollresten gewonnen, heimische Früchte werden zu Eintöpfen und Säften verarbeitet. In einem anderen Betrieb lernen junge Menschen, von DA neu konstruierte Kleinöfen zu bauen, die dafür sorgen, dass hochgiftige Rauchgase beim Kochen nicht mehr in den Hütten hängenbleiben, sondern nach außen abgeleitet werden.

Alle Technologien wurden speziell für die lokalen Bedürfnisse entwickelt. Das heißt auch, sie müssen extrem preisgünstig sein. Nur so werden sie von der zwar armen, aber dennoch anspruchsvollen Bevölkerung gekauft und können sich zu erfolgreichen Geschäftsmodellen entwickeln.

Frauennetzwerke und Satellitenschüsseln

Nach der Besichtigung eines Mikrokredit-Projekts, einiger kleiner Flussdämme und eines Ziegelwerks besuchen wir noch eine der vielen von DA organisierten Frauengruppen. Durch ihren gemeinschaftsstiftenden Charakter helfen sie den Landfrauen, Selbstvertrauen zu gewinnen. Früher oder später finden sich die meisten von ihnen in kleinen Gruppen zusammen, um mit Hilfe eines Kleinkredits Unternehmen aufzubauen.

Zuletzt werden wir noch Zeugen des Siegeszugs der Informationstechnologie im ländlichen Indien. In zwei kleinen Dörfern abseits der befahrenen Straßen besuchen wir zwei der 50 von DA aufgebauten Tarahaats: Das sind kleine Computerschulen, in denen die Bevölkerung neben dem Umgang mit Computern auch Englisch lernen kann. Das Haus hat zwar keine Fenster und kein Telefon, aber eine Satellitenantenne auf dem Dach. Mit Hilfe speziell entwickelter Computerprogramme lernen einige Menschen hier lesen und schreiben. Das Tarahaat bietet aber auch ganz neue Dienstleistungen für die Einwohner. So gibt es Mikroversicherungen für die bescheidenen Ernten oder aber Marktinformationen zum derzeitigen Preis der hergestellten Waren.

Armutsbekämpfung als Lebensaufgabe

In den Projekten rund um Jhansi ist die ganze Energie spürbar, mit der Ashok und sein Team die Mission von DA vorantreiben. Es macht Mut, ihre Strategie in der Realität zu erleben. Es macht Mut, Innovationen zu sehen, die durch eine angepasste Technologie und durch einen sinnvollen Umgang mit Ressourcen neue Chancen für so viele Menschen bieten.

Beschäftigt man sich eingehender mit der DA-Welt, so eröffnet sich ein vielfältiges Spektrum unternehmerischer Initiativen. Die oben kurz beschriebenen Beispiele sind lediglich ein kleiner Teil dessen, was Ashok in den vergangenen Jahren initiiert hat. So hat DA Wege aufgezeigt, wie mit heimischem Bambus Häuser und andere Produkte hergestellt werden können. Die Organisation hat Minikraftwerke entwickelt, die mit erneuerbarer Biomasse betrieben werden. Mit Partnern wie zum Beispiel ZERI[1] werden neue Projekte aufgebaut, die ganze Problemketten im Bereich von Energie, Wasser und Mobilität lösen sollen.

Erlebt man den Enthusiasmus und die Energie, mit der Ashok Khosla und sein Team uns von den einzelnen Initiativen berichten, spürt man, dass hier ein Mensch seine Lebensaufgabe gefunden hat. Dies bestätigt Ashok auch gerne mit bescheidener Zufriedenheit, indem er ausführt: »Ich hatte nicht wirklich eine Wahl – was ich heute mache, war genetisch vorbestimmt. Für eine ganze Weile rannte ich allerdings erfolgreich davon; während meiner Ausbildung und späteren Karriere wurde ich verführt – von Erfolg, Wissen, Reichtum, Macht, meinem Egotrip und der Versuchung, den einfachen Weg zu gehen.«

Persönliche Karriereprioritäten

Wenn man bedenkt, dass Ashok mit hoher Wahrscheinlichkeit eine Karriere an einer der ruhmreichsten amerikanischen Universitäten oder bei der UNO hätte absolvieren können, so mag seine damalige Entscheidung wie ein Opfer erscheinen. Doch nichts auf dieser Welt könne ihn glücklicher und zufriedener machen, so Ashok, als täglich zu sehen, dass durch seine Unterstützung immer mehr Menschen einen praktikablen und langfristig sinnvollen Weg aus der Armut finden. Jedoch gibt es nur wenige Tätigkeiten auf der Welt, die anstrengender, energieraubender und manchmal auch frustrierender sein können. Die Umsetzung der Projekte ist in den ländlichen Gegenden schwierig, gelingt bisweilen gar nicht und dauert meistens länger als erhofft. Der Kapitalbedarf ist groß und Ashok hat oft Mühe, das für die Pilotprojekte oder für groß angelegte Expansionen benötigte Geld auf-

[1] ZERI steht für »Zero Emissions Research and Initiatives« und ist ein Netzwerk von über 3.000 Wissenschaftlern, Systemanalytikern und Experten in der ganzen Welt. Diese bauen Lösungen auf, bei denen der Abfall aus einem Systemteil zur Nahrung für ein anderes Teil wird (siehe www.zeri.org).

zutreiben. Doch trotz aller Rückschläge und Schwierigkeiten ist er heute froh darüber, den Mut zur Gründung von Development Alternatives aufgebracht zu haben. In der Zwischenzeit ist die Arbeit von DA mehr als zwei Millionen Menschen, vor allem Frauen, auf unterschiedliche Weise zugute gekommen. Manche konnten ihre Lebensbedingungen verbessern, andere einen nachhaltigen Lebensunterhalt aufbauen.

Am Schluss unseres Gesprächs meint Ashok: »Ich weiß, dass ich mein großes Ziel, Armut gänzlich auszulöschen, im Laufe meines Lebens nicht erreichen werde. Also ist es mein Job, die Mechanismen und Modelle für das Erreichen dieses Ziels zu entwickeln und voranzutreiben, solange ich da bin. In Zukunft werden andere den Weg zu Ende gehen.«

Info

www.devalt.org, www.tarahaat.com, www.dainet.org
Websites von Development Alternatives.

www.devalt.org/akcv.pdf
Lebenslauf von Ashok Khosla.

Informationen zu Organisationen im Nachhaltigkeitsbereich
www.unep.org
www.wwf.de, www.wwf.org
www.clubofrome.de
www.nachhaltigkeitsrat.de
www.visionsummit.org
www.wbcsd.org

»Ich weiß, dass ich dabei helfe, für meine eigenen Kinder eine bessere Welt aufzubauen. Dieses Wissen gibt mir mehr Inspiration als alles Geld und alle Macht der Welt.«

Erin Keown Ganju
Asienliebhaberin, Investmentbankerin,
Unternehmerin, Bildungsförderin
San Francisco, USA

Keine Wegweiser auf dem Weg zum Glück

Von ihrem Vater erbte Erin die Leidenschaft für fremde Kulturen, Sprachen und nicht zuletzt für das Geschäftsleben. Er war Professor für internationales Marketing und unterrichtete in der ganzen Welt. Erins Mutter war in den 60er-Jahren eine der ersten Freiwilligen des amerikanischen Friedenscorps. Von ihr hat sie wohl die Sensibilität und den Wunsch, sich um die schwächeren Mitglieder der Weltgesellschaft zu kümmern.

Auch ihrer Familientradition, die Welt erkunden zu wollen, ist die in Kalifornien geborene Erin Keown Ganju treu geblieben. Bereits in der Highschool war sie fasziniert von Asien, lernte Chinesisch und reiste ausgiebig.

Goldman Sachs und die internationalen Finanzmetropolen

Erin schloss ihr Studium der internationalen Beziehungen an einer Eliteuniversität in Washington mit Auszeichnung ab. Zunächst folgte sie eher den Spuren ihres Vaters. Sowohl die Erfahrungen ihrer zahlreichen Reisen als auch ihr Studium überzeugten sie vom großen Einfluss der Privatwirtschaft auf das Leben und die Kultur vieler Menschen weltweit. Diese Welt galt es nun intensiv kennenzulernen. Und was ist da idealer als Investmentbanking[1] an der Wall Street, Inbegriff des kapitalistischen Systems und Ort, wo die Wirtschaftsinformationen aus der ganzen Welt zusammenfließen? Erin gab sich in ihrem Leben schon immer ungern mit Mittelmaß zufrieden. Also ging sie zu Goldman Sachs, einer der weltweit führenden Investmentbanken. Dort stürzte sie sich in die Arbeit, oft ohne wirklich wahrzunehmen, wo sich das Büro befand, in dem sie gerade saß. Ihr Schreibtisch stand zunächst in New York, dann in Hongkong, später in Singapur. Sie hatte wahnsinnige Arbeitszeiten; 80 und mehr Stunden pro Woche – inklusive der Wochenenden. Da blieb keine Zeit für Freunde oder für das Kennenlernen von Land und Kultur. Aber wer jung ist, Spaß an der Arbeit hat und seinen Erfolg gerne danach bemisst, wie groß die letzte Transaktion oder wie hoch der Bonus war, spielt das Spiel mit Leidenschaft mit.

[1] Investmentbanken sind Spezialbanken für den Handel mit Wertpapieren sowie die Unterstützung von Unternehmen bei Kapitalaufnahmen (Börsengänge o. ä.). Investmentbanken dienen der Unterstützung des Handels an Finanzmärkten; sie werden daher auch als »Finanzintermediäre im weiteren Sinne« bezeichnet.

Nach einigen Jahren in der Hochfinanz merkte Erin jedoch – sie war mit 26 Jahren immer noch sehr jung –, dass Goldman Sachs zwar ein fantastisches Trainingslager war, aber nicht die Leidenschaft ihres Lebens. Diese oft abstrakt und realitätsfern wirkende Arbeit in anonymen Glaspalästen konnte nicht das Einzige im Leben sein. Sie wurde sich auch bewusst, dass es mit jedem Tag schwieriger werden würde, der großen Anziehungskraft ständig steigender Gehälter zu widerstehen. So kündigte sie ihre Stelle in Singapur, ohne genau zu wissen, was sie anschließend machen sollte. Sie wusste nur, dass sie als Nächstes gerne in einem Entwicklungsland leben und viel Zeit damit verbringen wollte, Land und Menschen verstehen zu lernen.

Unilever und Aufbauprojekte in Vietnam

Wie das Leben manchmal so spielt, hörte Erin zum richtigen Zeitpunkt davon, dass Unilever, einer der größten Nahrungsmittelkonzerne weltweit, sein Geschäft in Vietnam neu aufbauen wollte. Sie ergriff die Gelegenheit, und es folgten drei spannende Jahre in Ho-Chi-Minh-Stadt, früher Saigon. Nun hatte sie Zeit, sich um lokale Probleme wie etwa Bildung und Gesundheitsversorgung zu kümmern und die Menschen vor Ort kennenzulernen. Denn Unilever war es in der Startphase wichtig, das Vertrauen der Bevölkerung zu gewinnen und ein positives Image aufzubauen. Mit viel Freude und Engagement unterstützte Erin den Bau von Kindergärten, Gesundheitszentren und Schulen. Dabei entdeckte sie Talente an sich, die sie noch nie zuvor genutzt hatte.

Trotz der vielseitigen Projekte ging Erin 1997 zurück in die kalifornische Heimat – offen für die Gelegenheiten, die sich ihr bieten würden.

Internet-Start-ups und der Wahnsinn des Silicon Valley

In San Francisco angekommen, geriet Erin in den Sog des Internetbooms. Eine verrückte Zeit sei das gewesen, meint sie rückblickend. Man konnte im Silicon Valley die Straßen entlanglaufen und von einer Top-Position in die nächste fallen. Nichts war mehr wie früher, als man sich bei Großunternehmen über Jahrzehnte hinweg beweisen musste, ehe man in Positionen mit Verantwortung und eigenem Budget aufstieg. Erin bekam sofort einen Job als Verantwortliche für die internationale Geschäftsentwicklung. Sie fing nun wieder an, um den Globus zu fliegen, eilte von einem Termin zum nächsten, kaufte innerhalb eines Jahres in zehn Ländern Unternehmen auf und half mit, das eigene Unternehmen noch im selben Jahr an die Börse zu bringen. Da die Entwicklung viel zu schnell verlief, endete sie in einem Fiasko. Erins Firma war nichts mehr wert, ihre Anteile wurden zu so genannten Pfennigaktien. Trotzdem wurde sie nach dieser Berg- und Talfahrt von ganz oben nach ganz unten gleich wieder vom nächsten Start-up eingestellt, erneut als Verantwortliche für internationale Geschäftsentwicklung. Wieder schoss der Aktienkurs des Unternehmens erst nach oben und dann direkt in den Keller.

Wie Erin heute erklärt, war sie damals mit knapp 30 Jahren einfach noch zu jung, um dem klassischen Erfolgsmodell zu widerstehen. Erfolg wurde daran gemessen, ob man in einer hochturbulenten, hochbezahlten Umgebung finanziell mithalten konnte. Es machte sich einfach gut, auf Cocktailpartys vom letzten großen internationalen Unternehmenskauf und dem neuen Ferrari zu sprechen. Das unglaubliche Tempo erzeugte permanenten Druck und ließ kaum Zeit für bewusste persönliche Entscheidungen.

Die entscheidenden Fragen

Innerhalb von drei Jahren erlebte Erin zwei Mal den kompletten Zyklus eines Start-ups zwischen schneller Expansion, Börsenfieber, Crash und nicht enden wollenden Arbeitsstunden. Sie fühlte sich komplett ausgebrannt und stellte sich zum ersten Mal bewusst und ernsthaft die Frage, was sie eigentlich mit ihrem Leben anfangen wollte. Wollte sie weiterhin in diesem Hamsterrad mitrennen, immer schneller, um im Konkurrenzkampf zu überleben? Wollte sie zum nächsten neuen Unternehmen wechseln und dort das Gelernte anwenden, vielleicht wieder bis zum nächsten Crash? Wofür wollte sie eigentlich ihre Energie einsetzen? Was bedeutete für sie ganz persönlich »Erfolg«? Was hatte ihr in den letzten zehn Jahren am meisten Freude bereitet, wo hatte sie die größte Erfüllung gefunden?

Zu ihrer Überraschung merkte Erin, dass die Antwort auf diese Frage nicht bei Goldman Sachs lag, nichts mit ihrem hohen Verdienst, ihrer guten Stellung oder mit Luxus zu tun hatte. Ihre positivsten Erinnerungen galten den Jahren ihrer Arbeit in Vietnam. Dort hatte sie den Menschen im Land geholfen, ihr Leben zu verändern, und dabei echte Freude empfunden.

Die Suche nach der passenden Umsetzung

Erin beschloss, auf sich selbst zu hören. Sie entschied, ein neues Kapitel in ihrem Leben aufzuschlagen. Doch was genau wollte sie machen?

Sie fing an zu suchen, sich Gedanken zu machen und diese auch mit ihren Freunden zu diskutieren. Einer von ihnen brachte sie in Kontakt mit John Wood. John hatte, ähnlich wie Erin, in den vergangenen sieben Jahren eine steile Karriere bei Microsoft gemacht. Auch er gelangte mit der Zeit zu der Einsicht, dass er seine Fähigkeiten in Zukunft nicht mehr für das große Geld oder die Karriere einsetzen wollte. Lieber wollte er Menschen unterstützen, die weniger Chancen gehabt hatten als er.

Recht schnell merkten die beiden, dass sie aufgrund ihrer Erfahrungen zu sehr vielen Fragen ähnliche Einstellungen gewonnen hatten. John erzählte, dass er ein gemeinnütziges Unternehmen, »Bücher für Nepal«, gegründet hatte, um durch Bildung die Startchancen nepalesischer Kinder zu verbessern. Als er erwähnte, dass er dieses Programm gerne in einem zweiten Land einführen würde, fühlte Erin, dass sie hier die Aufgabe finden könnte, die sie suchte. Als John und Erin auch noch merkten, dass sie sehr ähnliche Vorstellungen davon hatten, wie eine erfolgreiche Organisation geführt werden sollte, war der Grundstein für die gemeinsame Zukunft gelegt. Sie wollten dazu beitragen, die erschreckende Zahl von 120 Millionen Kindern weltweit zu senken, die keine Grundschule besuchen konnten. Beide waren überzeugt: Positive Veränderung in der Welt fängt mit gebildeten Kindern an.

Arbeitsteilung und professionelle Expansion

Da der Name »Bücher für Nepal« ungeeignet war, um die Organisation in mehreren Ländern aufzubauen, wandelten Erin und John 2001 die bisherige Initiative in das Non-Profit-Unternehmen Room to Read (»Raum zu Lesen«) um. Johns Aufgabe war es, für weitere Spender zu sorgen. Darin ist er mittlerweile recht erfolgreich: Das Budget stieg von 200.000 Dollar im Jahr 2001 auf etwa sechs Millionen im Jahr 2006.

Erin kümmerte sich um den Aufbau der fünf Programme und deren Ausdehnung in weitere Länder. Dazu gehörten die Gründung von Schulen und von zweisprachigen Bibliotheken in enger Zusammenarbeit mit den lokalen Gemeinden, die Veröffentlichung von Kinderbüchern in lokalen Sprachen, der Aufbau von Computer- und Sprachlaboren und die Versorgung von Mädchen mit langjährigen Stipendien. Auch dieser Bereich ist eine fast unglaubliche Erfolgsgeschichte. Alle Teile des Programms sind in sechs Ländern Asiens etabliert, seit 2006 auch in zwei afrikanischen Ländern. In Kambodscha, Laos, Indien, Nepal, Sri Lanka, Vietnam, Sambia und Südafrika hat Room to Read inzwischen das Leben von 1,2 Millionen Kindern verbessert. Alle diese Länder haben eines gemeinsam: Ein Großteil der Bevölkerung muss mit umgerechnet einem Dollar pro Tag auskommen.

Die lokalen Teams, die Erin von San Francisco aus koordiniert, haben über 3.600 Bibliotheken eröffnet, 287 Schulen gebaut, 1,4 Millionen Kinderbücher in lokalen Sprachen gedruckt und 117 Computer- und Sprachlabore erbaut und eingerichtet. Room to Read hat zusätzlich 1,4 Millionen englischsprachige Bücher gespendet und 2.336 mehrjährige Stipendien für Mädchen finanziert – und diese Zahlen wachsen täglich.

Die Erfolgsfaktoren und die lokalen Persönlichkeiten

All dies, so Erin, sei nur möglich, weil John und sie von Anfang an so ergebnisorientiert gearbeitet hätten wie zuvor im Geschäftsleben. Die Erfahrungen der Geschäftswelt seien für ihre groß angelegten Projekte sehr kostbar.

Jedes Projekt im »Room to Read«-System wird von lokalen Teams geführt und muss von den Gemeinden, die davon profitieren, unterstützt werden. Und es sei entscheidend, nichts komplett zu verschenken. Die Gemeindebürger übernähmen nur dann Verantwortung und schätzten die Projekte, wenn sie selbst einen signifikanten Beitrag geleistet hätten – durch ihre Arbeitskraft, durch das Bereitstellen von Land und Baumaterial oder durch Geld. Wenn diese Eigenleistung nicht wenigstens bei 30 Prozent der Gesamtkosten liegt, fängt »Room to Read« das Projekt gar nicht erst an. Dies dient auch dazu, den Menschen von Anfang an klarzumachen, dass sie nicht für immer unterstützt würden. Irgendwann müssten sie in der Lage sein, ihre Projekte eigenständig weiterzuführen. Und die bisherigen Erfahrungen zeigen, dass sie es auch sind.

Unbezahlbar schön

Wir wollen von Erin wissen, ob sie denn die Geschäftswelt nie vermisse. »Manchmal«, gesteht sie, »aber selten.« Zum Beispiel, wenn sie in San Francisco ein Haus kaufen will, was bei den dortigen Preisen kein einfaches Unterfangen ist. Der Zweifel löst sich auf, wenn Erin an die Zufriedenheit denkt, die sie in ihrer Arbeit erfährt. Wenn sie bisweilen die hart arbeitenden Menschen im Ausland besucht und sieht, was dort gewachsen ist, empfindet sie diese Momente als unbezahlbar schön.

Die Bildungsarbeit ist für Erin die wichtigste Möglichkeit, benachteiligten Menschen die Chance auf ein selbstbestimmtes Leben zu geben. Deshalb ist es für sie augenblicklich undenkbar, wieder in die klassische Geschäftswelt zurückzukehren. Heute misst sie ihren Erfolg an anderen Kennzahlen. Kennzahlen, hinter denen sich konkrete Menschen verbergen. Kennzahlen, wie die der Anzahl der Kinder, die Bücher lesen können oder eine Schule besuchen. Erin ist jeden Tag fast begierig, zur Arbeit zu kommen – ein Gefühl, das sie in ihren ersten zehn Arbeitsjahren kaum kannte.

Erin weiß, dass sie hilft, auch für ihre eigenen Kinder eine bessere Welt aufzubauen. Dies gibt ihr mehr Inspiration als alles Geld und alle Macht der Welt und sie freut sich schon darauf, ihrer heute einjährigen Tochter einmal zu zeigen, was Room to Read für viele andere Kinder geschaffen hat.

Info

www.roomtoread.org

Website von Room to Read mit neuesten Nachrichten.

J. Wood, Von Microsoft in den Himalaya (Hamburg 2007).

»Legitime finanzielle Bedürfnisse mit einem sinnvollen Job zu vereinen – dieses Thema wurde zu einem der wichtigsten in meinem Leben. Ich versuche, von Menschen zu lernen, die das scheinbar Unmögliche geschafft haben.«

Jordan Kassalow
Augenoptiker, Arzt in der Entwicklungshilfe,
Politikstratege, Unternehmer
New York, USA

Das eigene Potenzial nutzen

»Ich könnte eigentlich mein Leben lang als erfolgreicher Augenarzt und Optiker in New York arbeiten. Die Praxis meines Vaters mitten in Manhattan ist finanziell nicht unattraktiv. Aber welche Wirkung hätte mein Leben dann gehabt, wie viel meines Potenzials hätte ich wirklich ausgelebt?« So beschreibt Jordan Kassalow, ein New Yorker Augenoptiker, seine ursprüngliche Lebensperspektive. Doch ein Praktikum in Mexiko zeigte Jordan, welche Möglichkeiten noch in seinem Beruf steckten.

Nur Spaß haben, nicht Gott spielen

Jordan erinnert sich an seine Studienjahre: »Ich habe mich für das Praktikum bei einer Entwicklungshilfeorganisation eigentlich nur beworben, weil ich ein bisschen Reisen und eine coole Zeit in Mexiko verbringen wollte – wie man das als junger Mensch halt gerne macht. Eventuell wollte ich noch etwas praktische Erfahrung sammeln, das war aber nicht der Hauptzweck.« Damals konnte Jordan nicht ahnen, dass er bereits an seinem ersten Arbeitstag Dinge erleben würde, die sein Leben für immer verändern sollten. An diesem ersten Tag wurde ein sechsjähriger blinder Junge zu ihm in Behandlung geschickt. »Ich war noch recht ahnungslos und die Untersuchungen, die ich mit dem Jungen gemacht habe, ergaben zunächst keinen Sinn. Nach einer Weile fand ich zusammen mit einem Professor heraus, dass der Junge gar nicht blind war, sondern nur äußerst kurzsichtig. Ich setzte ihm eine sehr starke Brille aus unserer Gebrauchtbrillensammlung auf, 22 Dioptrien. Plötzlich wurde sein Gesicht lebendig und zum ersten Mal im Leben sah der Junge die Welt mit all ihren Konturen und Farben. Sein Leben hatte sich verändert und somit auch meines.«

Ein weiteres bewegendes Erlebnis war die Begegnung mit einer älteren, tief religiösen Frau. Sie kam in die Sprechstunde und klagte darüber, dass sie seit zehn Jahren die Bibel nicht mehr lesen konnte – davor war sie ihr Trost und Stütze im Leben gewesen. Die Frau hatte nur eine für ihr Alter übliche leichte Sehschwäche und mit einer einfachen Lesebrille, die Jordan ihr schenkte, gab er ihr nicht nur die Möglichkeit zurück, wieder zu lesen. »Für sie war es viel mehr. Es war, als hätte ich ihr ihren Gott zurückgegeben. Die Frau war so dankbar, dass sie sich am nächsten Tag stundenlang in die Schlange vor meinem Wartezimmer anstellte, um mir 20 Hennen zu schenken.«

Diese Erfahrungen wiesen Jordan den Weg zu seinem Lebensziel und Lebenssinn: Er wollte nicht Optiker werden, um viel Geld zu verdienen, sondern um mit seinen Fähigkeiten das Leben anderer Menschen, vor allem der Benachteiligten, zu verbessern.

Lehrjahre in Asien, Südamerika und Afrika

Doch wie sollte Jordan seine neu gefundene Lebensaufgabe angehen? Zunächst schien es sinnvoll, das Studium zu beenden und Berufserfahrung zu sammeln. Bevor er 1988 mit einem Doktortitel in Augenheilkunde am New England College in New York abschloss, schrieb er einen Brief an Dr. V. Den Mann, der die Behandlung des grauen Stars revolutioniert und als Erster eine für die Bevölkerung der Entwicklungsländer erschwingliche Behandlung dieser Augenaltersschwäche entwickelt hatte. Dr. V und sein Unternehmen Aravind Eye Care (siehe Text S. 59) faszinierten Jordan so sehr, dass er dem alten Arzt anbot, umsonst für ihn zu arbeiten, wenn seine Lebenshaltungskosten gedeckt würden. Nach einem Jahr bei Dr. V hatte Jordan aus nächster Nähe sehr viel darüber gelernt, was Augenheilkunde für die Ärmsten der Armen bedeutet.

Er kehrte in die USA zurück, um an der John-Hopkins-Universität einen höheren Abschluss in öffentlicher Gesundheitspflege zu machen. Danach zog es ihn in Entwicklungsländer. Zuerst ging Jordan für ein Jahr nach Bolivien, um für eine Studie die Blindheit bei Kindern genau zu untersuchen. Aufgrund dieses Wissens bot ihm die Stiftung Helen Keller International eine Stelle als Direktor für Onchozerkose (Flussblindheit) in Afrika an. Das Angebot war für Jordan eine gute Möglichkeit, seine finanziellen Bedürfnisse mit dem Wunsch nach einer sinnvollen Tätigkeit zu verbinden. Während der nächsten acht Jahre leitete er ein Team von bis zu 50 Personen in 19 afrikanischen Ländern, um der Flussblindheit Einhalt zu gebieten.

Gesundheitspolitik als Außenpolitik

In Afrika lernte Jordan viel über die Möglichkeiten, auch mit geringen finanziellen Mitteln lokale Strukturen im Gesundheitswesen zu verbessern. Doch immer wieder mangelte es an Geld, um Probleme langfristig lösen zu können. Jordan musste erkennen, dass die politische Lobby für Gesundheitsthemen schwach war. Seine Schlussfolgerung: Gesundheit müsse international einen höheren Stellenwert erhalten. Nur so hätte man überhaupt eine Chance, das Budget für die Beseitigung der dringlichsten Probleme zusammen zu bekommen.

Über die Jahre ist es Jordan klar geworden, dass es bei Gesundheitspolitik nicht nur um die Behandlung von Krankheiten geht. Vielmehr ist sie ein wirtschaftliches Thema, ein Thema der Außen- und der Sicherheitspolitik – und so muss es auch international verstanden werden. Zum Beispiel hat weltweit ein Viertel aller Menschen, 1,6 Milliarden, heute noch keinen Zugang zu Sehhilfen. Dadurch werden immense Produktivitätseinbußen verursacht. Allein aus diesem Grund bleibt ein Großteil der Betroffenen auf Dauer von Erwerbstätigkeit ausgeschlossen und zu einem Leben im Elend verurteilt. Ähnlich, wenn nicht noch schlimmer, sind die wirtschaftlichen Folgen von HIV/Aids, Malaria, Tuberkulose und weiteren Krankheiten, die heute eigentlich behandelt oder gar geheilt werden könnten, jedoch immer noch jeden Tag in tausenden von Fällen tödlich enden. In Südafrika werden beispielsweise viele Arbeitsstellen doppelt besetzt, weil man die Aids-Sterbequote von Anfang an bei der Anstellung mit einrechnet.

Geld oder Leidenschaft – ein Entweder-Oder?

Als Konsequenz aus diesen Überlegungen entschloss sich Jordan nach einigen Jahren, seine Karriere als Arzt in der Entwicklungshilfe aufzugeben, um das Thema Gesundheit auf der politischen Ebene neu zu positionieren.

Überzeugt von seiner Idee, organisierte Jordan ein Treffen mit dem Direktor eines unabhängigen Expertengremiums, dem »Rat für auswärtige Beziehungen« in Washington, um ihm seine Vorstellungen zu unterbreiten. Dieser forderte Jordan auf, ihn mit einer kleinen Studie davon zu überzeugen, dass seine Thesen begründet waren. Diese Studie muss so eindrücklich gewesen sein, dass Jordan die Aufgabe bekam, für diesen in Amerika sehr bekannten Think-Tank eine Gesundheitsabteilung aufzubauen. In den folgenden fünf Jahren führte er Gespräche und Diskussionen mit unzähligen Geschäftsleuten, Politikern und allen einflussreichen Menschen, die ihm zuhören wollten. Diese Art der Tätigkeit gefiel ihm sehr, auch wenn er die Nähe zu den Menschen vermisste, die er bei der Arbeit in Afrika, Südamerika oder Asien so stark gespürt und geschätzt hatte.

Bei all diesen Gesprächen und Konferenzen fiel Jordan immer wieder auf, dass zwischen den Mitarbeitern von Banken und Nichtregierungsorganisationen (NGO) gegenseitig Neid herrschte. Die Banker und Rechtsanwälte wünschten sich nichts sehnlicher als eine tiefere Bedeutung in ihren Jobs; die NGO-Mitarbeiter hätten sich gerne den materiellen Lebensstil der Banker und Rechtsanwälte geleistet. Diese wiederkehrende Beobachtung zwang Jordan beinahe zu der Frage, ob es wirklich ein Entweder-Oder sein müsse: entweder viel Geld zu verdienen oder seiner Leidenschaft nachzugehen. Er meint: »Legitime finanzielle Bedürfnisse mit einem sinnvollen Job zu vereinen – dieses Thema wurde zu einem der wichtigsten in meinem Leben. Ich versuche, von Menschen zu lernen, die das scheinbar Unmögliche geschafft haben.«

Erschwinglicher Luxus – Edeldesign für jedermann

Nach fünf Jahren erfolgreicher Arbeit beim Rat für auswärtige Beziehungen begann Jordan im Jahr 2000, seine eigene Antwort auf diese Herausforderung zu entwickeln. Zusammen mit einem Kollegen gründete er das Unternehmen

Scojo Vision und die gemeinnützig orientierte Scojo-Stiftung. Scojo Vision versucht, in Industrieländern Brillen mit gutem Design zu erschwinglichen Preisen anzubieten. Denn hier hat Jordan eine Marktlücke entdeckt: »Entweder sind die Brillen schön gestaltet und teuer oder aber man bekommt ein günstiges, schwerfälliges ›Kassengestell‹.« Seit fünf Jahren verkauft er edel und innovativ gestaltete Brillen zu Preisen zwischen sieben und 70 Euro. Einige zeigt er uns im New Yorker Büro von Scojo. Die Produkte werden unter anderem durch mehrere Warenhausketten in Amerika vertrieben. Was aber ist aus Jordans Leidenschaft geworden, Menschen in Entwicklungsländern zu helfen?

Eine Brille für einen Dollar

Jordan findet, dass es in Indien oder Afrika ein ganz ähnliches Bedürfnis gibt. Auch dort wollen die Menschen gute Brillen zu einem erschwinglichen Preis. Für diese Aufgabe gibt es die Scojo-Stiftung, die sich durch Spenden und einen Anteil am Ertrag von Scojo Vision finanziert. Sie bietet in Entwicklungsländern Brillen für altersbedingte Kurzsichtigkeit zu Preisen zwischen einem und drei Dollar an. Um diese Preise zu ermöglichen, bildet die Stiftung so genannte Scojo-Unternehmer aus, die mit einem »Geschäft im Koffer« ausgestattet werden. Nach einer Grundausbildung können sie direkt in den abgelegenen Dörfern, in denen sie leben, Augentests durchführen und dann sofort die richtigen Brillen verkaufen. Häufig sind es ganz einfache Lesebrillen, wie man sie in der industrialisierten Welt am Kiosk oder im Supermarkt bekommt, die aber einen immensen Unterschied im Leben der Menschen ausmachen.

In vielen Ländern arbeitet die Scojo-Stiftung mit Social Entrepreneurs als Franchisingpartner zusammen. Die lokalen Partner werden ausgebildet und bilden dann ihrerseits die Scojo-Unternehmer in ihren Regionen aus. Anfänglich versuchte man, mit Mikrokrediten von Drittanbietern zu arbeiten, um die Startinvestitionen von etwa 60 Euro für eine Scojo-Erstausrüstung bezahlbar zu machen. Der Verwaltungsaufwand war jedoch zu hoch, und so wurden die Mikrokredite durch ein System abgelöst, bei dem Scojo lediglich eine kleine Anzahlung verlangt und danach die Erstausrüstung ohne spezielle Sicherheiten an den neuen Scojo-Unternehmer abgibt. Dieser zahlt dann die Anfangsinvestitionen aus dem Verkauf der ersten Brillen langsam zurück. Bisher, so Jordan, sei das Vertrauen nicht missbraucht worden; das System funktioniere sehr erfolgreich.

Die Tatsache, dass die Scojo-Stiftung nicht einfach Brillen direkt verkauft, sondern den Vertrieb durch viele kleine Scojo-Unternehmer gestaltet, deren Gründer sie ausbildet und unterstützt, trägt einen großen Teil zum Erfolg und zum schnellen Wachstum bei. Dadurch haben die Scojo-Brillen einen mehrfach positiven Effekt: In erster Linie profitieren die Kunden durch den günstigen Zugang zu einem hochwertigen Produkt. Zudem wird das Wissen rund um Augenkrankheiten erhöht, und es werden Arbeitsplätze geschaffen und erhalten – für die Mikrounternehmer, aber auch für Kunden, die mit Hilfe einer Brille ihrer Arbeit weiterhin oder wieder nachgehen können.

Die Rolle von Frauen und die Finanzierung der Vision

Beim Aufbau neuer Länderprogramme arbeitet Scojo immer sehr bewusst daran, die richtigen Unternehmer zu finden. Hauptzielgruppe sind dabei Frauen. Indem man den oft stark benachteiligten Frauen die Möglichkeit gibt, sich ihr Einkommen durch ein kleines Brillengeschäft zu verdienen beziehungsweise zu ergänzen, bekommen sie und ihre Kinder automatisch Zugang zu Gesundheitsdiensten, Bildung und adäquater Ernährung. Dies führt auf längere Sicht zu einer gebildeten, gesunden und meist friedlicheren Gesellschaft.

Inzwischen ist die Scojo-Stiftung in Guatemala, Indien, El Salvador, Bangladesch und Indien vertreten. Jordan geht es in den nächsten Jahren vor allem darum, den Zugang zu Scojo-Brillen für einen Großteil der Menschen in weiteren Entwicklungsländern zu ermöglichen. Der langfristige Finanzierungsplan der Stiftung sieht vor, die operativen Kosten der einzelnen Länderprogramme aus den Erträgen der Scojo-Unternehmer zu finanzieren. Die Kosten der Hauptniederlassung in New York sollen aus einem Gewinnanteil des Unternehmens Scojo Vision gedeckt werden, der augenblicklich bei etwa fünf Prozent des Gewinns pro Jahr liegt. Neue Programme und der Aufbau einer Scojo-Infrastruktur in weiteren Ländern werden über Spenden finanziert.

Die Arbeit für Scojo ist so befriedigend, dass Jordan weiterhin plant, seine Energie in diese Kombination aus Geschäft und innovativer Entwicklungsunterstützung zu investieren. »Es ist eine ständige Herausforderung herauszufinden, wo man am effektivsten sein kann. Oft frage ich mich, ob mein Hintern auf dem richtigen Stuhl sitzt oder ob vielleicht andere Menschen meinen Job machen sollten und ich noch etwas anderes. Meine Stärken liegen im Schlagen von Brücken, im wirtschaftlichen Bereich und auch in der Mittelbeschaffung, im so genannten Fundraising. Das ist es, was ich tun sollte.«

Da er heute ein bisschen von allem tut, ist Jordan zufrieden. Mit Scojo Vision, der Stiftung und gelegentlicher Tätigkeit in der Praxis seines Vaters ist es ihm gelungen, sein Lebensziel zu realisieren: Er kann seine finanziellen Bedürfnisse decken und seine Fähigkeiten so nutzen, dass sie benachteiligten Menschen zugute kommen. Jordan ist sich sicher, dass er mit einem guten Gefühl auf sein Leben zurückblicken wird. Nachdenklich meint er: »Wenn es in deinem Leben zu viel ›man könnte‹, ›ich sollte‹ und ›wenn doch nur ‹ gibt, dann solltest du dich am besten sofort darum kümmern.«

Persönliche Freiheit und das Potenzial des Einzelnen

Jordans Engagement hat durchaus auch einen Nachteil – er arbeitet sehr viel. Dies ist aber kein Opfer, sondern eine bewusste Wahl, und solange sich die

Arbeit mit seinen anderen Prioritäten, vor allem seiner Familie, vereinbaren lässt, ist er glücklich. Im Moment löst er das Problem so, dass er nach einer Abendpause mit der Familie bis spät in die Nacht arbeitet. Nach seiner Motivation befragt, antwortet er ohne langes Nachdenken: »Die wohl intellektuellste Begründung meiner Motivation ist, dass ich einfach gerne Dinge kreiere und Probleme löse. Ich finde es auch aufregend, sich in der Welt zu engagieren, und nicht nur in einem kleinen Teil davon. Deshalb arbeite ich nach wie vor jährlich auch mindestens acht Wochen in Entwicklungsländern.«

Und weiter: »Ich schätze persönliche Freiheit sehr. Es ist die Freiheit, meinen Leidenschaften folgen zu können und mein Potenzial voll auszuleben. Das ist auch der Grund, warum ich mich so sehr um Menschen kümmere, die nicht annähernd diese Chance haben. Überall auf der Welt habe ich eine Grundmotivation bei Menschen feststellen können: Sie möchten ein besseres Leben für ihre Kinder. Dafür sind sie auch bereit, viel zu investieren.«

Info

www.scojofoundation.org
Website der Scojo-Stiftung.

www.scojo.com
Brillen mit hochwertigem Design zu erschwinglichen Preisen. Profite werden teilweise in die Scojo Stiftung gespendet.

www.cfr.org/content/publications/attachments/Why-Health-Is-Important-To-Foreign-Policy.pdf
Bericht von J. Kassalow zu Gesundheit und Außenpolitik.

www.scojofoundation.org/materials/What-Works-Scojo-India.pdf
Case Study der Columbia University.

C. K. Prahalad/H. C. Fruehauf, Der Reichtum der Dritten Welt. (München 2006).

Fazit

Sechs Einsichten und Erfahrungen aus Kapitel 4

- *Geld, Ruhm und Macht können zu kurzfristiger Befriedigung führen, bisweilen sogar in einen Rausch versetzen. Auf Dauer machen sie aber nicht wirklich glücklich. Ein gut gefülltes Konto hat mit dem Sinn des Lebens erst einmal nichts zu tun.*
- *Um wahren Erfolg zu erreichen, muss man sich intensiv mit der Frage nach den eigenen Lebenszielen und persönlichen Werten auseinandersetzen.*
- *Wenn man in einem bestimmten Bereich bereits erfolgreich ist, fällt es manchmal schwer zu glauben, dass man es woanders auch sein könnte. Der bisherige Erfolg wird so zum Verhängnis für das eigene Glück.*
- *Die wesentlichen Ziele kristallisieren sich oft erst heraus, wenn man vom Ende des Lebens her denkt: Worauf will ich zurückschauen? Was ist mir – vor dem Hintergrund der eigenen Vergänglichkeit – wirklich wichtig?*
- *Für einen Kurswechsel ist es nie zu spät: Ziele lassen sich korrigieren, und mit ein wenig Mut kann man dem Leben eine neue Richtung geben.*
- *Manche erfolgreiche Menschen starten nach dem Kurswechsel eine zweite Karriere. Sie nutzen dabei die Fähigkeiten und Talente, die ihnen auch zum ersten Erfolg verholfen haben.*

5. »Was sollen die anderen über mich denken?«

Wir alle sind geprägt von dem Umfeld, in dem wir aufgewachsen sind und in dem wir leben. Erziehung, Schule, der Freundes- und Bekanntenkreis haben einen großen Einfluss auf unser Denken, Handeln und Fühlen. Und auch unser persönliches Wertesystem wird maßgeblich vom jeweiligen gesellschaftlichen Kontext bestimmt – ob uns das nun gefällt oder nicht.

Daher erfordert es sehr viel Durchsetzungskraft und Selbstbewusstsein, abweichende Überzeugungen und Meinungen zu vertreten und danach zu leben. Manchmal gerät man in eine Außenseiterposition, erntet Kopfschütteln, Argwohn und Unverständnis.

Auch die Porträtierten des folgenden Kapitels hatten es bisweilen schwer, sich außerhalb der gesellschaftlichen Normen und Werte zu bewegen. Aber sie konnten ihren Weg nur gehen, indem sie sich nicht den vorgegebenen Mustern anpassten. Vielmehr vertrauten sie ihrer inneren Stimme, ihrer Leidenschaft und Überzeugung. Im Laufe der Zeit führte ihre Unbeirrbarkeit sogar zu einem Umdenken bei den anfangs so skeptischen Freunden, Kollegen und Verwandten. Einige von ihnen entwickelten einen großen Respekt vor ihrer Arbeit – zum Teil unterstützten sie die Initiativen sogar zu einem späteren Zeitpunkt.

Es sind Geschichten von Menschen, die es trotz vieler Widerstände gewagt haben, sich selbst treu zu bleiben, und die dabei zufrieden und glücklich geworden sind.

»Auch wenn ich morgen dabei umkomme, kann ich mit meinem Leben nichts Besseres machen.«

Roma Debabrata
Tänzerin, Professorin, Aktivistin gegen
Menschenhandel, 40-fache Mutter
Neu-Delhi, Indien

Die heilsame Wirkung der Giftspritze

Roma Debabratas Vater, ein angesehener indischer Regierungsbeamter, und die Mutter, aufgewachsen als Kind wohlhabender Landbesitzer, waren sehr stolz auf ihre Tochter. Sie war auf dem besten Wege, eine gefeierte Primaballerina zu werden. Seit dem sechsten Lebensjahr hatte Roma Unterricht in klassischem Tanz erhalten. Die Schule meisterte sie mit Leichtigkeit und die hin und wieder aufflammenden Weltverbesserungsgedanken des Mädchens machten die Mutter, die sich schon immer für die Bedürftigen in Kalkutta engagiert hatte, glücklich.

Doch mit 21 Jahren entschied sich Roma von heute auf morgen, das Tanzen aufzugeben. Wie war es möglich, sich im Angesicht der erbärmlichen Hütten und des allgegenwärtigen Hungers um Spitzenschühchen zu sorgen? Sie konnte nicht erkennen, welche Bedeutung eine Existenz als Tänzerin für das tägliche Elend in den Straßen Kalkuttas haben könnte. »Wie kann es sein, dass Millionen leiden müssen, während ich als Primaballerina eine winzige Elite verwöhne? Das machte keinen Sinn mehr für mich«, erinnert sich Roma. Bei ihren traditionell denkenden Eltern stieß diese Entscheidung allerdings auf Unverständnis.

Jahre des Unverstandenseins

Parallel zum Tanzen hatte Roma ein Masterstudium in Literatur abgeschlossen. Sie beschloss, Literaturdozentin an der Universität von Neu-Delhi zu werden. Ihr Umfeld war wie gelähmt: Roma trat damit nicht nur eine außergewöhnliche Karriere mit Füßen, sondern begab sich in eine für die 60er-Jahre in Indien vollkommen unübliche Distanz zu ihrer Familie. Dies änderte jedoch nichts an Romas Entscheidung. In den folgenden Jahren genoss sie es, Literatur auf eine Art zu unterrichten, die den Studenten half, die in der Gesellschaft bestehenden Widersprüche zu erkennen. Roma versuchte, über die Literatur die Weltsicht ihrer Studenten zu erweitern und sie dadurch auf die gesellschaftlichen Realitäten im eigenen Land aufmerksam zu machen. Daneben war Roma Teil einer Universitätsgruppe, die ehrenamtlich soziale Projekte organisierte. »Irgendwie wusste ich schon immer, dass ich etwas verändern wollte. Insbesondere störten mich Umstände, die Menschen emotionalen und psychischen Schmerz zufügen. Denn das wirkt entmenschlichend«, sagt Roma.

Viele Menschen drückten zwar ihre Besorgnis über das Schicksal ungerecht behandelter Mitbürger aus. Doch oft liege dem eine gönnerhafte, mitleidige Einstellung zugrunde, ohne dass das Recht dieser Menschen auf humanitäre Behandlung tatsächlich anerkannt werde. Und nur wenige ließen ihrer Besorgnis konkrete Taten folgen.

Rückhalt macht mutig

Der Gegenwind durch die Eltern und ihr Umfeld hielt Roma nicht davon ab, das zu tun, was sie für richtig hielt. Dabei half ihr der gute Verdienst als Professorin und die Unterstützung ihres Mannes. Dieser, ein Ingenieur, kam aus einer Familie, die sich in der Gewerkschaft engagierte und die Frauenbewegung aktiv förderte. Dort fand Roma Verständnis und Rückhalt für ihre Arbeit. »Sie standen hinter mir wie ein Fels«, erinnert sie sich.

In den folgenden Jahren setzte sich Roma immer mehr für sozial Benachteiligte ein. Beim Blick in die Straßen Neu-Delhis fühlte sie sich so privilegiert, eine gute Ausbildung genossen zu haben und täglich an der Universität arbeiten zu dürfen, dass sie das Bedürfnis hatte, etwas zurückzugeben.

Roma glaubt, dass ihr Engagement sicherlich unter anderem durch ihre Mutter geprägt war. Im Gegensatz zu ihr wollte sie aber ihr Leben verändern und viel direkter mit den Menschen in Kontakt kommen. Während der meisten Jahre ihres Lebens arbeitete Roma als Professorin und genoss die Familienzeit. Einer ihrer Träume waren elf Töchter, aber sie hat nur eine leibliche bekommen. Während dieser Zeit hatte sie den Wunsch, sich noch intensiver sozial zu engagieren. Doch sie wusste jahrelang nicht genau, in welcher Form und in welchem Bereich sie genau arbeiten sollte.

Die positive Wirkung von Gift

1992 wurde Roma von einem befreundeten Rechtsanwalt gefragt, ob sie Zeit hätte, ihn zum Gericht zu begleiten, um die Aussagen eines 14-jährigen misshandelten Mädchens zu übersetzen. Sie sagte spontan zu. Wie Roma später erfuhr, hatte der Anwalt Angst, dass die Aussagen des Mädchens vom offiziellen Übersetzer falsch wiedergegeben würden. Das Mädchen hieß Hamida. Die junge Bengali-Frau war mit zehn Jahren von ihren Eltern an einen Mann verkauft worden. Er hatte den Eltern versprochen, ihr in der Stadt ein besseres Leben zu ermöglichen. Dieses bessere Leben bestand darin, dass das Mädchen nicht nur von ihm, sondern auch von einer Vielzahl anderer Männer täglich vergewaltigt wurde – und dies über viele Jahre hinweg. Unter den Peinigern waren auch Polizisten. So war sichergestellt, dass diese die illegale Prostitution der Minderjährigen für sich behielten – eine traurige Tatsache, die leider keine Ausnahme ist.

Dank Romas Übersetzung konnten Hamidas Aussagen vor Gericht nicht verfälscht werden. Das Mädchen identifizierte die Personen, die sie misshandelt hatten. Es kam zu einem Tumult im Gerichtssaal. Roma spürte intuitiv eine Bedrohung und schützte die junge Frau, indem sie sich vor sie stellte. Im gleichen Moment spürte sie einen stechenden Schmerz im Rücken und fiel zu Boden. Im Getümmel war ihr eine Giftspritze in die Wirbelsäule gerammt worden, die offensichtlich für das Mädchen bestimmt war. Roma verbrachte drei Monate unter großen Schmerzen und teilweise gelähmt im Krankenhaus, bis sie die Folgen dieses Anschlags überwunden hatte.

»Und da wusste ich, wofür ich täglich aufstehe«

Wir treffen Roma, heute 58-jährig, in ihrem einfachen Büro am Rande von Neu-Delhi. Eine junge Frau hört interessiert mit und hin und wieder platzt jemand herein, holt sich eine Unterschrift oder ein gutes Wort.

Roma spricht mit leiser, aber dennoch sehr bestimmter Stimme: »Ich habe mein ganzes Leben lang eine Tätigkeit gesucht, die meinem Leben Sinn gibt. Und in dem Moment, in dem ich fast vergiftet worden wäre, weil ich ein missbrauchtes Kind beschützte, wusste ich, was ich für den Rest meines Lebens tun werde.« Und sie fährt fort: »Ich glaube nicht, dass ich die Welt verändern werde. Ich möchte nur dazu beitragen, das Leben einiger benachteiligter Frauen und Kinder ein bisschen besser zu machen.« Seit jenem Moment im Gerichtssaal spürte Roma eine Hartnäckigkeit und Kraft in sich, die sie nie für möglich gehalten hätte.

STOP, um zu stoppen, was nicht sein darf

Um ihre spät gefundene Lebensmission besser erfüllen zu können, hat Roma 1997 die Organisation STOP (Stop Trafficking and Oppression of Children and Women, »Stopp dem Handel und der Unterdrückung von Kindern und Frauen«) gegründet. Das inzwischen 20 Personen umfassende Team und die vielen freiwilligen Helfer haben sich zum Ziel gesetzt, der Verschleppung von Kindern und Frauen und den damit verbundenen menschlichen Tragödien ein Ende zu setzen. Ihre Arbeit ist nicht damit getan, dass sie die Mädchen aus den Kellern der Bordellbesitzer befreien. STOP hilft den Überlebenden, sich ein eigenes Leben aufzubauen – durch Bildungs- und Ausbildungsprogramme, durch eine neue Heimat und durch Arbeitsmöglichkeiten. Roma drückt dies folgendermaßen aus: »Diese Kinder sind verschleppt, verkauft, zum Sex gezwungen und gegen Geld missbraucht worden. Jetzt, wo sie gerettet sind, haben sie zum ersten Mal das Recht, selbst zu wählen, was sie machen möchten, wer sie sein möchten. Dabei unterstützen wir sie, so gut wir können.«

Eine der wichtigsten Aktivitäten von STOP ist die Beschaffung von Informationen über die Verstecke der verschleppten minderjährigen Mädchen. Dann findet ein schneller und oft gefährlicher Zugriff zusammen mit der Polizei statt, um möglichst viele Mädchen aus den Händen der Kinderschänder zu befreien. Roma wird fast etwas unruhig als sie beschreibt: »Unsere Rolle ist hauptsächlich, Informationen zu besorgen, wo Mädchen versteckt werden. Hier hilft uns unser ausgedehntes Netzwerk von Partnerorganisationen, Ärzten, Freiwilligen, manchmal von Klienten und sogar Rikscha-Fahrern in den Stadtvierteln. Um die Mädchen zu befreien, organisieren wir dann Befreiungsoperationen, die fast mit militärischer Präzision ausgeführt werden müssen. Wenn wir nicht schnell sind, ist die Spur der Mädchen meist für immer verloren. Wenn du hier ein Kind verlierst, hast du es für immer verloren.« Für solche Rettungsaktionen seien die Mädchen, die selbst Ähnliches überlebt hätten, am besten geeignet. Sie sind schnell und flink, kennen sich an solchen Orten aus, finden die Verstecke innerhalb kürzester Zeit. Einige der Mädchen, die Roma in den vergangenen Jahren gerettet hat, werden behutsam ausgebildet, um ihrem Trauma nochmals gegenüberstehen zu können und anderen Kindern zu helfen.

Unser Blick schweift in einer Mischung aus Schock, Ehrfurcht und Bewunderung zu der jungen Frau, die unserem Gespräch ruhig und konzentriert zuhört. »Nach der Befreiung begleiten wir die Mädchen zur Polizei und zu den medizinischen Untersuchungen, denn sie haben Angst, dass sie wieder zurückgebracht werden – leider nicht ganz unberechtigt. Wir stellen sicher, dass die Mädchen von den Polizisten gut behandelt werden, dass ihre wenigen Besitztümer nicht verschwinden, dass keine Bestechungsgelder angenommen und die Mädchen an sichere Orte gebracht werden, bevor die Gerichtsverhandlungen stattfinden. Danach unterstützen wir sie mit unseren Rehabilitationsprogrammen.«

Auf die Frage, ob ihr Vorhaben nicht gefährlich sei und ob sie nicht Angst hätte, antwortet sie schlicht: »Auch wenn ich morgen dabei umkomme, kann ich mit meinem Leben nichts Besseres machen.« Etwas Sorgen macht sie sich um die Sicherheit ihrer einzigen leiblichen Tochter. Diese arbeitet mittlerweile für die Vereinten Nationen und ist überzeugt, dass Roma bei ihrer Arbeit keine Kompromisse eingehen sollte.

Millionen Mädchen als Ware verkauft

Dass Romas Arbeit mehr als notwendig ist, zeigt die von den Vereinten Nationen ermittelte schockierende Zahl von weltweit jährlich vier Millionen Mädchen mit einem vergleichbaren Schicksal wie Hamida. Laut einer Schätzung der indischen Regierung wurden 2005 zwei Millionen Kinder im Alter von fünf bis 15 Jahren zu sexueller Ausbeutung gezwungen. Sie wurden unter falschen Versprechungen von ihren Familien für ein Stück Brot verkauft oder als vermeintliche Bräute an verkappte Mädchenhändler abgegeben. Jährlich kommt in Indien die beschämende Zahl von weiteren 500.000 Kindern hinzu. Fünf Milliarden Dollar werden jährlich mit sexueller Ausbeutung von Kindern erwirtschaftet. Tausende Kinder werden jährlich von Nepal nach Indien verschleppt.

Der erfüllte Traum von Töchtern

Roma ist heute glücklich. Ihr Universitätsgehalt steckt sie in STOP. Sie selbst braucht nicht viel zum Leben. Ihr Sari, das traditionelle indische Kleidungsstück, kostet drei Dollar. Mehr als vier Stunden Schlaf braucht sie nicht und den gönnt sie sich oft auch nur auf ihrem Schreibtischstuhl. Für das Essen sorgt ihre Großfamilie. Auch diesen Traum hat sie sich erfüllt. Unser Gespräch wird nämlich von einem jungen Paar unterbrochen, das scheinbar etwas Dringendes zu besprechen hat. Die drei schließen sich nach einer Weile in die Arme und es folgt eine kurze Diskussion, nach der die jungen Leute den Raum mit einem breiten Grinsen verlassen. Roma erklärt, dass der junge Mann sie um die Erlaubnis gebeten habe, ihre »Tochter« heiraten zu dürfen. Sie willigt ein und muss dann noch sicherstellen, dass die junge Frau gut behandelt wird und ihre Entscheidungsfreiheit behalten darf. Wie einige der anderen mittlerweile 45 Frauen, die bei Roma dauerhaft wohnen und die sie nun ihre »Töchter« nennt, hat auch diese einen Führerschein erworben und möchte als Taxifahrerin arbeiten. Ihr zukünftiger Mann ist zwar skeptisch, diesen Erfolg darf ihr nun aber keiner wegnehmen.

Romas Töchter leben in einem mit Spendengeldern erbauten Haus der erweiterten Familie. Sie lernen dort Englisch, Kochen, Gartenarbeit, Autofahren und vieles mehr. Sie sollen sich zu selbstbewussten und selbständigen Menschen entwickeln, nicht weiter Opfer bleiben. Roma verbringt viel Zeit vor Ort, um die Mutterrolle auch wirklich wahrzunehmen. 17 der Mädchen sind bereits verheiratet.

Roma ist überzeugt: »Dies ist das Leben, das ich mir immer gewünscht habe. Ich wollte immer viele Kinder haben, nun bin ich umgeben von liebenswerten Mädchen, denen ich helfen kann und deren Wachstum ich beobachten kann. Ich bin nun fast 60 Jahre alt. Ich arbeite täglich an den richtigen Dingen und es gibt noch sehr viel zu tun. Jeder Tag ist ein neuer Tag, nicht etwas, das von gestern übrig geblieben ist.«

Info

www.stopindia.org
Website von STOP.

www.maitinepal.org
Website der nepalesischen Partnerorganisation.

www.crin.org
Informationsnetzwerk zu Kinderrechten.

»Ich will einfach am Ende meines Lebens in die Augen meiner Enkelkinder sehen und ihnen beruhigt sagen können, dass Großvater alles getan hat, was er konnte. Das ist Motivation genug.«

David Suzuki
Naturliebhaber, Genetiker,
Fernsehliebling, Visionär
Vancouver, Kanada

Visionen für Enkelkinder

Da sitzt er nun vor uns, David Suzuki, leger in Jeans und Holzfällerhemd gekleidet, locker in seinen Sessel gelehnt. Frech aus seinen asiatischen Augen blinzelnd, beantwortet er druckreif unsere Fragen. Andere Interviewpartner hatten uns schon von diesem erstaunlichen Mann erzählt, der die Kanadier seit mehr als drei Jahrzehnten mit der Arbeit seiner eigenen Stiftung, zahllosen Fernseh- und Radioserien und Büchern über Umweltthemen informiert und fasziniert. Doch wie kam es eigentlich dazu, dass der 1936 als Kind japanischer Eltern in Vancouver geborene David vom Star-Genetiker zum Inbegriff für eine nachhaltigere Zukunft Kanadas wurde?

Doktorand der Zoologie

David erzählt uns, dass die ausgiebigen Camping- und Fischfangausflüge mit seinem Vater ihn schon in seiner Jugend stark prägten. Er liebte es, Stunden in der Natur zu verbringen. An Pflanzen und Tieren konnte er sich nicht satt sehen. Aufgrund seiner Liebe zur Natur war es für ihn auch keine schwierige Entscheidung, seinen Doktor in Zoologie zu machen, nachdem er 1958 seine College-Ausbildung in Amherst mit Auszeichnung abgeschlossen hatte. Er verdankte es eher einem glücklichen Zufall als gezielter Planung, dass er die Chance hatte, seine Doktorandenzeit in Chicago, USA, zu absolvieren. Dies war, wie sich herausstellen sollte, ein Glücksfall, denn das akademische Niveau in den USA war um diese Zeit deutlich höher als in Kanada.

Naturliebender Außenseiter

Aufgrund seiner japanischen Abstammung wurde David in seiner Jugend von gleichaltrigen Kanadiern oft abgelehnt. Seine fehlenden japanischen Sprachkenntnisse sorgten andererseits dafür, dass er auch von seinen japanischen Spielkameraden mit Verachtung gestraft wurde. Aus dieser Außenseitersituation heraus wollte David schon sehr früh allen beweisen, dass er zu Großem in der Lage war. Dieser Ehrgeiz, gepaart mit der Liebe zur Natur, wurde seine Antriebsfeder. Nach seinem Examen als Genetiker wurde er zum Assistenzprofessor ernannt und konnte bald über ein eigenes Labor verfügen. Das prestigeträchtige »E. W. R. Steacie Memorial«-Stipendium, mit dem herausragende kanadische Wissenschaftler unter 35 Jahren ausgezeichnet werden, gewann David von 1969 bis 1972. Bei seinen Kollegen galt David als unkonventionell. Er pflegte einen freundschaftlichen Umgang mit seinen Studenten, äußerte auch gegen Widerstände immer offen seine Meinung und trug lange Haare und legere Kleidung. Dennoch erarbeitete er sich in der Wissenschaftlergemeinde einen sehr guten Ruf.

Die Verantwortung des Wissenschaftlers

Als erfolgreicher Genetiker schwamm David in den 70er-Jahren auf einer Welle der Euphorie, die durch die vielen Innovationen in der Gentechnologie ausgelöst wurde. Neue Techniken wie die Rekombination der DNA, die es erlaubte, neue Merkmalskombinationen bei Pflanzen, Tieren und Menschen entstehen zu lassen, wirkten wie eine Droge auf die meisten Wissenschaftler. Zum ersten Mal war der Mensch in der Lage, die Natur gezielt zu verändern. David führte inzwischen ein gut laufendes Labor mit hervorragenden Wissenschaftlern. All die Arbeit der vergangenen Jahre schien sich auszuzahlen.

Doch dann bekam David das Buch »Silent Spring« von Rachel Carson, heute ein Klassiker der Umweltbewegung, in die Hände. Darin las er die Zeilen: »Ihr Wissenschaftler seid so intelligent, aber ihr vergesst, dass das Labor nicht die wirkliche Welt ist. In der realen Welt ist alles mit allem verbunden. Im Labor macht ihr Tests und diese haben spezielle Effekte. In der realen Welt können diese Tests Konsequenzen in ganz anderen Bereichen provozieren, die keiner zuvor kennt.« David gesteht noch heute nachdenklich, dass diese Worte ihn überwältigten. Sie schienen direkt zu ihm zu sprechen. Sein Leben lang hatte er die Ausbildung zu einem auf enge Spezialbereiche reduzierten Wissenschaftler durchlaufen. Er hatte bestimmte Gene in ganz speziellen Fruchtfliegen analysiert, um zu verstehen, was in der Fliege genau geschieht und wie man dies eventuell verändern könnte. David begann langsam zu verstehen, dass diese Spezialisierung dazu führt, dass der biologische Gesamtzusammenhang vollkommen aus dem Blick gerät. Als er Carsons Buch gelesen hatte, wurde ihm klar, wie wenig Gedanken sich Genetiker über mögliche Folgen ihrer Genmanipulationen machten. Wer wusste schon, was eine veränderte Pflanze, die nicht im Labor, sondern auf dem Feld wächst, in der sie umgebenden Umwelt bewirkt? Was sie bei den Tieren oder Menschen bewirkt, die sie essen?

Die Bedeutung der Gene

David erinnert sich oft an seine frühe Jugend. Als er sechs Jahre alt war, wurde er zusammen mit seiner Familie in ein Kriegsgefangenenlager gesteckt. Die einzige Begründung war seine japanische Herkunft, seine Gene. Damals, in den Zeiten des Zweiten Weltkriegs, hatten die Aussagen von Genetikern über mögliche Rassenunterschiede grausame Folgen für viele Millionen Menschen. Er hatte am eigenen Leib erfahren, dass er von früheren Freunden zusammengeschlagen wurde, nur weil er sich in wenigen Genen von ihnen unterschied. Bedauern, ja fast Hass, beschreibt sein Gefühl wohl am besten, als ihm Jahre später bewusst wurde, dass die Universitäten ihren Genetikstudenten nichts über die möglicherweise negativen Folgen ihrer Arbeit berichteten. Damit sich dies änderte, begann David, zum Missfallen vieler seiner Kollegen, in der Öffentlichkeit über die Verantwortung von Wissenschaftlern zu sprechen. Da er die Natur liebte, mahnte er zur Vorsicht beim Aussetzen von Genkombinationen, deren Auswirkungen in der freien Natur niemand kannte.

Teil des Problems oder Teil der Lösung?

David erkannte, dass die Wissenschaft, die er so liebte, im augenblicklichen Zustand Teil des Problems war, und nicht Teil der Lösung. Er war fest überzeugt, dass nur Menschen, die sich in der Materie gut auskannten und keine eigenen Interessen verfolgten, glaubwürdig über dieses Thema sprechen konnten. Also entschied er sich 1978/79 dazu, die Arbeit im Labor und als Genetiker allgemein aufzugeben. Er liebte die Wissenschaft, schätzte die solide Arbeit und war in einem Bereich tätig, der Reichtum und Macht versprach. Dennoch hat David diese Entscheidung nie bereut. Schon früh in seinem Leben hatte er von seinem Vater gelernt, dass man nicht lebt, um viel Geld und Macht anzuhäufen. Sein Vater lehrte ihn, Menschen zu bedauern, die sich ihres großen Autos, ihrer teuren Kleider oder sonstiger materieller Luxusgüter rühmten. Deshalb waren Geld und Macht für ihn nie wirklich erstrebenswert. So entschloss sich David, nach einer schwierigen Umbruchphase seinen Überzeugungen zu folgen. Während er bis zu seiner Rente 2001 als Professor an der British-Columbia-Universität in Vancouver tätig blieb, kümmerte er sich in den folgenden Jahren darum, durch Information von Wissenschaftlern und der Öffentlichkeit die Voraussetzung für verantwortliches Handeln in der Wissenschaft und später auch in der Politik zu schaffen.

So moderiert er seit mehr als 30 Jahren die Dokumentarserie »Die Natur der Dinge«, in der er unterschiedlichste wissenschaftliche Erkenntnisse und Zusammenhänge auf verständliche Art in die Wohnzimmer von Millionen von Kanadiern bringt.

Es ist Zeit für Lösungen

Ein weiterer Wendepunkt im Leben David Suzukis war die Zeit von 1988 bis 1990. Im Jahr 1988 führte er zur Vorbereitung der Radioserie »Eine Frage des Überlebens« Interviews mit 150 renommierten Wissenschaftlern verschiedener ökologischer Disziplinen. David war überrascht von der geballten Ladung schlechter Nachrichten. Obwohl er sich bereits seit Jahren intensiv mit den schwerwiegenden ökologischen Problemen der Erde auseinandergesetzt hatte, dachte er sich bei all diesen Aussagen: »Oh mein Gott, der Planet ist dem Angriff eines mächtigen Raubtieres, des Menschen, ausgesetzt und er wird diesen Angriff wahrscheinlich nicht überleben.« Als die Sendungen 1990 schließlich ausgestrahlt wurden, erhielt er 16.000 Briefe und fast alle lauteten ähnlich: »Wir haben dein Programm gehört, du hast uns unglaubliche Angst eingejagt, aber was kann jeder Einzelne von uns tun?« Seine Frau Tara sagte damals: »Seit Jahren erzählst du den Menschen, dass wir in großen Schwierigkeiten stecken. Wir müssen jetzt Lösungen zum Handeln zeigen.« Gemeinsam mit 15 anderen Aktivisten diskutierte er drei Tage lang. Die Gruppe kam zu dem Schluss, dass die meisten Organisationen gegründet werden, um eine Krise zu beheben. Dadurch werden aber die der Krise zugrunde liegenden Probleme nie an der Wurzel gepackt, sondern es wird lediglich versucht, die Symptome in den Griff zu bekommen.

Doch solange das dem Problem der Umweltzerstörung zugrunde liegende, destruktive Wertesystem nicht verändert werde, helfe kurzfristiger Aktivismus nur wenig. Deshalb beschloss die Gruppe 1990, die David-Suzuki-Stiftung zu gründen. Ihr Zweck: Die tief liegenden Wurzeln der Menschheitsproleme ausfindig zu machen und auf dieser Grundlage Lösungen und Handlungsalternativen zu entwickeln. Die Lösungen sollten auf wissenschaftlichen Analysen beruhen und die breite Masse ansprechen. Denn nicht erst bei der Veröffentlichung seines Buches »Gute Nachrichten für einen Wandel«, das er allen Mitgliedern des kanadischen Parlaments schickte, jedoch keine Antworten erhielt, kam er zu der ernüchternden Erkenntnis, dass der Wandel nicht von oben geschehen werde. »Die meisten gesellschaftlichen Führer«, so David, »möchten, dass die Verhältnisse so bleiben, wie sie schon immer waren. Davon profitieren sie am meisten.« Deshalb verfolgt David das Ziel, dem normalen Bürger aufzuzeigen, was er tun kann und warum er es tun sollte.

Strategie für ein zukunftsfähiges Kanada

Über die Jahre entwickelte David immer neue Lösungsansätze. Am Anfang des neuen Jahrtausends kam ihm die Idee, eine ganze Generation vorauszuschauen und ein Denkspiel anzuregen: Wie soll Kanada im Jahr 2030 aussehen, wenn alle weiterhin die gewohnt hohe oder eine sogar noch bessere Lebensqualität genießen möchten? »Es war ziemlich leicht«, so David, »von allen Zustimmung zu erhalten, dass die Luft 2030 sauber sein sollte, das Essen bedenkenlos genießbar und das Flusswasser trinkbar.« Alle Kanadier konnten sich auf das Ziel, ein Kanada mit einer nachhaltigen Lebensqualität zu schaffen, einigen. Die David-Suzuki-Stiftung stellte 2004 ein Dokument mit dem Namen »Nachhaltigkeit in einer Generation« zusammen. Die Frage war nun, wie man dieses gemeinsame Ziel erreichen könnte. Die Stiftung wollte auch Möglichkeiten erarbeiten, die Menschen zu bestrafen, die sich den Zielen des Plans entgegenstellten. Die Ergebnisse dieses Arbeitsprozesses wurden im Dokument »Nationale Nachhaltigkeits-Entwicklungsstrategie für Kanada« festgehalten, das die Stiftung 2006 veröffentlichte.

Enkelkinder als Motivation

Wenn man ihn fragt, warum er im Alter von 70 Jahren noch all diese Strapazen auf sich nimmt, so antwortet er: »Meine Enkelkinder geben mir die Motivation. Ich werde nicht die Welt retten und auch meine Stiftung wird dies nicht tun. Aber wenn es eine Million Menschen wie mich gibt, die alle ihr Bestes tun, und tausende von Organisationen wie die David-Suzuki-Stiftung, dann glaube ich, kann das eine bedeutende Kraft sein. Ich will einfach am Ende meines Lebens in die Augen meiner Enkelkinder sehen und ihnen beruhigt sagen können, dass Großvater alles getan hat, was er konnte.«

David gesteht, schon vor 20 Jahren erkannt zu haben, dass er allein die Welt nicht retten werde. David kann sich noch sehr genau daran erinnern, wie er eines Tages in den Spiegel schaute und zu sich selbst sagte: »Was denkst du eigentlich, wer du bist? Du denkst, du bist so wichtig, dass du die Welt retten kannst? Sei doch nicht so egoistisch, selbstherrlich und naiv.« Seit diesem Tag fühlte sich David, als sei eine riesige Last von seinen Schultern genommen.

Als David älter wurde, fragte er sich, mit was er den Menschen in Erinnerung bleiben wolle. Lächelnd meint er: »Ich bin wie Fidel Castro. Fidel Castro sagte, die Sonne werde in ungefähr vier Milliarden Jahren ausbrennen, wer kümmert sich also schon um die Zukunft?«

Blick in die Zukunft

David ist sicher, dass wir als Spezies zum Untergang verdammt sind, wenn wir nicht erkennen, wo unser Platz auf Erden ist. »Heute denken die meisten, wir seien so schlau, dass wir die Natur nicht mehr bräuchten. Das ist eine riesige Tragödie. Wir wissen nicht genug, um den Planeten zu managen. Wir müssen wieder erkennen, was wirklicher Reichtum ist – die Gemeinschaft, die Familie, die Dinge, die wir gemeinsam tun, die Natur. Ich denke, wenn wir dies wieder akzeptieren würden, könnten wir sehr viel glücklichere und weniger zerstörerische Kreaturen sein.«

Info

www.davidsuzuki.org
Website der David-Suzuki-Stiftung.

D. Suzuki, The David Suzuki Reader: A Lifetime of Ideas from a Leading Activist and Thinker (Vancouver 2004).
D. Suzuki, The Autobiography (Vancouver 2007).
R. Carson, Der stumme Frühling (München 2007, Neuauflage).

»Wenn man nichts tut, wird sich auch nichts verändern.«

Amory Lovins
Experimentalphysiker, Naturliebhaber, Fotograf,
Experte für Ressourceneffizienz
Snowmass, USA

Lasst uns eine sichere, gerechte, blühende und lebenswerte Welt schaffen

Amory Lovins wurde 1947 als Sohn eines Ingenieurs und einer Sozialarbeiterin in Washington D. C. geboren. Er hatte keinen ganz leichten Start ins Leben. Die ersten zehn Lebensjahre kämpfte er wegen eines Mangels an roten Blutkörperchen mit häufigen Atemwegsinfektionen. Sein Gesundheitszustand war oft so schlecht, dass er über Wochen nicht zur Schule gehen konnte. Zum Glück störte dies den jungen, aufgeweckten und sehr vielfältig interessierten Amory nicht allzu sehr. Denn er konnte einer seiner Lieblingsbeschäftigungen nachgehen – dem Lesen. Dies tat er so ausgiebig und in so vielen Fachgebieten, dass er seinen Mitschülern weit voraus war, was aber seiner Sozialisation unter Gleichaltrigen nicht unbedingt zuträglich war. Wer spielt schon gern mit einem Jungen, der sich bereits mit 15 Jahren seinen Lebensunterhalt durch Physik-Beratung verdient, in Mathematik, Chemie und sonstigen Naturwissenschaften einen Eindruck hinterlässt, als hätte er bereits ein Studium abgeschlossen und daneben noch ausgezeichnet musiziert, die klassischen Literaten bestens kennt und halbprofessionell fotografiert? Aber Amory hatte zu viele Interessen, als dass er Zeit gehabt hätte, sich allzu stark um die Meinung seiner Mitschüler zu kümmern.

Akademisches Inselspringen

Mit 16 Jahren hatte er die Chance, auf die Eliteuniversität nach Harvard zu gehen und seine Schulzeit in Amherst, Massachusetts, hinter sich zu lassen. Weil er einen Nobelpreisträger als Physiklehrer hatte, konnte Harvard das junge Genie kurz faszinieren. Allerdings wollte er sich nicht schon so jung spezialisieren. Wie Amory uns im Gespräch erklärt, hält er auch heute noch eine zu starke Zerteilung des voneinander abhängigen und untereinander verflochtenen Wissens für wenig sinnvoll, ja sogar für schädlich. So ging Amory als 18-Jähriger nach Oxford in Großbritannien, weil er dort sehr viel stärker interdisziplinär experimentieren und studieren konnte. »Ich war nicht einfach ein leeres Gefäß, in das man Wissen hineinfüllen konnte«, erinnert er sich mit einem leicht rebellischen Ausdruck in den Augen. Als das Geld, das sich Amory durch die Physik-Beratung verdient hatte, langsam zur Neige ging, gab ihm sein indischer Squashpartner den Ratschlag, sich um ein Stipendium zu bewerben. Dass Amory beim Ausfüllen der Bewerbung die Formulare verwechselte und sich anstatt für eine Semester-Unterstützung für ein dreijähriges Forschungsstipendium an einem der besten Colleges Englands, dem Merton College, beworben hatte, merkte er erst während des Vorstellungsgesprächs. Wer ihn kannte, wunderte sich allerdings nicht, dass Amory diese besondere Möglichkeit bekam und sich fortan neben seinen anderen Interessen intensiv mit Biophysik befassen konnte.

Die wirklichen Probleme und ein Teil der Lösung

Nach zwei Jahren intensiver Forschungsarbeit merkte der junge Wissenschaftler, dass die wirklich ernsthaften Probleme, die es auf der Welt zu lösen gab, in Zusammenhang mit Energie und natürlichen Ressourcen standen. 1971 konnte ihm allerdings weder das Merton College noch sonst ein Ort auf der Welt die Möglichkeit bieten, zum Thema Energie zu forschen und darin zu promovieren. Das war zwei Jahre vor der ersten weltweiten Ölkrise und Jahrzehnte, bevor Klimawandel, Knappheit fossiler Energieträger und die Zerstörung natürlicher Ressourcen zu breit diskutierten Themen wurden. Also brach Amory wieder einmal gegen den Rat vieler gut meinender Professoren und Kollegen sein Studium ab. Der Ausspruch des afro-amerikanischen Aktivisten Carmichael »Wenn du nicht Teil der Lösung bist, bist du Teil des Problems« hatte ihn stark beeindruckt. Deshalb konnte er es nicht mehr länger vor sich selbst verantworten, weitere Jahre im Forschungslabor zu stehen. Wie er uns schildert, hatte er damals einfach das Gefühl, dass die akademische Arbeit faszinierend war. Er konnte durch sie aber keinen wirklichen Beitrag zu den Energie- und Ressourcenproblemen der Welt leisten.

Da sich die akademische Welt 1971 noch nicht um diese kritischen Themen kümmerte, startete Amory im Alter von 24 Jahren ein eigenes Beratungsunternehmen, das sich auf die Beratung großer Energiekonzerne und all jener Privatunternehmen konzentrierte, die ernsthaft etwas an der Energieproblematik verändern wollten. Schon damals war Amory davon überzeugt – zum Unmut vieler Anhänger der ökologischen Bewegung –, dass nicht im Aktivismus, sondern vor allem in der Beratung weltweit agierender Unternehmen der potenziell wirkungsvollste Hebel lag, um positive Veränderungen herbeizuführen. Und das in den 70er-Jahren, in denen Aktivismus »in« war und Konzerne »out«!

Heizung mit Sonne und Körperwärme auf 2.200 Metern?

Amorys nächste zehn Jahre in London waren durch intensive und spannende, weltweite Beratungsprojekte geprägt. Europa war damals eine interessante Basis, weil die Debatte um Energiepolitik dort bereits weiter fortgeschritten war als sonst irgendwo auf der Welt.

In dieser Zeit las das junge Multitalent eine Monografie über den Schutz der Wildnis und kam so in Kontakt mit der Umweltschutzorganisation »Friends of the Earth«, deren Europavertretung er später zusätzlich übernahm. Auch seine Leidenschaft fürs Bergsteigen, Wandern und Fotografieren kam in dieser Zeit nicht zu kurz, da er den Auftrag erhielt, mehrere Fotobände mit Landschaftsbildern zu veröffentlichen.

Nach seiner Heirat 1979 zog es Amory wieder in die USA, und nach einem Kurzaufenthalt in Los Angeles entschied er sich, zusammen mit seiner Frau Hunter in Snowmass, Colorado, das Rocky Mountain Institute (RMI) zu gründen. Es ist dieses beeindruckende Gebäude, in dem wir Amory mitten im Winter treffen. Abgeschieden von der touristischen Skiregion rund um Aspen, liegt das Institutsgebäude auf einer Höhe von 2.220 Metern über dem Meeresspiegel und wurde von Anfang an als Exempel für ressourcenschonendes Bauen erstellt. In seiner Energiebilanz ist es heute noch vorbildlich. Gemütliche, dicke Steinwände sorgen für Isolation, das Wasser kommt aus einer lokalen Quelle und ein Wintergarten stellt sicher, dass alle Sonnenstrahlen eingefangen werden, die sich in dieser kalten Gegend auf die Erde durchkämpfen. Nicht nur die Energiebilanz, sondern auch die sehr angenehme Atmosphäre im Inneren prägen dieses allein durch Solarenergie und Körperwärme beheizte Passivhaus.

Druckreif gesprochen

Amory ist ein mittelgroßer Mann mit einem freundlichen Gesicht und sehr wachen Augen. Von der Ausstrahlung her der geeignete Kandidat für die Rolle des Lieblingsonkels. Als wir beim RMI ankommen, beendet er gerade eine Telefonkonferenz, fragt, wo wir herkommen, und begrüßt uns dann auf Deutsch. Viel mehr als »Guten Tag« könne er in unserer Sprache auch nicht sagen, zieht aber dafür aus einem Küchenschrank einen bayerischen Bierkrug heraus und füllt ihn mit klarem Bergwasser. Dann zeigt er noch ein polnisches Buch des Club of Rome über Nachhaltigkeit, wohl um allen Gästen Aufmerksamkeit zu schenken und eine Freude zu bereiten. Ob er wohl für alle Nationalitäten etwas bereithält?

Wir beginnen ein spannendes Gespräch, das mehrmals vom Telefon unterbrochen wird. Manche Anrufe nimmt Amory entgegen und wir staunen nicht schlecht, als er nach jeder Unterbrechung den mit uns angefangenen Satz nahtlos weiterführt und ständig im Gespräch präsent zu sein scheint. Seine Antworten sind wohl durchdacht und perfekt formuliert.

Überfluss durch Design

Zunächst erinnert er sich nochmals an die Anfänge des RMI.

Amory und Hunter Lovins versammelten im Snowmass der 80er-Jahre eine ausgewählte Gruppe von Kollegen, um mit ihnen möglichst effektiv die damals aus Erfahrung erwachsene und noch heute geltende Mission des RMI zu verwirklichen. Diese Mission lautet: »Den wiederherstellenden und effizienten Gebrauch von natürlichen Ressourcen zu fördern und die Welt sicher, gerecht, blühend und lebenserhaltend zu machen.« Kurz formuliert geht es darum, Überfluss durch intelligente Konstruktion zu schaffen.

Neben unzähligen innovativen Veröffentlichungen und Referaten, die aus dem Expertengremium rund um das RMI entstanden sind, hat das heute 50 Personen umfassende Team in den letzten zwei Jahrzehnten in über 50 Ländern und in 22 unterschiedlichen Branchen innovative Lösungen entwickelt. Inzwischen hat das RMI allein in den USA mehr als 80 der Fortune-500-Unternehmen – der größten Konzerne – in so unterschiedlichen Bereichen wie Chemie, Computerchip-Produktion oder Einzelhandel unterstützt. Meist versuchen Amory und seine Mitarbeiter, maximal zwei branchenführende, auf der höchsten Ebene veränderungswillige Unternehmen in einem Sektor umzugestalten, damit diese als Vorbilder und erfolgreiche Beispiele auch andere Unternehmen der Branche zur Veränderung animieren. Dann geht es für das Team in den nächsten Bereich. Denn es gibt laut Amory noch viel zu tun, wenn rechtzeitig die Wende zu lebenserhaltenden Systemen auf der Erde geschafft werden will.

Neben der Beratungstätigkeit für Privatunternehmen unterstützt das RMI auch Regierungen in entscheidenden Zukunftsfragen. So ist das letzte Buch »Gewinn des Öl-Endspiels« unter anderem für das Pentagon geschrieben worden. Mit diesem zusammen arbeitet Amory heute an diversen Initiativen, um die USA innerhalb der nächsten Jahrzehnte vom Erdöl unabhängig zu machen. Wie er meint, ist die Prioritätenliste des RMI unideologisch, aber sehr klar: Erstens die Welt retten, zweitens Spaß dabei haben, drittens Geld verdienen. Und zwar genau in dieser Reihenfolge.

Der tägliche Drahtseilakt

All seinen Kritikern, die ihm bei der Arbeit mit Konzernen immer wieder vorwerfen, dass er mit »dem Feind« ins Bett gehe, erwidert Amory schlicht und mit einem Zwinkern in den Augen: »Wenn man nichts tut, wird sich auch nichts verändern«. Als Optimist glaubt er an die Zukunft des »Experiments Mensch« und stellt sein Talent und seine Arbeit in den Dienst von Lösungen. Es sollten Lösungen sein, die Systeme schaffen, um unsere Welt sicherer, gerechter, blühender und vor allem lebenserhaltender zu machen. Deshalb setzt Amory seine Energie auch gern in Bereichen ein, in denen er augenblicklich den wichtigsten Hebel, aber auch den größten Bedarf zur Veränderung sieht. So hat er in den letzten Jahren viel Zeit damit verbracht, die auf Kohlenwasserstoff (CO2) basierende Automobilindustrie zu verändern. Er hat innovative Lösungen für die Bauindustrie, für die Halbleiterindustrie, die Wasserindustrie und die Energiebranche entwickelt. Diesen und anderen Branchen hat Amory geholfen, effizienter beziehungsweise anders mit natürlichen

Ressourcen umzugehen. »Es gibt drei Hauptsektoren, die die Gesellschaft verändern können: die öffentliche Hand, die Zivilgesellschaft – meistens durch Nichtregierungsorganisationen vertreten – und die Privatwirtschaft. Letztere ist sehr effektiv und hat tendenziell viele fähige Menschen und Ressourcen zur Verfügung. Deswegen arbeiten wir vor allem in diesem Sektor. Manche Leute sagen, dass wir mit dem Feind arbeiten. Es ist ein Drahtseilakt, aber so verändert man Dinge. Wir sind bereit, auch mit Unternehmen zu arbeiten, die in der Vergangenheit schlechte Sachen gemacht haben – unter der Bedingung, dass sie sich auf einer genügend hohen Ebene tatsächlich verändern wollen.« So hat das RMI beispielsweise mit dem übel verleumdeten Konzern Wal-Mart eine massive CO2-Emissionsreduktion erreicht – allein bei der Lieferwagenflotte wird die Hälfte eingespart.

Der Tanz mit dem starken Partner

Manchmal ist Amory frustriert, weil er heute Lösungen vorstellt, die er in fast gleicher Form bereits vor 25 Jahren publiziert hatte, damals aber keine Beachtung gefunden hatte. Ohne Bitterkeit erinnert er sich: »1980 habe ich einen Artikel mit Ratschlägen publiziert, welche – wenn befolgt – die nukleare Aufrüstung vermieden hätten. Tja … Trotzdem ist es immer noch konstruktiv zu tun, was heute getan werden muss. Ich versuche nicht über schlechte Menschen nachzudenken, die Fehler gemacht haben. Das würde uns nicht sehr weit bringen. Es ist wie im Aikido: Du respektierst die Überzeugungen des anderen, auch wenn sie dich selbst nicht überzeugen. Und du kämpfst nicht mit einem Gegner, sondern du tanzt mit einem Partner.«

Amory weiß inzwischen auch, dass die meisten Industrien sehr langen Veränderungszyklen unterworfen sind. In der Automobilindustrie geht es um ungefähr 30-jährige, in der Energiebranche um 50-jährige Zyklen. Trotzdem muss man beständig an innovativen Lösungen arbeiten, damit diese zu gegebener Zeit realisiert werden können. Auch wenn man geduldig sein muss, so gibt es ihm doch tiefe Zufriedenheit, jeden Tag in kleinen Schritten voranzukommen und vor allem zu wissen, dass er an den richtigen Themen arbeitet, um den Prozess hin zu einer besseren Welt zu fördern.

Das Experiment Mensch

Es macht Amory Spaß, Neues zu lernen und mit inspirierenden Menschen an Lösungen für die wichtigen Probleme zu arbeiten. Für ihn gibt es kaum etwas Schöneres, als die Art zu verändern, wie Menschen über grundlegende Probleme nachdenken, und dadurch fundamentalen Wandel zu erzeugen. Er kann es sich gar nicht vorstellen, sich nicht um die Zukunft der Menschheit zu kümmern: »So bin ich halt, sorry.«

Es sei zu früh, um sagen zu können, ob das evolutionäre »Experiment Mensch« eine wirklich gute Idee war. Schließlich seien wir immer noch dabei, höhere Primaten zu werden. Zu diesem Entwicklungsprozess möchte der Experimentalphysiker aber gerne seinen Beitrag leisten.

Amory ist der Meinung, dass wir alle die Verantwortung haben, Projekte und Maschinen in Zukunft sehr viel besser zu gestalten, als es bisher der Fall war. »Glücklicherweise«, so Amory, »kennen wir im ganzen Universum nichts Mächtigeres als sechs Milliarden menschliche Gehirne, die sich darum bemühen, ein Problem zu lösen. Und diese Gehirne sind gleich verteilt – eines pro Person.«

Auf dem Weg ein besserer Mensch werden

»Wenn manche Menschen ihr Leben damit verbringen möchten, dumpfe Fernsehserien zu sehen oder gewaltverherrlichende Videospiele zu spielen, ist das deren Angelegenheit. Für mich ist das reine Zeitverschwendung.« Amory hofft, mit seinen Aktivitäten die Lebensqualität der Menschen spürbar zu verbessern und, gemeinsam mit seinem Team von Systemanalytikern, die Mission des Rocky Mountain Institute täglich mehr zu verwirklichen. Die Welt soll gerechter, sicherer, blühender und lebenswerter werden. Eine Vision die Amory seit über 25 Jahren verfolgt, unabhängig davon, ob sie gerade in Mode ist oder nicht.

Ressourceneffizienz ist für Amory ein Mittel, nicht das Ziel an sich. »Wir versuchen, eine Welt zu schaffen, die nichts wegnimmt, nichts verschwendet und nichts verletzt. Und ich hoffe, dass wir außer dem rein technologischen Fortschritt, den eine elegante Schlichtheit ermöglicht, auch eine klarere Vorstellung davon entwickeln, was das Leben auf der Erde wert ist. Und dass wir uns hin zu einer faireren und sichereren Welt bewegen, die viel mehr Anforderungen erfüllt als Ressourceneffizienz. Auf dem Weg dorthin hoffe ich, selbst ein besserer Mensch zu werden und andere Menschen unterstützen und fördern zu können.«

Info

www.rmi.org
Website des Rocky Mountain Institute.
www.natcap.org oder www.naturalcapitalism.org
Website zum Buch »Natural Capitalism«.
www.smallisprofitable.org
Website zum Buch »Small is Profitable: The Hidden Economic Benefits of Making Electrical Resources the Right Size«.
www.oilendgame.org
Website zum Buch »Winning the Oil Endgame«.

»Im Endeffekt werden heute viele Menschen in ihren Betrieben nicht wie eigenständig denkende und handelnde Erwachsene behandelt.«

Charles Maisel
Wirtschaftswissenschaftler, Unternehmer,
Künstler, Kämpfer für Benachteiligte
Kapstadt, Südafrika

Erwachsene wie Erwachsene behandeln

Versteckt zwischen Lagerhäusern, ungefähr 20 Minuten außerhalb des Stadtzentrums von Kapstadt, befindet sich die Schaltzentrale von »Men at the Side of the Road« (MSR), was so viel heißt wie »Männer am Straßenrand«. »Charles ist leider nicht da. Er wurde heute morgen von einem Minister gerufen, um eine wichtige Angelegenheit zu besprechen«, entschuldigt sich Jocelyne, Charles Maisels Frau. Jocelyne, die ihrem Mann vor allem bei der Organisation und der Finanzplanung hilft, zeigt uns das Herzstück von MSR: Räume, gefüllt mit gebrauchten Werkzeugen – Hammer, Zangen, Schaufeln, Rasenmäher, Gartenharken, Malerutensilien. Kein alltäglicher Anblick, und der Zusammenhang mit gesellschaftlicher Entwicklung wird uns erst allmählich klar. Diese Werkzeuge werden von Freiwilligen in ganz Südafrika gesammelt und teilweise aus dem Ausland gespendet. MSR repariert diese Werkzeuge in oft mühevoller Kleinarbeit und verkauft oder verleiht sie dann sehr günstig an viele tausend Männer in Kapstadt, die an der Armutsgrenze leben. Dank der Werkzeuge können sie durch Tagesjobs als Gärtner, Maurer oder Maler wenigstens so viel verdienen, um das Überleben ihrer Familie zu sichern.

Die Männer am Straßenrand

An mehr als 500 Orten in Kapstadt warten diese Tagelöhner auf Arbeitsgelegenheiten. Ihre Zahl wird auf mehr als 50.000 geschätzt. Eines Tages begann Charles Maisel, sich mit den Männern zu unterhalten. Sie erzählten ihm, dass sie oft sehr schlecht behandelt und bezahlt würden, nicht einmal die einfachsten sanitären Einrichtungen zur Verfügung hätten und vor allem, dass sie gegen diese miserablen Bedingungen absolut machtlos seien.

Charles brauchte nicht lange, um einen Plan zu entwickeln. Innerhalb von zwei Jahren entstand die Organisation »Männer am Straßenrand.« Sie verschafft den Arbeitern eine Stimme in der Gesellschaft, hilft ihnen, sich zu organisieren und gegenseitig zu unterstützen. Viele Arbeitgeber zahlen den Tagelöhnern nach getaner Arbeit weniger Lohn als abgesprochen. Manchmal lassen sie sie hunderte von Kilometern von Kapstadt entfernt an den Arbeitsorten zurück, ohne ihnen die versprochene Heimfahrt zu organisieren. Von den Arbeitsbedingungen möchten viele der Männer gar nicht sprechen, da sie sich schämen.

Erste Erfolge seiner Organisation brachten Charles erst so richtig in Gang. Er organisierte nicht nur den Bau von Schatten spendenden Wartehäuschen, sondern auch von sanitären Einrichtungen. Bald merkte er, dass die Männer mit etwas besserer Ausbildung viel mehr verdienen konnten. Also organisierte er Schulungen für Maler, Handwerker oder Gärtner. Doch aufgrund jahrelanger Erfahrung mit benachteiligten Menschen wusste er, dass kostenloses Training für Menschen, die täglich ums Überleben kämpften, nicht ausreichte. Transportkosten zur Schulung und wieder nach Hause fielen an, das Essen für die Männer und ihre Familien musste bezahlt werden, damit sie sich auf die Ausbildung konzentrieren konnten. Also schloss Charles Maisel Kooperationsvereinbarungen mit der südafrikanischen Regierung, die die Programme nun als Vorbereitung auf den Arbeitsmarkt unterstützt. Da aber auch in Südafrika eine Ausbildung nicht reicht, um an einen Job zu kommen, baute Charles noch zwei weitere Elemente in sein Modell ein.

Ihm wurde klar, dass es für die Arbeiter sehr viel besser wäre, wenn sie ihre eigenen Werkzeuge und sogar Aufträge hätten. Er wusste aber auch, dass sie sich neue Werkzeuge niemals leisten konnten und auch nicht die Kontakte und die Glaubwürdigkeit hatten, um an Aufträge zu kommen. Gleichzeitig gab es in Charles' Freundeskreis viele Familien, in deren Garagen kaum gebrauchte oder kaputte Werkzeuge herumlagen. Es lag deshalb nahe, eine große Sammelaktion zu organisieren, um diese zu sammeln und zu reparieren. Durch immer neue Aktionen auch im Ausland konnten bis heute rund 20.000 Werkzeuge gesammelt werden, die von MSR mittlerweile an fünf Orten in Südafrika repariert, gelagert und verliehen werden.

Damit die Menschen auch an die richtigen Jobs kommen, hat MSR ein Arbeitsvermittlungsunternehmen gegründet, das inzwischen zu den größten in Südafrika gehört und vor allem Minijobs für Gärtner, Maler und Handwerker jeder Art vermittelt. Doch wer ist der Mann, der hinter diesen Ideen steckt? Wie denkt er, was motiviert ihn?

Unorthodoxe Führungspraktiken des Künstlers

Als wir Charles zwei Tage später in einem Café in einem der Vororte Kapstadts treffen, können wir kaum aufhören, über seine Aussagen zu schmunzeln. Jeder seiner Sätze würde das Weltbild europäischer oder amerikanischer Geschäftsleute in den Grundfesten erschüttern. Locker angezogen, mit einer Wollmütze bekleidet, sitzt er uns gegenüber: »Meine Einstellung ist sehr einfach: Ich arbeite nicht für profitmaximierende Unternehmen. Ich arbeite nicht für materialistische Ziele und Zwecke. Ich arbeite schon gar nicht für Geld. Ich denke nicht, dass Geld ein genügend guter Motivator ist, um Höchstleistungen zu erbringen. Wenn man hingegen auf seiner Leidenschaft basierend arbeitet, kreiert man automatisch das, was ich als ›Kunst‹ bezeichne. Kunst verstanden als ein Ergebnis dessen, was man perfekt beherrscht, weil man es mit Liebe und Leidenschaft tut. Und dabei ist es nicht wichtig, ob man als Buchhalter, Rechtsanwalt, Arzt oder Geschäftsmann arbeitet – man kann in jedem Bereich Kunst schaffen.« Um einen Beruf zu erlernen, empfiehlt Charles nicht Schulen oder Ausbildungsprogramme, sondern die Beobachtung und Mitarbeit bei einem Menschen, der den gewünschten Beruf auf einem sehr hohen professionellen Niveau und mit Liebe ausübt. »Wenn deine Arbeit bedeutungsvoll für dich ist, wird das, was du schaffst, frisch, lebendig und innovativ sein. Die Menschen werden es ansehen und ›Wow!‹ sagen, sie werden eine geistige Verbindung dazu finden … Die Mitarbeiter meiner Organisation schlagen selbst vor, wie viel sie verdienen wollen. Sie müssen sich auch selbst um ihre Nachfolger kümmern, wenn sie etwas anderes machen möchten. Es gibt keine vorgeschriebenen Arbeitszeiten und kaum Regeln. Es gibt keine Stellenprofile, keine unnötigen Reports oder Versammlungen.«

Charles' Herkunft war wesentlich weniger revolutionär als seine heutigen Thesen. Er kommt aus einer wohlhabenden südafrikanischen Familie und hatte das Privileg, auf sehr gute Schulen zu gehen und an einer Spitzenuniversität Wirtschaftswissenschaften zu studieren. Mit 23 Jahren musste er nach einem sehr guten Abschluss für zwei Jahre zum Militär. Danach wollte er mehr von der Welt sehen und reiste ein Jahr lang durch Europa. 1992 kehrte er nach Südafrika zurück und begann seine Tätigkeit als Gestalter von Problemlösungen, als »Künstler«, wie er sich selbst nennt. »Ich habe hunderte von Projekten aufgebaut, darunter ein Programm zur Reduktion häuslicher Gewalt, ein spezielles System zum Straßenbau in abgelegenen Regionen, ich habe viel mit Kindern gearbeitet, innovative Modelle für benachteiligte Personengruppen entworfen und vieles mehr. MSR ist allerdings bei weitem das größte Projekt. Ich baue die Projekte sehr gerne auf, wähle dann Personen aus, die sie weiterführen, und verschenke in diesem Stadium meine Aufbauarbeit. So wie jeder Künstler seine Bilder abgibt – nur dass ich kein Geld dafür nehme. Ich werde nicht reich, ich besitze nichts. Ich will auch nicht für immer ein Projekt verwalten. Was ich bekomme, sind Auszeichnungen, Anerkennung und viele, viele glückliche und zufriedene Gesichter um mich herum.«

Da Charles ungern von Spenden abhängig ist und möchte, dass all seine Systeme ihn lange überleben, ist ihm der ökonomische Aspekt seiner Initiativen sehr wichtig. Deshalb formt er sie so, dass sie sich finanziell selbst tragen. Das sei recht einfach, behauptet er. »Wenn man mit Leidenschaft arbeitet, geht alles sehr einfach. Ich habe nur eine wirkliche Fähigkeit – ich entdecke Lücken! Andere Menschen entdecken und füllen Marktlücken; die Lücken, die ich entdecke, sind eher sozialer Natur. Ich kreiere dann innovative Lösungen und Projekte, um diese Lücken zu schließen. Ich durchdenke die so entstehenden Systeme so lange, bis ich einen Weg gefunden habe, sie finanziell unabhängig zu machen. Ich bin kein Spezialist in irgendeinem Fachgebiet, ich erfinde einfach eine neue Art, ein Problem zu lösen. Meine Modelle sind sehr unterschiedlich und ich wähle die Menschen, die sie erfolgreich weiterführen können, sehr bewusst aus.«

Auf seine Arbeit mit MSR angesprochen, meint Charles: »Die Werkzeuge sind nur ein kleiner Teil des Gesamtsystems. Der wichtigste Schritt war, die Menschen am Straßenrand, die überwiegend aus den Armenvierteln Kapstadts kommen, zu organisieren. Ich wollte ihnen eine Stimme geben, damit sie für sich selbst sprechen können. Wir haben ihnen geholfen, sich zu organisieren, und einen Identitätsausweis entwickelt, durch den die Organisation einen offiziellen Charakter bekam. Durch Informationen über Menschenrechte und arbeitsrechtliche Sachverhalte erfuhren die Männer erstmals, dass sie überhaupt Rechte haben. Später haben wir ihnen geholfen, eigene Malergeschäfte, Schreinereien oder Gärtnereien zu gründen. Da der Prozentsatz an Unternehmern unter den benachteiligten Männern recht klein ist, haben wir auch eine sehr schnell wachsende Stellenvermittlung aufgebaut, die innerhalb der nächsten drei Jahre führend in Südafrika sein wird. Meine Lieblingsprojekte innerhalb von MSR sind allerdings das Design und die Produktion von speziellen, kleinen, multifunktionellen Möbeln für das durchschnittliche afrikanische Haus – und das ist augenblicklich 16 Quadratmeter groß. Und auch die Herstellung von farbenfrohen, afrikanischen Arbeitsoveralls, die wir in der ganzen Welt vertreiben werden, um die traurige und monotone Kleidung zu vertreiben.« Charles gesteht uns allerdings auch, dass er gerade dabei ist, sich von MSR zu verabschieden. Wie er sagt, ist das Projekt auf die Schiene gesetzt, und er selbst ist nicht der Typ fürs Management. Das nächste Projekt ist geistig schon geboren und MSR wird an Menschen verschenkt, die das Projekt mit Charles in den letzten Jahren aufgebaut haben und die er für fähige Manager hält. Eine finanzielle Entschädigung für seine Arbeit zu verlangen, wie dies im traditionellen Geschäftsleben die Regel ist, kommt für Charles nicht in Frage. Ihm ist es wichtig, zu wissen, dass ein wichtiges Problem dank seiner Gabe gelöst wurde und dass diese Lösung in Zukunft Bestand haben wird.

Ideen-Trading à la Charles Maisel

Mit einer neuen Firma namens The Great Ideas Company möchte Charles versuchen, das Problem zu lösen, dass es viele gute Ideen gibt, die leider nie umgesetzt werden. Grundlegend besteht die Idee darin, eine Mobilfunkplattform aufzubauen, über die er Millionen von Ideen aufkauft und mit diesen Ideen handelt. Als Technologie benutzt er Mobiltelefone, weil in Afrika viel mehr Menschen Zugang zu einem Mobiltelefon haben als zum Internet. Schon in den vergangenen Jahren hatte er vereinzelt Ideen, die ihm per SMS zugesendet worden waren, dem Ideengeber abgekauft und an Menschen weiterverkauft, von denen er wusste, dass sie sowohl fähig waren wie auch das Interesse hatten, diese umzusetzen.

Insgesamt klingt die Idee nicht minder verrückt als eine Sammlung kaputter Werkzeuge. Charles jedoch erklärt optimistisch, dass bisher niemand versucht habe, mit Ideen zu handeln, schon gar nicht mit solchen, die Investoren und Banken für zu riskant halten. Seine wichtigste Zielgruppe sind sehr junge Menschen. Denn diese seien so kreativ und innovativ, dass er bald ein riesengroßes Lager an guten Ideen haben werde.

Der Raum für persönliches Wachstum

Auf die Frage, warum er bei seiner Arbeit niemals an die Sicherheit seines Einkommens oder die Meinung anderer denkt, erklärt er: »Die meisten meiner Freunde und meine Familie verstanden nicht, warum ich nach dem Studium diese in ihren Augen seltsamen sozialen Projekte machte. Erst als ich internationale Preise von anerkannten Stiftungen und der Regierung gewann, begannen meine Eltern, meinen Beruf zu akzeptieren. Für mich stand allerdings schon immer fest, dass mein Ziel meine Kunst ist, denn sie löst soziale Probleme. Ich könnte in vielem erfolgreich sein, aber das meiste interessiert mich nicht. Ich finde es spannend, meine Fähigkeiten dafür einzusetzen, gute Entwicklungen anzustoßen. Ich arbeite im Interesse vieler anderer und tue natürlich auch Gutes für mich selbst – ich bekomme ja all die positiven Reaktionen täglich zu hören. Das treibt mich auch extrem an, jeden Morgen aufzustehen. Ich glaube fest an soziales Unternehmertum. Man kann und darf als Unternehmer durchaus sehr viel Geld verdienen. Man muss die Lösungen, mit denen man Geld verdient, allerdings so gestalten, dass sie Positives zum Leben anderer beitragen. Und natürlich müssen sie auch für die eigenen Mitarbeiter eine Verbesserung der Lebenssituation bedeuten.«

»Die größte Krankheit in unserer Gesellschaft«, so Charles, »ist Depression. Weil Menschen nicht das machen, worin ihre Leidenschaft liegt. Ich mache, was ich liebe – gegen alle Widerstände. Versucht irgendjemand, einem Maler oder Schriftsteller zu sagen, dass er aufhören soll, nur weil er keine Millionen verdient? Ich denke, das sollte in jedem Beruf so sein.«

Die Behandlung seiner Mitarbeiter ist ihm ein großes Anliegen: »Viele Menschen werden in ihren Betrieben nicht als eigenständig denkende und handelnde Erwachsene gesehen. Sehr oft wird der Fehler gemacht, ihnen alles vorzuschreiben. Dadurch haben sie auch keine Chance, zu wachsen. Ich versuche, das freie Denken meiner Mitarbeiter zu fördern. Daher kommt auch die flache Hierarchie bei MSR. Jeder hat eine Stimme. Nur die Buchhaltung, die ist exakt geregelt. Denn man muss genau wissen, wofür man Geld ausgibt. Wir haben eine Umgebung geschaffen, in der jeder als Erwachsener behandelt wird. Einen Raum, in dem sie persönlich wachsen können, auch wenn dazu manchmal Fehler gehören. Doch aus Fehlern lernt man eben. Dazu sind sie da. Nach diesem Prinzip haben meine Projekte bisher fantastisch funktioniert.«

»Autos, Computer oder Metallröhren zu verkaufen, reicht mir nicht – ich will die Welt verbessern.«

Thilo Bode
Entwicklungshelfer, Umweltaktivist,
Unternehmer, Veränderer
Berlin, Deutschland

Verändern gegen Widerstände

Wir kennen Thilo Bode aus der Presse der frühen 90er-Jahre, aus den Zeitungsberichten über Greenpeace-Aktivisten, die sich an Walfangschiffe oder Ölplattformen ketten. Wir kennen seinen Namen im Zusammenhang mit den Verhandlungen zum Kyoto-Protokoll und der Diskussion um die Ozonschicht, später aus dem Skandal rund um die Shell-Plattform Brent Spar. Alles Themen, die weit in der Vergangenheit zu liegen scheinen.

Was macht man aber, wenn man kein Umweltaktivist mehr ist – oder bleibt man für immer einer? Was macht man als Ex-Direktor von Greenpeace International und wie kommt man überhaupt zu so einem Job?

Im Sitzungszimmer von foodwatch, der heutigen Organisation von Thilo Bode, haben wir Gelegenheit, solche Fragen loszuwerden. Zum Startup-Charakter von foodwatch passend, finden wir die Büros in einem Berliner Hinterhof. Bode sitzt noch über der Finanzplanung für das nächste Beiratstreffen und begrüßt uns, inzwischen fast 60-jährig, mit einem gelassenen Lächeln im Gesicht. Er habe gehört, dass wir mit Menschen sprechen wollen, die etwas Positives in dieser Welt bewegen. Gleich bemerkt er bescheiden, dass sich Individuen oft überschätzen. Nur zusammen mit guten Teams könne man wirklich etwas bewegen und dies auch nur, wenn man zur richtigen Zeit am richtigen Ort und mit den richtigen Fähigkeiten auftaucht. Das Gespräch verspricht interessant zu werden.

Rebellion und Politik in der Jugend

Thilo Bode ist in einem konservativen Elternhaus in Eching am Ammersee aufgewachsen – im Durchsetzen von Veränderungen gegen Widerstände hat er also Übung. Bereits in seiner Jugend hat ihn der Ursprung sozialer Ungerechtigkeit und die Möglichkeiten, sie zu beseitigen, fasziniert. Woher das Interesse stammt, lässt sich heute nicht so klar sagen, vielleicht entsprach es einfach dem Zeitgeist. Auf jeden Fall war Bode sozusagen von Anfang an auf Weltverbesserer programmiert.

Früh gründete der Teenager eine Ortsgruppe der Jusos (Arbeitsgemeinschaft der Jungsozialistinnen und Jungsozialisten in der SPD) und arbeitete sich immerhin bis zum Kreisvorstand hoch. In knapp fünf Jahren der politischen Tätigkeit erkannte er allerdings bereits die Systemzwänge, in denen sich Politik bewegt und sah, dass sie nur eingeschränkt geeignet ist, wirkliche Veränderungen herbeizuführen. Während seines Studiums in München und Regensburg – anfangs Soziologie, dann Volkswirtschaft – machte ihm das politische Engagement aber dennoch viel Spaß. Viele Diskussionen blieben allerdings sehr theoretisch und so entschied er sich, nach seiner Promotion über Direktinvestitionen in Asien 1975 in die Entwicklungshilfe zu gehen. Hier glaubte er all das, wovon er die letzten Jahre gelesen hatte, in die Praxis umsetzen zu können.

Organisatorische Defizite in der Entwicklungshilfe

Es folgten zwölf Jahre als Entwicklungshelfer für die Kreditanstalt für Wiederaufbau (KfW) in vielen Drittweltländern. Bode plante, finanzierte und implementierte Wasserversorgungs- und Energieprojekte. Bis er an einen Punkt kam, ab dem er sich auch in Bezug auf Entwicklungshilfe als desillusioniert bezeichnet. Wie er heute erklärt, war die Entwicklungshilfe, die damals betrieben wurde, in vielerlei Hinsicht problematisch. Die Probleme lagen selten im finanziellen Bereich oder an fehlendem Wissen; gewaltige organisatorische Defizite waren vielmehr ein Grund zur Sorge. Die grundlegende Philosophie der Entwicklungshilfe hat sich in den letzten Jahren zum Glück in den meisten Fällen verändert, damals aber eben noch nicht.

Schwierige Rahmenbedingungen für Industrieunternehmen

Nach mehr als einem Jahrzehnt in der Entwicklungshilfe wollte Thilo Bode auch die Industrie aus eigener Erfahrung kennen lernen. So heuerte er als Vorstandsassistent bei einem mittelständischen Unternehmen an, das im Bereich der Metallverarbeitung tätig war. Bode ist sicher, dass er in den dreieinhalb Jahren dort viel gelernt hat – vor allem entwickelte er einen hohen Respekt für eigentümergeführte, mittelständische Unternehmen. Im Gegensatz zu manch einem Topmanager globaler Konzerne, der sich oft für fragwürdige Leistungen hoch entlohnen lasse, seien die meisten Mittelständler zu bewundern. Sie kämpften mit unzulänglichen Rahmenbedingungen, ohne sehr viel Einfluss zu haben. Die Tätigkeit in der Industrie habe ihm geholfen zu verstehen, wie Unternehmer denken und welchen Zwängen sie ausgesetzt sind. Dieses Verständnis sei ihm im Verlaufe seiner Karriere in vielen Auseinandersetzungen zugute gekommen und habe ihm oft den Respekt der Gegenseite eingebracht. Jedem, der heute die Welt in einer NGO (Nichtregierungsorganisation) retten will, tue es gut, einmal in der Industrie gearbeitet zu haben. Doch Bode wollte sein Leben nicht damit zubringen, etwas zu verkaufen. »Autos, Computer oder Metallrohre zu verkaufen mag für manch einen spannend sein, mir gab es jedoch keine wirkliche Befriedigung.« Seine Energie wollte er schon immer dafür einsetzen, die Welt ein Stück gerechter zu machen.

Greenpeace: Veränderung durch Nichtregierungsorganisationen?

Während sich Thilo Bode bereits geistig aus dem Industrieunternehmen zu verabschieden begann, sah er eine Anzeige von Greenpeace in der Zeitung. Es wurde ein neuer Deutschlandchef gesucht. Große Chancen rechnete er sich nicht aus für diese Stelle. Sie schien aber eine spannende Herausforderung zu versprechen und einen Platz, von dem aus man die Welt verändern konnte. So bewarb er sich und erhielt den Job. Von Anfang an stellte er die Forderung, auch unpopuläre Entscheidungen treffen zu können. Zähneknirschend wurde ihm dies zugestanden und so begann 1989 eine zwölfjährige, sehr enge und erfolgreiche Beziehung zwischen Bode und Greenpeace. Rückblickend meint Bode, dass er ganz einfach der richtige Mann zur richtigen Zeit am richtigen Ort gewesen sei, um die notwendigen Veränderungen bei Greenpeace einzuleiten. Sowohl auf nationaler, wie auch, ab 1995, auf internationaler Ebene als Geschäftsführer Greenpeace International.

Als Thilo Bode zu Greenpeace kam, hatte die Organisation eine Zeit schnellen Wachstums hinter sich. Sie hatte sich zu einer international führenden Umweltorganisation entwickelt, viel Einfluss gewonnen und sich einen sehr guten Namen gemacht. Allerdings häuften sich Schwächen sowohl auf der Organisationsebene wie auch im Führungsbereich – eine typische Entwicklung in dieser Wachstumsphase. Hier konnte Bode seine Erfahrungen voll ausspielen und als politisch denkender Mensch mit sehr gutem wirtschaftlichem Know-how Greenpeace in eine neue Erfolgsphase führen. Anfangs war ihm nicht ganz klar, worauf er sich einließ: »Ich kam nicht mit einer fertigen Vorstellung oder Vision zu Greenpeace, sondern hatte vielmehr den Mut, zuzuhören. In der Diskussion der folgenden Jahre wurde dann eine Richtung und Vision entwickelt. Bevor man effizient verändern kann, muss man die Schwächen und Möglichkeiten einer Organisation erst einmal verstehen.«

Dieser Prozess war nicht immer einfach, aber er führte zum Erfolg. Es waren die Jahre des ersten großen umweltpolitischen Durchbruchs. Das Montreal-Abkommen zum Schutz der Ozonschicht, die Artenschutz-Konvention und der Kyoto-Vertrag kamen zum Abschluss. Greenpeace mischte immer mit, wurde zur Speerspitze der Umweltlobby.

Wieder der Drang zum Verändern

Es machte Bode Spaß, in kontroversen Verhandlungen auf der Seite ›der Guten‹ gegen ›das Böse‹ aufzutreten. Doch trotz dieser Erfolge sagte ihm 2001 sein Bauchgefühl, dass er Greenpeace verlassen musste, wenn er seinen Weg weitergehen wollte. Seiner Meinung nach war die Organisation, bedingt auch durch die Erfolge der Vergangenheit, nicht bereit für einen weiteren Wandel. Sich zu verabschieden und einen nächsten Schritt zu tun, war die logische Folge, auch wenn er damit nicht überall auf Verständnis stieß. Worin dieser nächste Schritt bestehen könnte, wusste er damals nicht. Rückblickend erkennt Bode zwar das Risiko, dass in jedem Wechsel steckt. Allerdings sei ihm das einerseits nicht ganz so klar gewesen und außerdem wäre er nicht zufrieden gewesen, wenn er diesen Schritt nicht gewagt hätte.

Über die Jahre hinweg ist sich Thilo Bode immer bewusster geworden, dass die Änderungsmöglichkeiten in der Politik und in Unternehmen beschränkt sind, da man immer sehr systemgebunden agieren muss. Er erklärt: »Solche Organisationen sind für Stabilisierung, nicht für Veränderung gedacht. Wenn man verändern will, muss man zu einer Organisation gehen, die sich den Wandel zum Ziel gesetzt hat!«

Erosion der Demokratie

Es folgte eine Zeit der Neuorientierung. Bode wurde von einem Verlag angefragt, ob er nicht Lust hätte ein Buch zu schreiben. Ein Buch über die internen Begebenheiten bei Greenpeace – ein nahe liegender Vorschlag – hätte er nicht geschrieben. Allerdings konnte er ein Buch über ein Thema verfassen, das ihn zunehmend beschäftigte und auf das er wiederum durch seinen Drang zu verändern gekommen ist: »Ich bin zu dem Schluss gekommen, dass wir eine Erosion der Demokratie zu Gunsten von starken Interessengruppen und zu Ungunsten des Allgemeinwohls erleben.« In seinem Buch »Die Demokratie verrät ihre Kinder« zeigt er auf, wie sehr nationale und internationale Politik sowie die wirtschaftlichen Rahmenbedingungen von starken Lobbys beeinflusst werden, die von den Bürgern überhaupt nicht mehr zu kontrollieren sind. Während seiner Jahre bei Greenpeace hat er aber wiederholt die Erfahrung machen können, welchen Einfluss man ausüben kann, wenn man sich zusammenschließt und ein Ziel verfolgt. Laut Bode haben wir viel mehr Macht als wir denken: »Die Fassade der Stillstands- und Interessenpolitik bröckelt schnell, wenn wir uns nur organisieren«. Allein, so seine Erfahrung, ist ein Verbraucher ein Zwerg, »zusammen sind sie ein Riese«.

Nahrung und die Macht der Konsumenten

Parallel zum Bücher schreiben gründete Bode eine neue Organisation: foodwatch. Sie hat sich zum Ziel gesetzt, die Interessen der Verbraucher im Ernährungssektor zu vertreten, hier also den Mangel an Demokratie langsam abzubauen. Die politisch unabhängig agierende Organisation finanziert sich durch Mitgliedsbeiträge und Spenden. Nur so, ist Bode überzeugt, ist man inhaltlich wirklich unabhängig. foodwatch macht sich für Markttransparenz und sichere Nahrungsmittel zum Schutz der Verbraucher stark und richtet sich an Menschen, die beim Essen auf die eigene Gesundheit sowie auf soziale und globale Auswirkungen achten.

Verbraucher sollen laut foodwatch das Recht haben zu wissen, was in den Nahrungsmitteln steckt, die sie für sich und ihre Familien kaufen. Die Hersteller sollen die Verantwortung für ihre Produkte übernehmen und streng kontrolliert werden. Die Website der Organisation fasst den Auftrag des mittlerweile zehnköpfigen Teams wie folgt zusammen: »foodwatch informiert Verbraucher über Gift im Essen, über die Drahtzieher von Gammelfleischskandalen und darüber, ob Bio wirklich Bio ist.« Eine übersichtliche Gesetzgebung und deren konsequente Umsetzung im Interesse der Verbraucher gehören selbstverständlich dazu. Dadurch soll im Ernährungssektor die Demokratie wieder Einzug halten. Thilo Bode erklärt den Zusammenhang: »Es ist nicht leicht, den Menschen klar zu machen, dass im Bereich der Ernährung ein Demokratiedefizit herrscht – kaum Transparenz, kaum Wahlfreiheit und kaum Schutz. Da die Medien auch immer weniger tiefgreifend informieren, besteht kaum noch eine Möglichkeit zur Kontrolle. Deshalb sehe ich ›foodwatch‹ auch als Symbol für Demokratie. Ich möchte den Menschen klar machen, dass man sich aktiv zusammenschließen muss, um etwas zu verändern.«

Mittlerweile hat sich die Organisation gut entwickelt, mehrere Aufsehen erregende Kampagnen durchgeführt und wird immer häufiger von Presse und Politik beratend hinzugezogen. Gammelfleischskandale und ähnliche Ereignisse sind deutliche Indizien, wie notwendig eine Organisation wie foodwatch ist.

Seine beruflichen Erfahrungen als ›professioneller Veränderer‹ fasst Thilo Bode wie folgt zusammen: »Soziale Probleme, vor allem die soziale Ungerechtigkeit, haben mich schon immer interessiert. Früher habe ich mich parteipolitisch engagiert, danach in der Entwicklungshilfe und Industrie gearbeitet. Schließlich habe ich festgestellt, dass der effizienteste Hebel zur Veränderung im Zusammenschluss von Einzelinteressen liegt.«

Info

www.foodwatch.de

foodwatch informiert über die Qualität von Nahrungsmitteln und setzt sich mit Kampagnen, mit Recherchen und vor Gericht für die Rechte der Verbraucher ein.

www.greenpeace.org

T. Bode, Abgespeist. Wie wir beim Essen betrogen werden und was wir dagegen tun können (Frankfurt 2007).

T. Bode, Die Demokratie verrät ihre Kinder. Ex-Greenpeace-Chef fordert die Mächtigen heraus (München 2003).

»Der Verlust der Verbundenheit mit uns selbst, mit den uns umgebenden Menschen und vor allem mit der Natur ist eine der Wurzeln unserer heutigen Probleme.«

Junko Edahiro
Übersetzerin, Informationsquelle,
Veränderungsagentin, Springbrunnen der Hoffnung
Tokio, Japan

Springbrunnen der Hoffnung in kritischen Zeiten

Über Junko Edahiro und ihre Projekte erfuhren wir bei Internet-Recherchen. Die Google-Suche nach »Japan« und »Sustainability« (Nachhaltigkeit) wurde mit dem naheliegenden Treffer »Japan for Sustainability« beantwortet. So heißt Junkos Organisation, die sich zum Ziel gesetzt hat, die Welt über Japans Fortschritte im Bereich Umwelt und Nachhaltigkeit zu informieren. Einfach zu finden, klarer Auftrag.

Wir treffen Junko in ihrem schlichten Büro in einem ruhigen Stadtteil von Tokio. Es ist eine Gegend, in der hin und wieder etwas Grün durchschimmert und auch der ein oder andere Vogel zu hören ist – sehr unüblich in dieser riesigen, künstlich und steril wirkenden Mega-City mit ihren über 35 Millionen Einwohnern auf engstem Raum.

Wir werden, wie in Japan üblich, höflich gebeten unsere Schuhe auszuziehen und betreten einen Raum, dessen Wände mit schlicht, aber gemütlich wirkenden Korkplatten und mit Bücherregalen bedeckt sind. Der übliche Blick auf die Buchrücken bringt kaum Aufschluss – alles japanisch. Nur ein paar englische Bücher von Lester Brown[1] wirken vertraut. Wie es dazu kam, dass sie da stehen, erklärt uns Junko sehr bald in perfektem Englisch und mit einem meist ernsthaften, konzentrierten Gesichtsausdruck.

Ein normales japanisches Mädchen

In den ersten 30 Lebensjahren von Junko Edahiro wies nichts auf Ökologie oder Nachhaltigkeit und schon gar nichts auf Englisch hin. Die Japanerin wuchs in Tokio auf, besuchte dort die Schulen, heiratete früh und schloss die Universität von Tokio mit einem Master-Diplom in Erziehungspsychologie ab. Im Alter von 29 Jahren entschied sie sich, trotz ihrer Abneigung gegen Fremdsprachen, ihren Mann für zwei Jahre in die USA zu begleiten, wo dieser an der bekannten Princeton Universität einen Studiengang absolvierte. Bis dahin war Junkos Leben ziemlich typisch für eine japanische Frau – gut erzogen und ausgebildet, dann auf die Unterstützung ihres Mannes und die Familie fokussiert.

[1] Lester Brown ist Gründer des Worldwatch Instituts und des Earth Policy Instituts, zwei der weltweit bedeutendsten Think Tanks der ökologischen Bewegung. Siehe auch das Interview mit Reah Janise Kauffman auf www.myimpact.net.

Etwas weniger typisch war es, zumindest gemäß den Vorurteilen gegenüber Japanern, dass Junko innerhalb von nur zwei Jahren in den USA perfekt Englisch lernte. So perfekt, dass sie als Simultandolmetscherin arbeiten konnte.

Da Junko schon immer ein Interesse für Literatur hatte, begann sie während ihrer USA-Zeit, Bücher aus dem Englischen ins Japanische zu übersetzen. Am Anfang waren die Themen sehr breit, mit der Zeit fokussierten sie sich aber immer mehr auf den ökologischen Themenkreis. Hier hatte Junko unerwartet einen Bereich gefunden, der sie ansprach und faszinierte.

Das erwachende Interesse

Nach ihrer Rückkehr nach Japan lernte Junko 1993 die Ideen von Lester Brown, einer der Legenden der ökologischen Bewegung, persönlich kennen. Als sie dessen Präsentationen und Gespräche bei seiner Reise durch Japan simultan dolmetschte, stieg Junkos Engagement im ökologischen Bereich weiter an. Die sich immer wieder um die notwendige, nachhaltige Gestaltung der Systeme auf der Welt drehenden Gespräche waren eine Inspiration und eine unglaubliche Wissensquelle. Junko vervielfachte dank einer kleinen Innovation ihre Arbeitsgeschwindigkeit: Sie sprach die Übersetzung auf ein Band und ließ sie anschließend abtippen. So übersetzte sie in den folgenden Jahren über 20 Bücher ins Japanische, darunter fast alle Publikationen von Lester Brown.

Allerdings war das Übersetzen erst der Anfang ihrer eigenen Reise. Bald publizierte die junge Frau ihr eigenes Buch über Nachhaltigkeit. Es lag ihr sehr am Herzen, wurde aber nicht besonders beachtet.

Steh um zwei Uhr früh auf und Du kannst alles schaffen!

Kurz darauf wurde Junko Mutter. Dies bedeutetete allerdings nicht das Ende ihrer aktiven Berufstätigkeit, wie leider immer noch für so viele Frauen in Japan. Stattdessen wurde die Mutterschaft der Ursprung ihres bisher erfolgreichsten Buches: »Steh um zwei Uhr früh auf und Du kannst alles schaffen!« Denn meistens, wenn sie ihre Tochter abends gegen 20 Uhr ins Bett brachte, schlief sie mit ihr zusammen ein. Da sie im Schnitt sechs Stunden Schlaf brauchte, machte sie sich den neuen Rhythmus zunutze und stand gegen zwei Uhr nachts wieder auf.

Als sie realisierte, wie produktiv die Zeit von zwei bis neun Uhr morgens war – ungestört von Telefonaten oder E-Mails – verfasste sie darüber ein vielgelesenes Buch. Das Thema Nachhaltigkeit kam in diesem Werk ebenfalls vor, stand aber nicht im Vordergrund. Der Trick funktionierte.

Japan ist ökologisch gar nicht so zurückgeblieben

Stolz auf ihren Bestseller und nach wie vor hochinteressiert an den ökologischen Themen unserer Zeit, eilte Junko in den folgenden Jahren von einem

Erfolg zum anderen. 1999 startete sie einen E-Mail-Newsletter, in dem sie die interessantesten und wichtigsten Nachhaltigkeitsnachrichten zusammenfasste, die sie über Japan gelesen und auf den vielen, unterschiedlichen Kongressen gehört hatte. Dabei musste sie feststellen, dass Japan im Bereich ökologischer Lösungen gar nicht so zurückgeblieben war, wie vielfach angenommen. Aus den anfänglich 18 interessierten Personen wurden im Laufe der Jahre über 8.000 Abonnenten aus dem In- und Ausland. 2002 entschloss sich Junko deshalb, rund um die Nachrichten eine permanente Plattform, Japan for Sustainability (»Japan für Nachhaltigkeit«), aufzubauen. Allerdings versuchte sie gar nicht erst, alles selbst zu machen, sondern organisierte ein innovatives System von 350 freiwilligen Helfern, die mit mittlerweile unterschiedlichen Aufgaben wie Redaktion, Korrektur, Publikation usw. beauftragt sind und so zusammen dazu beitragen, dass die Plattform monatlich ca. 30 qualitativ hochwertige Artikel veröffentlichen kann. Junko erklärt dazu: »Die Basis meiner Arbeit ist die Tatsache, dass ich nicht gegen etwas, sondern für etwas bin. Ich will konstruktiven Dialog fördern. Deswegen ist meine Kooperation mit Partnern aus Unternehmen und aus der öffentlichen Verwaltung so erfolgreich.« Das bedeutet, dass sie und ihr Team über positive Beispiele berichten, die von japanischen Unternehmen, vom japanischen Staat und von einzelnen Bürgern im Nachhaltigkeitsbereich umgesetzt werden. Sie verwendet ihre Zeit nicht für Anklagen und Anschuldigungen. Hinzu kommt, so zeigt die Erfahrung zumindest in Japan, dass Menschen bereit sind, der Organisation aktiv Auskünfte zukommen zu lassen, je mehr qualitativ hochwertige Informationen sie selbst umsonst bekommen. So erhält Junko, wenn sie ihre Nachrichten versendet, eine enorme Menge an wertvollen Informationen zurück. Nicht nur Hinweise zu neuen Produkten und Projekten, Lösungen und Initiativen, sondern auch Feedback und neueste Trends aus den einzelnen Themenbereichen.

Der Weg ist das Ziel

Wie Junko heute sagt, gab es kein spezielles, herausragendes oder alles veränderndes Ereignis in ihrem Leben und auch keine außergewöhnliche Erfahrung, die sie zu ihrem intensiven Engagement für Nachhaltigkeit bewogen hat. Es sei vielmehr eine langsame Entfaltung gewesen, die immer stärker wurde. Besonders nachdenklich machte sie die große Anzahl Menschen, die pessimistisch gegenüber der Zukunft unseres Planeten eingestellt ist. Auch wenn Junko, wie sie uns gesteht, keineswegs sicher ist, ob wir als Menschen noch eine Chance zum Überleben haben, so ist sie sich sicher, dass sie selbst weiterhin alles dafür tun will, was in ihrer Macht steht. Heute wirkt Junko gleichzeitig zielorientiert und offen und strahlt eine gelassene Dringlichkeit aus. Ihre schlichte Frisur und das ernste, freundliche Gesicht unterstreichen diesen Eindruck.

Junko möchte eine Quelle der Hoffnung für Andere sein, in einem Umfeld, das ihrer Meinung nach immer schwieriger und pessimistischer werden wird. Sie bestätigt auch etwas, das wir in Gesprächen mit anderen führenden Kennern der ökologischen Bewegung gehört hatten: Entscheidend ist das Bewusstsein, etwas Positives beizutragen. Dieses Bewusstsein spende täglich so viel Zufriedenheit und Energie, dass man schon aus rein egoistischen Gründen gut daran tue, einen positiven Beitrag zu leisten.

Die größte Problematik heute: fehlende Verbundenheit

Nach Junkos Meinung ist der Verlust der Verbundenheit eine der Wurzeln unserer heutigen Probleme. Der Verlust der Verbundenheit mit uns selbst, mit den uns umgebenden Menschen und vor allem mit der Natur führt dazu, dass viele unserer täglichen Aktivitäten mittelfristig schädlich sind für uns selbst. Wir tun oft so, als ob wir uns in einem beziehungslosen Raum bewegen würden. So, als ob beispielsweise wirtschaftliche Aktivität unabhängig von der dadurch gleichzeitig provozierten Zerstörung der Umwelt und deren Auswirkung auf uns wäre, so, als ob die Geldströme, die täglich von den großen Handelsplätzen unserer Welt verschoben werden, keine realen Auswirkungen auf das Leben vieler Menschen hätten.

Junko meint, dass viele von uns auch die Verbindung zu sich selbst verloren hätten und oft auch nicht mehr wüssten, was gut für sie sei, wann Schluss sein müsse mit übermäßigem Arbeiten und Konsum. Die fehlende Verbindung zur Natur ließe uns diese oft gedankenlos und rücksichtslos zerstören, ohne dass wir uns bewusst seien, dass sie Grundlage unseres täglichen Lebens ist. Der Verlust der Verbundenheit zu unseren Mitmenschen ließe uns ertragen, dass beispielsweise 1,2 Milliarden Menschen keinen Zugang zu Wasser hätten und täglich 30.000 Menschen an für uns heute durchaus heilbaren Krankheiten stürben. Gleichzeitig ließen wir zu, dass unglaubliche Geldsummen in zerstörerische Waffenarsenale investiert würden. Dieses fehlende Bewusstsein der Interdependenz, der Verbundenheit der Dinge untereinander, ist laut Junko eines unserer heutigen Hauptprobleme. Sie glaubt fest daran, dass ein Zeitpunkt in der Geschichte der Menschheit erreicht ist, diese wichtigen Verbindungen wieder herzustellen.

Neue Aktivitäten und Pläne

Junko hat in den letzten Jahren im Rahmen verschiedenster Initiativen zur Aktion aufgerufen, fordert und fördert die Aktivität anderer Menschen. So hat sie beispielsweise im Jahr 2003 zusammen mit der Bewegung Slow Life die »Nacht der Kerzen« initiiert. Inzwischen folgen zwei Mal jährlich etwa fünf Millionen Japaner ihrem Aufruf und versammeln sich in der Nacht im Freien, um einige ruhige Stunden bei Kerzenschein zu verbringen.

Weitere Gründungen Junkos sind die Initiativen Eco Networks, Change Agent und e's. e's steht für Englisch, Ökologie, Ermächtigung, Energie, Enthusiasmus und Edahiro. Die Organisation verkauft Öko-Produkte und bietet Kurse vorwiegend für japanische Frauen an, um persönliche Veränderungen in Karriere und Lebensstil zu unterstützen. Die dort erworbenen Fähigkeiten sollen allerdings nicht nur zur persönlichen Veränderung beitragen, sondern auch dazu ermutigen, Veränderungsprozesse in den Gemeinden und der Gesellschaft zu initiieren.

Eco Networks bietet Übersetzungen und Beratungsdienstleistungen für japanische Unternehmen im Bereich der Kommunikation rund um soziale Unternehmensverantwortung (CSR) und Nachhaltigkeit an.

Eine Stufe weiter geht die Organisation Change Agent (»Veränderungsagent«). Sie will »Veränderungsagenten« in großem Stil ausbilden. Mit Hilfe von Erkenntnissen aus der Systemtheorie und der –modellierung sollen Menschen dazu befähigt werden, Veränderungen in Japan in großem Maßstab herbeizuführen. Hierzu werden Theorien und Methoden vermittelt und die Teilnehmenden in entsprechende Netzwerke integriert.

Eine von Junkos jüngsten Initiativen ist die Web-Plattform Kinder für die Zukunft. Damit will sie die kommende Generation in Bezug auf Nachhaltigkeitsthemen ausbilden und so auch den dauerhaften Erfolg ihrer Arbeit sichern.

Der richtige Fußabdruck und ein Springbrunnen der Hoffnung

Erfolg bedeutet in der Welt von Junko Edahiro nicht etwa, mehr Geld, Macht und Ruhm anzuhäufen. Sie misst ihn vielmehr daran, ob sie die Welt nachhaltiger gestalten kann. Fortschritt bedeutet für Junko, die Welt in eine Richtung zu bewegen, in der unser Ressourcenverbrauch – oder unser ökologische Fußabdruck, wie es Mathis Wackernagel[2] formuliert – ein langfristiges Überleben der Menschheit ermöglicht. Der Ruhm durch ihre Bücher und Seminare sei bedeutungslos, wenn diese nichts Greifbares in der Welt veränderten.

Mit all ihren Aktivitäten möchte Junko eine lebenswertere und nachhaltigere Welt schaffen und immer auch Vorbild für japanische Frauen sein. Frauen, die immer noch zögern, in den Bereichen ihrer Wahl aktiv zu werden, weil sie Angst haben vor gesellschaftlichen Zwängen und vor der Ableh-

[2] Mathis Wackernagel ist Gründer und Geschäftsführer der Non-Profit-Organisation »Global Footprint Network«. Für den ökologischen Fußabdruck wird der Ressourcenverbrauch von Menschen oder Regionen erfasst und in die Fläche umgerechnet, die notwendig ist, um die entsprechenden Ressourcen zur Verfügung zu stellen. Damit kann gezeigt werden, wie viel Raum ein Mensch oder eine Region in Anspruch nimmt oder, anders ausgedrückt, wie viele Planeten benötigt würden, wenn alle Menschen auf der Welt einen ähnlichen Verbrauch hätten wie die entwickelte Welt.

nung durch andere. Junko möchte ihnen zeigen, dass sie sich frei entfalten können, auch wenn dies bedeutet, nicht allen Erwartungen zu entsprechen.

Und auch wenn Junkos Kinder nun zu alt für das gemeinsame Einschlafen sind, steht sie weiterhin um zwei Uhr früh auf: »In den kommenden Jahren werden wir viele verheerende Ereignisse auf der Welt erleben. Menschen werden verzweifelt sein. Ich selber glaube an die Macht der positiven Information und will ein beständiger Springbrunnen der Hoffnung sein.«

Info

www.japanfs.org
Japanische Nachhaltigkeitsplattform, auf der Junko Edahiro mit ihren 350 freiwilligen Helfern alles Wissenswerte über Nachhaltigkeit in Japan veröffentlicht.

www.es-inc.ja/en/
E´s ist ein Unternehmen, das von Junko Edahiro 2004 gegründet wurde, um Menschen zu unterstützen, die sich persönlich verändern möchten.

www.candle-night.org
Website zur Nacht der Kerzen.

www.change-agent.jp
Change Agent bildet Menschen zu »Veränderungsagenten« aus.

www.kidsforfuture.net
Webplattform für Kinder zum Thema Nachhaltigkeit.

www.worldwatch.org
Das Worldwatch Institut veröffentlicht jährlich einen ökologischen Zustands-Bericht der Welt.

www.earthpolicy.org
Das Earth Policy Institut entwickelt Visionen und Wege für eine ökologisch nachhaltige Wirtschaft.

www.footprintnetwork.org
Eine von einer Gruppe um Mathis Wackernagel gegründete Organisation, deren Ziel es ist, den menschlichen »Fußabdruck«, d.h. den natürlichen Ressourcenverbrauch, so zu verkleinern, dass das langfristige Überleben der Menschheit gesichert ist.

Fazit

Fünf Einsichten und Erfahrungen aus Kapitel 5

- *Es ist wichtig, den eigenen Weg zu finden, und nicht das Leben zu leben, das andere für sinnvoll erachten.*
- *Die Entdeckung dieses Weges setzt oft ungeahnte Potenziale und Energien frei. Seine Berufung zu leben, macht glücklich und zufrieden.*
- *Es braucht Mut und Selbstbewusstsein, die Widerstände und die Skepsis des gesellschaftlichen Umfelds auszuhalten. Aber wenn man sich treu bleibt, überzeugt dies mit der Zeit auch die größten Skeptiker. Akzeptanz und Respekt stellen sich dann oft von selbst ein.*
- *»Nur wer brennt, kann entzünden«: Die eigene Leidenschaft kann im Laufe der Zeit auch andere Menschen anstecken und begeistern.*
- *Nicht nur das Endergebnis, sondern auch der Weg ist das Ziel.*

TEIL III – IHR WEG ZUM POSITIVEN IMPACT

Kriterien für positiven Impact

»Worüber wir nicht ernsthaft nachgedacht haben,
das vergessen wir bald ...« Marcel Proust

Im zweiten Teil dieses Buches haben Sie auf einer Reise rund um den Globus faszinierende Menschen kennengelernt: Menschen, die durch ihr erfolgreiches berufliches Engagement die Welt nachhaltiger und lebenswerter gestalten. Und die auf diesem Weg auch selbst glücklich und zufrieden geworden sind. Weil sie im Einklang mit ihren Wünschen, Träumen und Visionen leben, weil sie wissen, warum sie jeden Morgen aufstehen. Die unterschiedlichen Porträts sind nicht nur interessant und unterhaltsam zu lesen. Sie machen auch Mut, inspirieren und geben Denkanstöße für das eigene Tun und Handeln.

Wir leben in einer Zeit, in der sich immer mehr Menschen nach Sinn und Erfüllung im Beruf sehnen, nach einer Bedeutung ihrer Arbeit für die Gemeinschaft. Sie wollen nicht nur als kleines Rädchen im Getriebe funktionieren, sondern Spuren hinterlassen und einen Beitrag leisten für eine bessere Welt.

Vielleicht gehören auch Sie zu der wachsenden Zahl von Menschen, die auf der Suche sind. Die sich bisweilen fragen, ob sie ihre jetzige Arbeit auf Dauer zufriedenstellt. Die erfolgreich sein wollen, aber gleichzeitig mehr bewegen möchten, als nur Geld zu verdienen.

Die Wege zu einem erfolgreichen und sinnstiftenden Beruf sind vielfältig: auch bei den Porträtierten war die Entwicklung sehr unterschiedlich. Aber jede einzelne Lebensgeschichte zeigt, dass Veränderung möglich ist – für jeden von uns. Die Geschichten regen dazu an, Bezüge zum eigenen Leben herzustellen und Wünsche und Ideale vor dem Hintergrund der beschriebenen Erfahrungen Revue passieren zu lassen.

Vielleicht haben Sie beim Lesen Anknüpfungspunkte zu Ihrer Biografie entdeckt. Oder ein bestimmter Aspekt hat etwas in Ihnen berührt, was Sie schon seit längerem beschäftigt. Denn oft brauchen wir einen Anstoß von außen, einen Impuls, der uns zur Weiterentwicklung motiviert.

Auf den folgenden Seiten haben wir einige Anregungen für Sie zusammengestellt, die diese Entwicklung unterstützen können und die wir Ihnen mit auf den Weg geben möchten. Diese Anregungen sind das Ergebnis der Erfahrungen unserer über 200 Gesprächspartner: Sie spiegeln vor allem das wider, was sie erlebt und erfahren haben und was wir während unserer Reise bei den vielen außergewöhnlichen Begegnungen lernen durften. Es sind Denkanstöße, die Ihnen – wie wir hoffen – Lust machen, Ihr berufliches Engagement mit anderen Augen zu betrachten.

Um dem Berufsleben eine neue Richtung zu geben, braucht es viel Mut und eine gehörige Portion Risikobereitschaft. Aber es lohnt sich. Denn am Ende steht die Erkenntnis, dass das Mitgestalten an einer besseren, nachhaltigereren und lebenswerteren Welt zutiefst glücklich und zufrieden macht.

Das Konzept der »Nachhaltigen Lebensqualität« als Wegweiser und Beurteilungsmaßstab auf dem Weg zu einem glücklicheren Leben

Eine der wichtigsten Erkenntnisse unserer Reise war die Einsicht, dass alles, was wir tun (oder auch nicht tun), eine unmittelbare Auswirkung auf das Gesamtsystem Erde und damit auf uns selbst hat. Weil die meisten unserer heutigen Systeme, wie etwa die Mobilitäts-, die Konsum-, die Energie- oder die Wohnungsbausysteme nicht geeignet sind für die Anzahl der Menschen, die inzwischen auf der Erde leben, zerstören wir unsere eigenen Lebensgrundlagen, wenn wir systemangepasst leben. So werden wir beispielsweise durch Billigfluglinien dazu verleitet, mehr zu fliegen, was durch die dadurch entstehenden Millionen Flüge gravierende, negative ökologische Auswirkungen hat.

Die Systeme werden von Menschen unterstützt und gefördert, die sie nicht nur nutzen, sondern die auch ihre Arbeitskraft und Kreativität in den Dienst der jeweiligen Hersteller und Diensteister stellen.

Wenn wir mit unserem Beruf einen positiven Beitrag leisten wollen, gilt es also, die Auswirkungen unserer beruflichen Tätigkeit zu bedenken und diese so positiv wie möglich zu gestalten.

Basierend auf dieser Erkenntnis entwickelten wir nach unserer Reise einen Ansatz für ein Konzept der »Nachhaltigen Lebensqualität«. Auf den folgenden Seiten laden wir Sie dazu ein, diese Idee näher kennenzulernen und als Anregung für die eigene berufliche Entwicklung zu nutzen.

Ihr Beruf und seine Wirkung

Wissen Sie was Ihre heutige Berufstätigkeit eigentlich bewirkt? Worauf hat sie Einfluss? Wirkt sie sich auf das Leben anderer Menschen positiv aus, wenn Sie sie erfolgreich ausüben?

Wir sprachen einmal mit Caroline Bayliss, einer australischen Juristin, die nach einigen interessanten Aufträgen eine Stelle im Rechtsdienst von Philip Morris annahm. Sie erinnerte sich nüchtern und ohne Bitterkeit: »Erst als meine Schwester an Leukämie starb, habe ich meine eigene Arbeit hinterfragt und den Zusammenhang mit Problemen wie zum Beispiel dem passiven Rauchen gesehen.« Caroline hat den Tabakkonzern verlassen und leitet nun eine Nachhaltigkeitsinitiative der Universität Melbourne. Ihre frühere Einstellung »Ein Jurist ist eine Mietwaffe; sie arbeitet für irgendjemanden,« hat ihr Verfallsdatum definitiv erreicht.

Natürlich ist die Situation in den wenigsten Fällen so klar wie bei einem Tabakkonzern, und eine Beurteilung wird umso schwieriger, je weiter entfernt der Berufsalltag von seinen unmittelbaren Auswirkungen ist. Ein Buchhalter hat scheinbar wenig mit dem Hauptgeschäft seines Arbeitgebers zu tun. Es macht aber einen Unterschied, ob diese Buchhaltung für einen Hersteller von umweltschädlichen Luxuswagen durchgeführt wird oder für einen Innovator im Bereich von zukunftsträchtigen Mobilitätslösungen.

Doch nach welchen Kriterien lässt sich beurteilen, ob die eigene Arbeit positive oder negative Auswirkungen hat?

Es war uns von Anfang an relativ klar, dass wir mit den klassischen Erfolgsmaßstäben und Kriterien unserer Gesellschaft – wie etwa einer Steigerung des Einkommens, einer Machtposition im Unternehmen, einem größeren Auto oder Haus – bei der Beantwortung dieser Frage nicht weiterkommen würden.

Es war erst eine Begegnung nach unserer Reise, die uns helfen sollte, dieses Thema noch einmal intensiv zu durchdenken. Kurz nach unserer Rückkehr, im Mai 2006, nahmen wir an einer von Oikos[1] organisierten Konferenz teil.

Die richtige Begegnung zur richtigen Zeit

Bei dieser Veranstaltung kam Antoinette Hunziker-Ebneter auf uns zu. Sie war uns aus früheren Zeiten sehr wohl bekannt: Jahrelang hat sie die Schweizer Börse geleitet, und nach dem Aufbau der elektronischen Börse virt-x in London übernahm sie die Führung des Investmentbankings einer der großen Privatbanken der Schweiz. Nun war sie dabei, ein neues Finanzinstitut zu gründen, welches »Sinn und Gewinn« miteinander verbinden sollte. Unzufrieden mit der Kultur, die in vielen erfolgreichen, auf Profitmaximierung ausgerichteten Banken üblich war, und mit der Art, wie wenig Raum für Kundenwünsche eigentlich blieb, hatte sie über die vergangenen Jahre eine immer stärkere Vorstellung davon entwickelt, wie man bei Anlageberatungen neben klassischen Risiko-Renditeerwartungen viel mehr als bisher geschehen auf die Werte der einzelnen Kunden eingehen sollte, und wie man zusammen mit den Kunden erarbeiten kann, was sie eigentlich mit ihrem Geld bewirken wollen.

Da Antoinette ihr Team bereits mit sehr erfahrenen Bankern besetzt hatte, die ihre Einstellungen und Erfahrungen teilten, war der »Gewinn«-

[1] oikos ist eine studentische Organsiation, 1987 an der Universität St. Gallen gegründet. Sie umfasst derzeit 20 Chapter von London über Paris bis nach Dhaka. Ziel ist die Integration sozialer, ökonomischer und ökologischer Aspekte in eine zukunftsgerechte Managementausbildung (www.oikosinternational.org).

Teil der Gleichung ausreichend besetzt. Doch sie suchte noch nach einer Besetzung für den »Sinn«-Teil und nach einem Weg, diese Bereiche in einem Konzept schlüssig miteinander zu verbinden.

Die bleibende Frage

Die Aufgabe hörte sich äußerst interessant an, und sie schien vor allem prädestiniert, einen Teil von dem, was wir im letzten Jahr gelernt hatten, in der Realität zu erproben. So war es für Antoinette nicht schwer, uns von der Mitarbeit in ihrem Team zu überzeugen. In den folgenden Monaten entwickelten wir in intensiven Diskussionen ein Konzept, das uns am Ende unerwartet dazu verhalf, eine unserer eigenen Hauptfragen zu beantworten: Wann ist eine Aktivität eigentlich positiv? Wann hat sie einen positiven Impact?

Diese Frage, die wir anfangs intuitiv beantworteten, hatten wir im weiteren Verlauf des Projekts mit dem Hilfskonstrukt der Nachhaltigkeit zu erklären versucht: Wir definierten eine Aktivität als »positiv«, wenn sie zum Aufbau von etwas führte, das ökologisch sinnvoll, sozial verträglich und finanziell beständig ist. Wir hatten allerdings das Gefühl, dass dies zwar gut abgeschrieben, aber für unsere Zwecke noch nicht ausreichend war. Nachhaltigkeit oder nachhaltige Entwicklung erschien uns als ein gutes Mittel zum Zweck, es konnte aber nicht das eigentliche Ziel sein. So entwickelten wir diesen Ansatz beständig weiter, bis am Ende das »Konzept der Nachhaltigen Lebensqualität« unsere Anforderungen befriedigend erfüllen konnte.

Nachhaltige Lebensqualität als Maß

Was bedeutet Lebensqualität?

Um dieses Konzept nachvollziehen zu können, gilt es, einige Begrifflichkeiten zu klären. Zunächst stellt sich einmal die Frage, was sich hinter dem Begriff »Lebensqualität« genau verbirgt.

Bei unseren Recherchen stellten wir fest, dass über 1.300 herausragende Wissenschaftler im Bericht zum Millennium Ecosystem Assessment ein umfassend untersuchtes und weltweit gültiges Modell für die menschliche Lebensqualität entwickelt hatten. Dieses besteht aus den folgenden fünf wichtigsten Bestandteilen und deren 13 Subkomponenten:

1. Deckung materieller Grundbedürfnisse
   - geeigneter Lebensunterhalt
   - ausreichend nahrhaftes Essen
   - Wohnung/Obdach
   - Zugang zu Gütern

2. Gesundheit
   - physisches Wohlfühlen/Stärke
   - psychisches Wohlfühlen
   - Zugang zu sauberer Luft und sauberem Wasser
3. Sicherheit
   - persönliche Sicherheit
   - sicherer Ressourcenzugang
   - Sicherheit vor Katastrophen
4. Gute soziale Beziehungen
   - sozialer Zusammenhalt
   - gegenseitiger Respekt
   - Fähigkeit, anderen zu helfen
5. Wahl- und Handlungsfreiheit

Wenn alle diese Komponenten bei einem Menschen wenigstens ansatzweise erfüllt sind, kann man von seinem Wohlergehen, von »Lebensqualität«, sprechen – unabhängig von Wohnort, Nationalität oder Umfeld.

Basierend auf diesem Modell kann man folgern, dass eine Aktivität, die eine oder mehrere dieser Bestandteile positiv beeinflusst – und andere nicht negativ – auch als positiv zu bewerten ist. Jede, die dies nicht tut, ist dann bestenfalls neutral, wenn nicht sogar negativ.

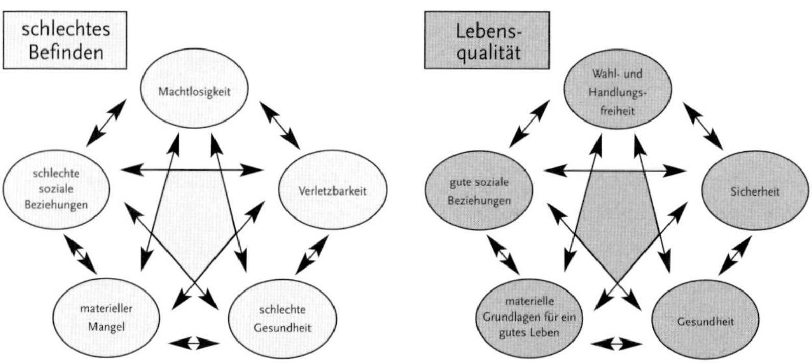

Grafik 1
Die Bestandteile der Lebensqualität versus dem schlechten Befinden basierend auf dem Modell aus dem Millennium Ecosystem Assessment

Überlegen Sie an dieser Stelle doch einmal, ob Ihre heutige Berufstätigkeit auf eine der oben genannten Komponenten einen Einfluss hat. Wirkt sie sich direkt aus? Beispielsweise auf die Gesundheit von anderen Menschen, wenn Sie in der Medikamentenforschung tätig sind?

Wer ist von Ihrer Arbeit betroffen? Wirken Sie mit an der Entwicklung von Medikamenten, die einer wohlhabenden Schicht ein noch etwas luxuriöseres Leben erlauben? Oder helfen Sie dabei, gravierende Krankheiten zu bekämpfen? Überspitzt gesagt: Forschen Sie an Botox oder an einer Malariamedizin?

Oder ist Ihr Einfluss eher indirekt? Wenn Sie etwa im Bildungsbereich tätig sind und so Ihren Kunden eine persönliche Entwicklung und die Grundlage für einen geeigneten Lebensunterhalt ermöglichen?

Nachhaltigkeit bedeutet, sich der Begrenzung der natürlichen Ressourcen auf der Erde bewusst zu sein

Doch warum reicht »Lebensqualität« als Kriterium nicht aus, sondern muss durch die Komponente »nachhaltig« ergänzt werden?

Über lange Jahrhunderte der Menschheitsgeschichte musste man sich diese Frage nicht stellen, da die Anzahl der auf unserem Planeten lebenden Menschen nicht in der Lage war, die natürlichen Lebensgrundlagen ernsthaft zu gefährden. Doch durch das Wachstum der Weltbevölkerung von einer Milliarde auf fast sieben Milliarden allein im letzten Jahrhundert und den prognostizierten mindestens drei weiteren Milliarden im Laufe der kommenden 40 Jahre hat sich die Situation grundlegend geändert: Der Ressourcenverbrauch hat sich dramatisch erhöht, die Lebensgrundlagen vieler Menschen sind massiv bedroht.

Vor diesem Hintergrund gewinnt die »Idee der Begrenzung« und das Konzept der »Nachhaltigkeit« immer mehr an Bedeutung. Unter nachhaltig verstehen wir Systeme dann, wenn sie so gestaltet sind, dass sie unsere natürlichen Lebensgrundlagen selbst dann nicht zerstören, wenn diese von allen Menschen genutzt werden.

Deshalb sollten wir bei allem, was wir zur Steigerung unserer Lebensqualität tun, immer überlegen, ob dies auch möglich wäre, wenn immer mehr oder sogar alle Menschen so leben würden wie wir. Ebenso sollte man bei den Firmen, die man durch seine Arbeit oder Finanzmittel unterstützt, im Blick haben, ob sie Produkte und Dienstleistungen anbieten, die zur Steigerung der Lebensqualität im Sinne des oben beschriebenen Modells beitragen oder ob sie auf Kosten der Verschlechterung der Lebensqualität von vielen Menschen etwas Positives für nur sehr wenige bewegen.

Glücklich werden mit »Nachhaltiger Lebensqualität«

In großen Teilen der Weltgesellschaft ist die Maximierung der materiellen Komponente unseres Daseins in den letzten Jahrzehnten immer stärker ins Rampenlicht gerückt. Geld hat im Leben von vielen Menschen seinen Stellenwert als Mittel zur Erreichung von Lebensqualitätszielen verloren und ist zu einem Selbstzweck geworden. Aber sind wir deswegen glücklicher?

Wir sind auf Weltreise gegangen, weil wir nicht glücklicher wurden. Unsere Lebensqualität wurde mit zunehmendem Erfolg und Einkommen kaum größer. Natürlich kann man sich mit neuen Tätigkeiten und Hobbys ablenken, noch rauschendere Feste feiern oder sich mit immer extravaganterem Luxus umgeben. Dies hat jedoch kaum etwas mit einer Steigerung der nachhaltigen Lebensqualität im oben beschriebenen Sinne zu tun. Erst nachdem wir die intensiven Monate mit, Antoinette und ihrem Team durchlebt hatten, ist uns bewusst geworden, dass wir mit der »Nachhaltigen Lebensqualität« ein Kriterium zur Bewertung von positiv wirkenden Aktivitäten gefunden hatten.

Wir möchten Sie auf den folgenden Seiten dazu einladen, auch Ihre berufliche Tätigkeit vor diesem Hintergrund zu durchdenken. Vielleicht kann es Ihnen dabei eine Hilfe sein, Ihre heutige Situation einzuschätzen und sich gegebenenfalls neu zu orientieren und zu entwickeln.

Sechs Wege zu einem Beruf mit Bedeutung

Erste Vorüberlegungen

Was auch immer Ihre Beschäftigung sein mag – durchdenken Sie Ihren beruflichen Einfluss auf die verschiedenen Komponenten der Lebensqualität: Deckung materieller Grundbedürfnisse, Gesundheit, Sicherheit, gute soziale Beziehungen sowie Wahl- und Handlungsfreiheit.

Unten stehende Fragen sollen Sie bei diesen Überlegungen unterstützen:

- Welchen Einfluss habe ich durch meine Arbeit auf die Lebensqualität von anderen Menschen? Welche Menschen sind das vor allem?
- Wo habe ich einen indirekten Einfluss, der mir bisher vielleicht gar nicht bewusst war?
- Wem nützt meine Arbeit?
- Wem könnte sie unter Umständen schaden?
- Kann ich meine heutige Tätigkeit so verändern oder interpretieren, dass sie einen positiveren Impact auf andere hat? Und wenn ja, wie?

Um auch Ihre ganz persönliche Einstellung zu Ihrer Arbeit zu reflektieren, können Sie sich die folgenden Fragen stellen:

- Könnte ich im Alter zufrieden auf meine bisherigen beruflichen Erlebnisse und Ergebnisse zurückblicken? Was würde ich davon gern meinen Enkeln erzählen?
- Würde ich diese Arbeit machen, auch wenn ich nicht dafür bezahlt würde oder bereits ausreichend materiell versorgt wäre?
- Würde ich dieser Tätigkeit weiter nachgehen, auch wenn ich wüsste, dass ich bald sterben müsste?

Auf der Suche nach dem passenden Beruf

Haben diese Fragen Sie nachdenklich gemacht? Haben sie bei Ihnen etwas berührt, das Sie schon längere Zeit beschäftigt? Vielleicht verspüren Sie jetzt sogar das Bedürfnis, Ihre Berufstätigkeit mit neuen Augen zu betrachten, Ihr Berufsleben zu verändern oder ihm eine neue Richtung zu geben.

Es gibt sicher viele Möglichkeiten, um den individuell passenden Weg zu einer anderen Tätigkeit zu finden. Dieser Weg ist bisweilen eine große Herausforderung und nicht immer leicht zu bewältigen. Aber er ist zugleich auch eine Chance, um zufriedener und glücklicher zu werden.

Um Ihnen Ihre Suche zu erleichtern und Sie dabei zu unterstützen, haben wir aufgrund der Erfahrungen, die wir auf unserer Reise und mit unseren Gesprächspartnern machen durften, sechs Wege erarbeitet. Die in diesem Buch porträtierten Männer und Frauen – sowie die auf der Website www.myimpact.net vorgestellten – haben ihren heutigen Beruf auf einem oder mehreren dieser Wege gefunden – manche mehr, manche weniger bewusst. Diese Wege sind als Alternativen gedacht, die alle auf das gleiche Ziel hinauslaufen: auf eine Berufstätigkeit mit positivem Impact.

Damit Sie davon optimal profitieren können, beachten Sie die jeweils dazu angegebenen Fragen. Es ist nicht entscheidend, alle Fragen auf Anhieb zufriedenstellend zu beantworten. Wichtig ist es vielmehr, diese Fragen immer wieder zu durchdenken und kontinuierlich wirken zu lassen, um so im Laufe der Zeit dem passenden Beruf mit positivem Impact ein Stück näher zu kommen.

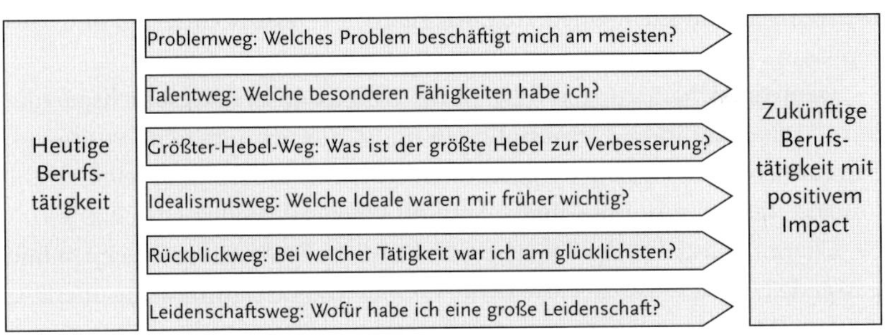

Grafik 2
Wege zur Findung einer Berufstätigkeit mit positivem Impact

1. Problemweg

Bei diesem Weg geht man von einem Problem, von einem Missstand aus, der einen immer wieder beschäftigt hat oder aktuell beschäftigt.

Viele unserer Gesprächspartner haben ein Problem gesehen, das ihnen am Herzen lag und für das es bisher keine zufriedenstellende Lösung gab. Oft sind sie auf Reisen, durch ihre vorherige Tätigkeit oder durch Lesen auf das Problem aufmerksam geworden. Mit unbeirrbarem Glauben arbeiteten sie dann so lange an der Lösung, bis sie weitere Personen gewinnen konnten, die ihnen dabei halfen. Sie waren der festen Überzeugung, dieses Problem lösen zu können.

Exemplarisch für diesen Weg steht Karen Tse (s. S. 125), die beim Wiederaufbau des kambodschanischen Rechtssystems täglich miterleben musste, welch grausame Folgen schlecht implementierte Rechtssysteme für viele unschuldige Menschen haben. Sie konnte die Situation nicht akzeptieren und sah eine Lösung: Karen gründete die Organisation Internationale Brücken für Gerechtigkeit.

Leitfragen für diesen Weg:

- Welche Probleme auf dieser Welt beschäftigen mich am meisten (z.B. wenn ich Nachrichten schaue)? Was lässt mir keine Ruhe?
- Gibt es ein Problem, dessen Lösung mir schon immer sehr wichtig war, für das ich mir bisher jedoch keine Zeit genommen habe?
- Habe ich mir zur Lösung eines Problems bereits Gedanken gemacht, vielleicht schon erste Lösungsansätze entwickelt?

Diesen Weg gingen auch zum Beispiel Safia Minney (s. S. 33) oder David Suzuki (s. S. 179.)

2. Talentweg

Beim Talentweg konzentriert man sich auf seine besonderen Fähigkeiten und Begabungen und sucht einen Weg, wie man diese positiv einsetzen und nutzen kann.

Derartige Überlegungen führten bei einigen unserer Gesprächspartner dazu, dass sie in ihren Organisationen und Unternehmen neue Positionen einnahmen oder sogar neue Positionen schufen. Andere gründeten eigene Organisationen, um ihre Fähigkeiten und Potenziale voll auszuschöpfen.

Charles Maisel hat das Talent, gesellschaftliche Probleme zu erkennen und passende Lösungswege zu entwickeln. Die tägliche Betriebsführung überlässt er gerne Menschen, denen er vertraut und konzentriert sich auf das, was er am besten kann: Probleme erkennen und Lösungen entwickeln (s. S. 193).

Leitfragen für diesen Weg:

- Welche besonderen Fähigkeiten und Talente habe ich?
- Was ist mir früher besonders leicht gefallen? Was fällt mir heute leicht?
- In welchen Bereichen könnten diese Fähigkeiten besonders nützlich sein?
- Welche Lösungen könnte ich mit diesen Fähigkeiten voranbringen?

Inspirationen zu diesem Weg finden Sie zum Beispiel in den Geschichten von Chris Eyre (s. S. 41) oder Dr. V (s. S. 59).

3. Größter-Hebel-Weg

Bei diesem Weg geht man von den unterschiedlichen Herausforderungen aus, die es im unmittelbaren oder im globalen Umfeld gibt, und konzentriert die eigene Energie auf den Hebel, der am wirksamsten zur Lösung beiträgt.

Unter unseren Gesprächspartnern befinden sich beeindruckende Menschen, die einen sehr systematischen Ansatz gewählt haben, um den Bereich und die Tätigkeit zu finden, in dem sie einen positiven Beitrag leisten können. Sie haben sich genau überlegt, wo sie die größten Probleme und Herausforderungen auf unserer Welt sehen und wo die wirksamsten Hebel sind, um diese Probleme zu lösen. Dann haben sie sich darum bemüht, diese Hebel in die richtige Richtung zu bewegen.

Thilo Bode (s. S. 199) hat mehrere Ansätze versucht und ist heute der Meinung, dass der größte Hebel in der Vereinigung der Interessen einzelner Bürger liegt. Um diese Wirkung auszunutzen, gründete er eine eigene Organisation: foodwatch.

Leitfragen für diesen Weg:

- Wo sehe ich die größten Herausforderungen für die Menschheit im 21. Jahrhundert?
- Was wäre der größte Hebel zur Verbesserung dieser Herausforderungen?
- Was sind die entscheidenden Stellschrauben, die sich verändern müssten, um diese Herausforderungen erfolgreich zu bewältigen?
- Wie kann ich dazu beitragen, diese Stellschrauben in die richtige Richtung zu drehen?

Menschen, die diesen Weg gegangen sind: Amory Lovins (s. S. 183) oder Maria Emilia Correa (s. S. 47).

4. Idealismusweg

Manche Menschen haben ihren heutigen Beruf aufgrund von idealistisch geprägten Wertvorstellungen gewählt, diese aber im Alltag bisweilen aus den Augen verloren.

Einige unserer Gesprächspartner haben sich nach vielen Berufsjahren auf ihre Werte und Ideale zurückbesonnen. Als sie erkannten, dass ihr aktueller Beruf nur noch wenig mit ihrer ursprünglichen Einstellung zu tun hatte, veränderten sie ihr berufliches Betätigungsfeld.

So zum Beispiel Mariana Galarza: Fasziniert von den Lebensgeschichten großer Ärzte, wollte auch sie Medizinerin werden. Während ihres Studiums musste sie aber erkennen, dass sich die Medizin fast ausschließlich um kranke Menschen kümmert, und nicht um die Erhaltung von Gesundheit und Wohlbefinden. Diese für sie untragbare Situation konnte Mariana ins Positive wenden, indem sie eine eigene Organisation gründete und so einen Paradigmenwechsel einleitete (s. S. 105).

Leitfragen für diesen Weg:

- Welche Werte und Ideale sind mir beruflich wichtig (gewesen)?
- Lebe ich meine Werte und Ideale im Alltag?
- Wie kann ich mit meinem Beruf, mit meinen Fähigkeiten dazu beitragen, diese zu fördern?
- Gibt es Bereiche oder Organisationen, in denen meine ethischen Überzeugungen wichtig sind?

Den Idealismusweg gingen unter anderem auch Florian Krämer (s. S. 111) und Ashok Khosla (s. S. 149).

5. Rückblickweg

Beim Rückblickweg reflektiert man seine bisherigen Tätigkeiten und erinnert sich an die Momente, in denen man das Gefühl hatte, das Richtige zu tun.

Dies taten auch einige unserer Gesprächspartner, die nach einer Reihe von unbefriedigenden beruflichen Erfahrungen in sich gingen und überlegten, an welche Tätigkeiten sie sich gerne zurückerinnerten, wann und wo sie wirklich glücklich und mit Freude bei der Arbeit waren. Daraufhin suchten sie eine Arbeit, bei der sie einen größeren Teil ihrer Zeit als bisher für die befriedigenden und erfüllenden Aspekte aufwenden konnten.

Erin Keown Ganju ist ein Paradebeispiel für diesen Weg. Nach erfolgreichen Jahren in der Hochfinanz bei Goldman Sachs, beim multinationalen Großkonzern Unilever in Vietnam und nach zwei Start-up-Erfahrungen in Silicon Valley, stellte sie klassische Erfolgsmaßstäbe ganz weit hinten an. Anstatt glücklich und zufrieden zu werden, hatte sie ihre Karriere direkt in den Burn-out geführt. Nachdem sie sich intensiv mit der Frage auseinandergesetzt hatte, welche beruflichen Erfahrungen sie in den vergangenen Jahren wirklich erfüllt hatten, entschied sie sich, zukünftig für die Bildung von benachteiligten Kindern Sorge zu tragen. Diesen Schritt hat sie nie bereut.

Leitfragen für diesen Weg:

- Bei welcher Tätigkeit war ich bisher am glücklichsten? Wann hatte ich das Gefühl, das Richtige zu tun?
- An welche Tätigkeit in meinem Leben erinnere ich mich besonders gerne? Weshalb?
- Auf welche Arbeitsergebnisse bin ich heute noch stolz? Von welchen werde ich gerne meinen Enkeln erzählen?
- Woran hatte ich ganz einfach richtig Freude?

Weitere inspirierende Geschichten zu diesem Weg finden Sie auf den Seiten 27 (Albina Ruiz Ríos) oder ab Seite 73 (Isaac Shongwe).

6. Leidenschaftsweg

Beim Leidenschaftsweg erinnert man sich an seine Passion, die man vielleicht zum Beruf gemacht hat – oder aber auch nicht. Man sucht dann einen Weg, wie sich diese Leidenschaft (wieder) neu mit der beruflichen Aktivität vereinbaren lässt.

Ein gutes Beispiel für diesen Ansatz ist Mia Hanak, die auf ausgedehnten Reisen eine Leidenschaft für die Natur entwickelte und diese später mit ihrem Studium der Kunstgeschichte und Museumswissenschaften verbunden hat. Mit dem Natural World Museum ist daraus ein innovativer Ansatz entstanden, der die Herausforderungen des Umweltschutzes auf eine belebende, inspirierende Art darstellt.

Leitfragen für diesen Weg:

- Wofür hatte ich schon immer eine besondere Leidenschaft?
- Hatte ich vielleicht eine Berufsoption, die ich nicht gewählt habe, die meiner Leidenschaft aber besser entsprochen hätte?
- Wie kann ich mit meiner Leidenschaft Positives bewirken?
- Wie könnte ich meine Leidenschaft mit meinen beruflichen Fähigkeiten verbinden?
- Kann ich meine Leidenschaft sinnvoll in meinen Beruf integrieren oder andere Menschen oder Organisationen finden, bei denen ich meine Leidenschaft direkt beruflich einbringen kann?

Weitere Personen, bei denen Sie Inspiration zu diesem Weg finden können, sind Inés Sanguinetti (s. S. 141) und Vicky Colbert de Arboleda (s. S. 65).

Den eigenen Weg finden

Wie Sie sehen, führen viele Wege zu einem Beruf mit positivem Impact. Alle unsere Gesprächspartner sind diese Wege auf ihre ganz eigene Art und Weise gegangen.

Manche von ihnen kannten die Antworten auf die damit verbundenen Fragen schon immer (zum Beispiel Ashok Khosla). Andere, wie David Bussau, brauchten dafür mehrere Jahre.

In den meisten Fällen ist es ein längerer Prozess, der auch Sie unter Umständen vor gewisse Veränderungen stellen wird. Solch ein innerer Wandel kann viele schöne, aber auch schmerzhafte Momente bereithalten.

Versuchen Sie auf jeden Fall, sich dafür Zeit zu nehmen und keinen Druck in der Meinung aufzubauen, dass Sie sofort einen neuen, sinnvollen

Weg finden müssten. Im Verlaufe dieses Prozesses werden Sie auf jeden Fall eine lehrreiche Zeit erleben und sich dabei selbst besser kennenlernen.

Tauschen Sie sich in dieser Phase auch mit Gleichgesinnten aus und lassen Sie sich inspirieren vom Beispiel und Vorbild anderer Menschen. Informieren Sie sich auf den Websites der Personen, die wir besucht haben, und machen Sie sich kundig über die Organisationen und Netzwerke, die in diesem Bereich tätig sind. Ergänzende Hinweise zum Weiterlesen finden Sie auch im kommentierten Literaturverzeichnis am Ende dieses Buches.

Die Idee Realität werden lassen – Optionen für Ihren Beruf mit positivem Impact

Klären: meine Optionen

Beim Durchdenken der Fragen sind Sie sicherlich auf erste interessante Antworten und Optionen gestoßen, die für Sie eine berufliche Zukunft darstellen könnten.

Lassen Sie sie so konkret wie möglich vor Ihrem geistigen Auge lebendig werden. Beschreiben Sie sie je in ein paar Sätzen. Warum sagen Ihnen diese Optionen zu?

Priorisieren: mein Favorit

Um unter den verschiedenen Optionen Ihren Favoriten herauszuarbeiten, hinterfragen Sie sie anhand der folgenden Kriterien:

Freude und Leidenschaft

Welche Option würde mir langfristig am meisten Freude bereiten? Für welche Option könnte ich die größte Leidenschaft entwickeln?

Fähigkeiten und Potenziale

Passt die Option zu meinen Fähigkeiten und Potenzialen? Seien Sie mutig bei der Beantwortung dieser Frage. Denn wie Sie bei den Lebensgeschichten unserer Gesprächspartner bemerkt haben, gibt es fast nichts, was man nicht erreichen kann, wenn man es wirklich will.

Integration ins Gesamtlebenskonzept

Kann ich die Option in meinem Gesamtlebenskonzept verwirklichen? Passt sie zu meinen sonstigen Bedürfnissen? Diese Frage ist wichtiger, als sie den meisten anfangs scheint. Wir haben eine ganze Reihe von Menschen kennengelernt, die zwar mit ihrem Beruf sehr viel Positives bewirken, aber trotzdem immer wieder unglücklich sind. Es stellte sich heraus, dass sie häufig nur sehr einseitig ihrem Berufsleben die volle Aufmerksamkeit und Energie schenkten und andere Lebensbereiche dabei vernachlässigten. Nehmen Sie daher die folgenden sieben Bereiche Ihres Lebens genauer unter die Lupe und werden Sie sich über deren Bedeutung bewusst:

- Beruf und Karriere
- Familie und Privatleben
- Verdienst und Geldanlage
- Gesundheit und Fitness
- Spiritualität und innerer Frieden
- Persönliches Wachstum und Entwicklung
- Soziales und gesellschaftliches Engagement

Eine sinnvolle Balance kann für Sie bedeuten, dass Sie 100 Prozent Ihrer Zeit der Berufstätigkeit widmen, um glücklich zu sein. Es kann aber auch sein, dass dieser Anteil sehr viel geringer ist, weil sie Zeit für Ihre Familie oder Ihre Freizeit brauchen. Vielleicht engagieren Sie sich nebenberuflich intensiv in ihrer Gemeinde, oder Sie wollen das gesellschaftliche Engagement mit Ihrem Berufsleben verbinden.

Nachhaltige Lebensqualität
Welchen Beitrag leiste ich durch die Option zur Nachhaltigen Lebensqualität? Nehmen Sie zur Beantwortung dieser Frage die Übersicht über die Bestandteile der Nachhaltigen Lebensqualität auf S. 217f. zu Hilfe.

Favorit überprüfen
Wichtige Grundfragen als letzter Test:
Haben Sie nun einen oder zwei Favoriten identifizieren können?
Dann stellen Sie sich noch einmal die folgenden Fragen:

- Welchen Werten und Prinzipien entspräche diese Arbeit? Sind dies auch meine Werte?
- Könnte ich in dieser Tätigkeit mein volles Potenzial nutzen? Was müsste ich dafür eventuell noch lernen?
- Würde ich diese Arbeit machen, auch wenn ich nicht dafür bezahlt würde oder wenn ich finanziell bereits ausgesorgt hätte?
- Könnte ich meinen Favoriten in der Zeit, die ich für meinen Beruf aufwenden möchte, sinnvoll ausüben?
- Könnte ich meinen Favoriten an dem Ort, an dem ich meinen Beruf ausüben möchte, sinnvoll ausüben?
- Könnte ich mit Hilfe meines Favoriten soviel verdienen, wie ich möchte?

- Was könnten die größten Probleme auf dem Weg der Umsetzung sein? Was könnte Plan B sein?
- Was wäre, wenn mein Plan nicht funktioniert?
- Worauf möchte ich am Ende meines Lebens zurückblicken, wenn ich diese Tätigkeit ausüben würde?

Mit Mut umsetzen

Haben Sie den Mut, jetzt mit dem anzufangen, was Sie aufgrund Ihrer Überlegungen und Überzeugungen für sich als die augenblicklich beste Möglichkeit erkannt haben.

All unseren Gesprächspartnern ist gemeinsam, dass sie den Mut hatten, ihre bisherige Komfortzone zu verlassen, um ihren Weg zu suchen und zu gehen. Auch wenn Sie sich nie hundertprozentig sicher sein können, ist es zentral, zu beginnen. Denn noch wichtiger als das Ziel ist der Weg. Und manchmal lernt man über Umwege die Landschaft und damit auch das Ziel besser kennen. Ein ehemaliger Luxushotelmanager und Berater aus Hongkong, der heute eine Organisation für ökologisch und sozial sinnvoll geführte exotische Ressorts führt, meinte zu uns: »Ich habe manchmal das Gefühl, dass ich das ganze Leben lang für meinen heutigen Beruf geübt und gelernt habe.«

Keiner der Porträtierten hat es jemals bedauert, seiner inneren Stimme gefolgt zu sein. Größer als jeder Zweifel und jeder Rückschlag war die Gewissheit, das Richtige zu tun und im Alter einmal mit Freude und Stolz auf diesen Weg zurückblicken zu können.

Viele sagten uns, sie gingen diesen Weg selbst dann weiter, wenn sie dafür nur minimal oder gar nicht bezahlt würden. Und die meisten versicherten uns, dass sie ihre Tätigkeit auch fortführen würden, wenn sie bald sterben müssten.

Wie viele von uns können das von ihrem Berufsleben behaupten?

Wir wünschen Ihnen, dass auch Sie einen solchen Beruf finden mögen.

Viel Erfolg und Glück auf diesem Weg!

Wirtschaftliche Sozialunternehmer sind die Lösung

Ein Essay von Prof. Muhammad Yunus

Zu enge Auslegung des Kapitalismus

Viele der Probleme, die es in der Welt gibt, werden nicht gelöst, weil wir beständig den Kapitalismus zu eng auslegen. In dieser engen Auslegung entwerfen wir einen eindimensionalen Menschen, der die Rolle des Unternehmers spielen darf. Wir isolieren ihn von den anderen, beispielsweise den religiösen, emotionalen oder politischen Dimensionen des Lebens. Er widmet sich voll und ganz der einen Mission in seinem Geschäftsleben – der Profitmaximierung. Unterstützung erhält er von Massen eindimensionaler Menschen, die, mit demselben Ziel vor Augen, ihn mit ihren Investitionsgeldern ausstatten. Mit eindimensionalen Investoren und Unternehmern funktioniert das Spiel des freien Marktes bestens. Und noch immer sind wir so fasziniert vom Erfolg des freien Marktes, dass wir es nie gewagt haben, Zweifel daran zu äußern. Wir haben besonders hart gearbeitet, um uns so gut wie möglich in die von der Theorie vorgegebenen eindimensionalen Menschen zu verwandeln und so ein reibungsloses Funktionieren der Mechanismen des freien Marktes zu ermöglichen.

Die Wirtschaftstheorie postuliert, dass man den bestmöglichen Beitrag zur Gesellschaft und der Welt leistet, wenn man sich bloß darauf konzentriert, das Maximum für sich selbst herauszuholen. Wenn man für sich selbst das Maximale herausholt, holen auch alle anderen auch das Maximale für sich heraus.

Während wir ergeben diesem Grundsatz folgen, überkommen uns manchmal Zweifel, ob wir das Richtige tun. Die Dinge stehen nicht gerade zum Besten, wenn man sich so umsieht. Schnell fegen wir die Zweifel beiseite, indem wir all diese schlechten Dinge auf »Marktversagen« zurückführen; schließlich können gut funktionierende Märkte keine unerfreulichen Ergebnisse hervorbringen.

Dass die Dinge schief laufen, liegt, meines Erachtens, nicht an »Marktversagen«. Das Problem geht viel tiefer. Seien wir tapfer und gestehen uns ein, dass es an »Konzeptualisierungsversagen« liegt. Oder, genauer gesagt, daran, dass wir es in unserer Theorie nicht schaffen, das Wesen des Menschen zu erfassen. Menschen sind keine eindimensionalen Gebilde, sondern erstaunlich mehrdimensional und bunt. Ihre Emotionen, ihr Glaube, die Vorlieben und Verhaltensmuster lassen sich passender anhand einer Analogie zu den Grundfarben und den Millionen von ihnen hervorgebrachten Farben und Farbtönen beschreiben.

Wirtschaftliche Sozialunternehmer können eine große Rolle auf dem Markt spielen

Angenommen, wir postulieren eine Welt mit zwei Arten von Menschen, die, obgleich beide eindimensional sind, unterschiedliche Zielsetzungen verfolgen. Bei der einen Art handelt es sich um den bestehenden, d.h. auf Profitmaximierung ausgerichteten Typ. Die zweite Art ist ein neuer, nicht an Profitmaximierung interessierter Typ. Diese Menschen widmen sich völlig dem Ziel, in der Welt etwas zu bewegen. Sie werden von gesellschaftlichen Zielen angetrieben. Sie möchten anderen Menschen zu einer besseren Chance im Leben verhelfen. Sie möchten ihre Zielsetzungen durch den Aufbau bzw. die Unterstützung zukunftsfähiger Wirtschaftsunternehmen erreichen. Ob ihre Unternehmen nun Gewinne erzielen oder nicht, sie dürfen, wie alle anderen Unternehmen auch, keine Verluste einfahren. Sie gründen eine neue Art von Unternehmen, die man als »kein-Verlust« Unternehmen bezeichnen könnte.

Findet man den zweiten Menschentyp in der wirklichen Welt? Ja. Kennen wir nicht alle »Gutmenschen«? Gutmenschen sind jene, die im formalen Sprachgebrauch als »Social Entrepreneurs«, als »Sozialunternehmer« bezeichnet werden. Das Sozialunternehmertum ist wesentlicher Bestandteil der Menschheitsgeschichte. Den meisten Menschen bereitet es Vergnügen, anderen zu helfen. Sämtliche Religionen bestärken diese Qualität beim Menschen. Regierungen belohnen sie durch Steuervergünstigungen. Es werden besondere rechtliche Strukturen für sie geschaffen, so dass sie zur Verfolgung ihrer Ziele juristische Personen bilden können.

Manche Sozialunternehmer wenden Geld zum Erreichen ihrer Ziele auf, andere setzen ihre Zeit, Arbeitskraft, Talente, Fähigkeiten oder sonstige Beiträge ein, die für andere von Nutzen sind. Jene, die Geld aufwenden, versuchen unter Umständen einen Teil des Geldes oder das gesamte Geld zurück zu erlangen, das sie in ihre Arbeit gesteckt haben, indem sie eine Gebühr oder einen Preis hierfür berechnen.

Sozialunternehmer, die Geld aufwenden, lassen sich in vier Typen unterteilen:

a) Keine Kostendeckung
b) Teilweise Kostendeckung
c) Volle Kostendeckung
d) Mehr als volle Kostendeckung

Sobald ein Sozialunternehmer bei 100-prozentiger oder darüber hinausgehender Kostendeckung agiert, betritt er die Geschäftswelt mit ihren unbegrenzten Möglichkeiten. Dieser Augenblick ist es wert, gefeiert zu werden. Er hat die Schwerkraft der finanziellen Abhängigkeit überwunden und ist nun bereit abzuheben! Dies ist der entscheidende Augenblick einer bedeutenden institutionellen Transformation. Er ist von der Welt der Wohltätigkeit in die Geschäftswelt übergetreten. Um ihn von den anderen beiden Arten der oben aufgeführten Sozialunternehmer unterscheiden zu können, bezeichnen wir ihn als »wirtschaftlichen Sozialunternehmer«.

Mit Einführung der wirtschaftlichen Sozialunternehmer wird der Markt interessanter und konkurrenzbetonter. Interessanter, weil nun zwei verschiedene Arten von Zielsetzungen mitmischen und somit zwei verschiedene Bezugssysteme für die Preisbestimmung entstehen. Konkurrenzbetonter, weil es nun mehr Akteure gibt als vorher. Diese neuen Akteure können genauso aggressiv und geschäftstüchtig beim Erreichen ihrer Ziele auftreten wie die anderen Unternehmer.

Wirtschaftliche Sozialunternehmer können sich zu äußerst mächtigen Akteuren in der nationalen und der internationalen Wirtschaft entwickeln Würde man die heutigen Aktiva sämtlicher wirtschaftlicher Sozialunternehmer weltweit zusammenrechen, der Anteil betrüge noch nicht einmal ein ultradünnes Scheibchen des Weltwirtschaftskuchens. Dies ist nicht etwa auf einen grundsätzlichen Mangel an Wachstumspotential, sondern vielmehr darauf zurückzuführen, dass man ihre Existenz weder konzeptionell anerkannte noch ihnen Raum auf dem Markt einräumte. Man hält sie für Freaks und verweigert ihnen den Zugang zur etablierten Wirtschaft. Wir schenken ihnen keine Aufmerksamkeit, weil uns die an unseren Schulen gelehrten Theorien verblenden.

Wenn es nun einmal wirtschaftliche Sozialunternehmer in der wirklichen Welt gibt, ergibt es keinen Sinn, ihnen keinen Raum in unseren konzeptionellen Bezugssystemen einzuräumen. Sobald wir sie anerkennen, werden unterstützende Institutionen, politische Strategien, Vorschriften, Normen und Bestimmungen entstehen, die ihnen diesen Zugang zur etablierten Wirtschaft ermöglichen werden.

Der Markt gilt nicht nur als gänzlich ungeeignete Institution zum Angehen sozialer Probleme, sondern wird als Institution begriffen, die wesentlich zur Schaffung sozialer Probleme (Umweltgefährdungen, Ungleichheit, gesundheitliche Probleme, Arbeitslosigkeit, Ghettos, Kriminalität etc.) beiträgt. Da der Markt nicht fähig ist soziale Probleme zu lösen, wird die Verantwortung hierfür dem Staat übertragen. Diese Regelung galt als einzige Lösung – bis zur Schaffung von Planwirtschaften, in denen der Staat alles übernahm und den Markt abschaffte.

Dies währte jedoch nicht lange. Mit dem Verschwinden der Planwirtschaften sind wir wieder bei der künstlichen Arbeitsteilung zwischen Markt und Staat angelangt. Bei dieser Regelung wird der Markt in eine exklusive Spielwiese für jene verwandelt, die ihren persönlichen Nutzen suchen und eindeutig die gemeinsamen Interessen der Gemeinschaften und der Welt als Ganzem ignorieren.

Nun, da die Wirtschaft mit unvorhergesehener Geschwindigkeit expandiert, persönliche Vermögen unvorstellbare Höhen erreichen, technologische Innovationen diese Geschwindigkeit zunehmend beschleunigen, die Globalisierung droht, schwache Volkswirtschaften und Arme von der Wirtschaftskarte zu tilgen, ist es an der Zeit, wesentlich ernsthafter als bislang die wirtschaftlichen Sozialunternehmer in Erwägung zu ziehen. Es besteht nicht nur keine Notwendigkeit, den Markt ausschließlich jenen zu überlassen, die nur ihren persönlichen Nutzen suchen, es ist vielmehr extrem schädlich für die Menschheit als Ganzes dies zu tun. Es ist an der Zeit, von der engen Auslegung des Kapitalismus abzurücken und den Marktbegriff durch eine vollständige Anerkennung der wirtschaftlichen Sozialunternehmer zu erweitern. Sobald dies erfolgt ist, können wirtschaftliche Sozialunternehmer den Markt überschwemmen und dafür sorgen, dass sich der Markt genauso effizient für soziale Zwecke nutzen lässt wie für persönliche Ziele.

Sozialbörse

Wie unterstützt man die Bildung wirtschaftlicher Sozialunternehmer? Welche Maßnahmen müssen ergriffen werden, um ihnen zunehmend größere Marktanteile zu ermöglichen?

Erstens müssen die wirtschaftlichen Sozialunternehmer in unserer Theorie gewürdigt werden. Studenten muss gelehrt werden, dass es zwei Arten von Geschäften gibt: a) Geschäfte, um Geld zu verdienen und b) Geschäfte, um anderen Gutes zu tun. Junge Menschen müssen lernen, eine Entscheidung für sich zu treffen: Welche Art von Unternehmer möchten sie sein? Wenn wir eine noch weitere Auslegung des Kapitalismusbegriffes zulassen, bieten wir ihnen größere Möglichkeiten, diese beiden Grundtypen in dem für ihren Geschmack genau richtigen Verhältnis miteinander zu mischen.

Zweitens müssen wir die wirtschaftlichen Sozialunternehmer und die Sozialinvestoren in der Wirtschaft sichtbar machen. So lange die wirtschaftlichen Sozialunternehmer im kulturellen Umfeld der derzeitigen Börsen agieren, werden sie auch weiterhin durch die bestehenden Normen und den Handelsfachjargon eingeschränkt. Sie müssen eigene Normen, Standards, Maßeinheiten, Bewertungskriterien und eine eigene Terminologie entwickeln. Dies ist nur durch die Schaffung einer separaten Börse für wirtschaftliche Sozialunternehmen und Investoren möglich. Man könnte sie Sozialbörse nennen. Hierher kommen Investoren, um ihr Geld für die Sache, an die sie glauben, und in das Unternehmen, das sie für das Erreichen dieses besonderen Ziels am geeignetsten halten, anzulegen. Unter Umständen sind an dieser Sozialbörse auch einige Unternehmen notiert, die ausgezeichnet beim Erreichen ihres Ziels sind und gleichzeitig nebenher sehr attraktive Gewinne erwirtschaften. Es ist offenkundig, dass derlei Unternehmen beide Arten von Investoren, die sich an sozialen Zielen orientierenden wie auch die auf persönlichen Nutzen gerichteten, anzieht.

Durch das Erzielen von Gewinnen wird ein Unternehmen nicht automatisch als wirtschaftliches Sozialunternehmen disqualifiziert. Entscheidender Faktor in diesem Zusammenhang ist, ob das soziale Ziel auch weiterhin das übergreifende Ziel des Unternehmens ist und sich eindeutig in dessen Entscheidungsfindung widerspiegelt. Es wird strenge, eindeutig definierte Zutritts- und Austrittskriterien sowohl für die Berechtigung eines Unternehmen zur Notierung an der Sozialbörse als auch für den Verlust dieses Status geben. Und schon bald werden Unternehmen auftauchen, die erfolgreich soziale Ziele und persönlichen Nutzen miteinander verbinden. Es wird Entscheidungsregeln dafür geben, bis zu welchem Punkt diese sich noch für den Zutritt zur Sozialbörse qualifizieren und ab welchem Punkt sie sie verlassen müssen. Investoren müssen davon überzeugt sein können, dass die an der Sozialbörse notierten Gesellschaften auch wirklich wirtschaftliche Sozialunternehmen sind.

Gemeinsam mit der Schaffung der Sozialbörse müssen auch Ratingagenturen, geeignete Wirkungsbewertungsinstrumente und Indizes geschaffen werden, um zu erfassen, welches wirtschaftliche Sozialunternehmen mehr und/ oder Besseres als andere leistet, so dass Sozialinvestoren korrekt orientiert werden. Dieser Wirtschaftszweig wird sein eigenes Social Wall Street Journal und seine eigene Social Financial Times brauchen, um all die spannenden, aber auch die schrecklichen Nachrichtenstories und Analysen herauszugeben, die die Sozialunternehmer und -investoren mit sachgerechten Informationen und Vorwarnungen versorgen und auf dem Laufenden halten.

Die betriebswirtschaftlichen Fakultäten der Universitäten können anfangen, Sozial-MBAs hervorzubringen, sowohl um den Bedarf der wirtschaftlichen Sozialunternehmer zu decken, als auch um junge Menschen auf eine eigene Karriere als wirtschaftlicher Sozialunternehmer vorzubereiten. Meines Erachtens werden junge Menschen mit Begeisterung auf die Herausforderung reagieren, bedeutende Beiträge zur Welt zu leisten, indem sie wirtschaftliche Sozialunternehmer werden.

Die Finanzierung für die wirtschftlichen Sozialunternehmer muss geregelt werden. Es werden neue Bankfilialen entstehen müssen, die sich auf die Finanzierung von sozialunternehmerischen Vorhaben spezialisieren. Neue »Engel« werden die Szene betreten müssen. Sozial-Risikokapitalgeber müssen den wirtschaftlichen Sozialunternehmern die Hände reichen.

Ein möglicher Anfang

Eine gute Art, mit der Schaffung von wirtschaftlichen Sozialunternehmen zu beginnen, wäre die Ausrichtung eines Gestaltungswettbewerbs. Es könnte einen lokalen, regionalen und auch globalen Wettbewerb geben. Preise für eine erfolgreiche Gestaltung werden in Form einer Finanzierung für die Unternehmen oder als Partnerschaft für die Realisierung der Projekte verliehen.

Sämtliche eingereichten Vorschläge zu Sozialunternehmen können veröffentlicht werden und so den Gestaltern der nächsten Durchläufe als Ausgangspunkt oder jenen als Idee dienen, die ein wirtschaftliches Sozialunternehmen gründen möchten.

Die Sozialbörse an sich kann von einem wirtschaftlichen Sozialunternehmer als wirtschaftliches Sozialunternehmen gegründet werden. Eine Wirtschaftshochschule oder auch mehrere Wirtschaftshochschulen gemeinsam können dies als Projekt starten und beginnen, bedeutende Geschäftstransaktionen zu tätigen.

Wir dürfen nicht erwarten, dass ein wirtschaftliches Sozialunternehmen von Anfang an alle Antworten auf ein soziales Problem liefern kann. Höchstwahrscheinlich wird es schrittweise vorankommen. Jeder Schritt kann zur nächsten Erfolgsebene führen. Die Grameen Bank ist in dieser Hinsicht ein gutes Beispiel. Bei der Gründung der Grameen Bank gab es keinen Plan, dem ich hätte folgen können. Ich habe einen Schritt nach dem anderen unternommen, stets in dem Glauben, dass dies mein letzter Schritt sein würde. War es aber nicht. Dieser Schritt führte mich zu einem weiteren Schritt, der so interessant erschien, dass es schwerfiel ihm auszuweichen. Und dieser Situation sah ich mich jedes Mal aufs Neue ausgesetzt.

Meine Arbeit begann damit, dass ich einigen wenigen Menschen ohne jegliche Sicherheiten einen kleinen Geldbetrag gab. Dann wurde mir bewusst, wie positiv die Menschen darauf reagierten. Ich brauchte weiteres

Geld zur Ausweitung des Programms. Um Zugriff auf Bankgelder zu erhalten, bot ich mich als Bürge an. Um die Unterstützung einer weiteren Bank zu erhalten, wandelte ich mein Projekt in ein Projekt der Bank um. Später verwandelte ich es in ein Projekt der Zentralbank. Mit der Zeit wurde mir klar, dass die beste Strategie für die Erledigung unserer Arbeit in der Gründung einer unabhängigen Bank bestehen würde. Also taten wir dies. Wir verwandelten das Projekt in eine formale Bank, die Kredite bei der Zentralbank aufnahm, um Darlehensnehmern Geld leihen zu können. Nachdem Spender Interesse an unserer Arbeit zeigten und uns unterstützen wollten, erhielten wir von internationalen Spendern Darlehen und Zuschüsse. Irgendwann entschieden wir uns für Unabhängigkeit. Dies brachte uns dazu, uns auf den Aufbau eines eigenen Kapitalstocks durch die Hereinnahme von Einlagen zu konzentrieren. Mittlerweile verfügt die Grameen Bank über mehr Geld in Einlagen als sie an Krediten vergibt. Ihre Kredite von durchschnittlich unter 200 $ an 4,5 Millionen Kreditnehmer belaufen sich auf insgesamt eine halbe Milliarde Dollar jährlich, wobei die Rückzahlungsrate bei 99 Prozent liegt.

Wir haben viele Programme in der Bank eingeführt: Wohnungsbaudarlehen, Studiendarlehen, Pensionsfonds, Darlehen für den Kauf von Mobiltelefonen für die ›Telephone Ladies‹ in den Dörfern, Darlehen an Bettler als Grundlage für eine Vertretertätigkeit. Ein Programm nach dem anderen.

Wenn wir das richtige Umfeld schaffen, können wirtschaftliche Sozialunternehmer einen bedeutenden Marktanteil einnehmen und den Markt auf stets innovative und effektive Weise zu einer spannenden Austragungsstätte sozialer Kämpfe machen.

Machen wir Ernst mit wirtschaftlichen Sozialunternehmern. Sie können diese düstere Welt freundlicher machen.

TEIL IV – ANHANG

Danksagung

Es ist uns eine große Freude, den vielen Menschen zu danken, die uns während der drei Jahre unseres Buchprojekts begleitet und unterstützt haben. Wir erachten diese Hilfe als nicht selbstverständlich und schätzen sie sehr.

Es erscheint uns unmöglich, allen persönlich zu danken. Unmöglich ist es aber auch, gewisse Partner nicht ausdrücklich zu erwähnen. Unser Dank gilt vor allem:

- Über 230 Interviewpartnern, die auf der ganzen Welt ihre Zeit und ihr Wissen bereitwillig und großzügig mit uns geteilt haben. Sie haben dadurch Grundlagen für dieses Buch geschaffen und uns an ihrer reichhaltigen Lebenserfahrung teilhaben lassen. Wir hoffen, in der Zukunft weitere ihrer Geschichten publizieren zu können.
- Allen Unterstützern, die die Kontakte zu faszinierenden Gesprächspartnern hergestellt haben, die uns Mut zugesprochen haben, unsere Reise fortzuführen und die uns auf der ganzen Welt willkommen geheißen haben. Spezieller Dank geht an die Schwab Stiftung für Social Entrepreneurship, Ashoka, Avina, World Business Council for Sustainable Development mit seinen lokalen Partnerorganisationen, Echoing Green, Skoll Foundation, Aspen Institute, The Natural Edge Project, Japan for Sustainability, WISE, LEVAL und weitere mehr. Ohne Eure langjährige Arbeit bei der Identifikation und Unterstützung von Social Entrepreneurs wäre die Welt so viel ärmer und unsere Arbeit so viel schwieriger gewesen.
- Den Menschen und Organisationen daheim, die uns Freiräume, Inspiration, Zeit und fachliche Unterstützung bei unserer Arbeit geschenkt haben und uns helfen, die Geschichten unserer Interviewpartner weiter zu erzählen: BonVenture, Forma Futura, Ballhaus Wording, oekom Verlag, Aachener Stiftung, Österreichisches Institut für Nachhaltige Entwicklung und andere mehr.
- Nicht zuletzt unseren Familien und Freunden, die unsere Pläne und Vorhaben nicht immer ganz nachvollziehen konnten, uns aber jederzeit mit herzlichem Wohlwollen und tatkräftiger Unterstützung zur Seite standen und die uns auch immer wieder Feedback zu unseren

Ideen und Texten gegeben haben. Man sagt, dass man eine gute, stabile Basis braucht, um träumen und frei tanzen zu können – diese habt Ihr uns immer wieder geschenkt.

Herzlichen Dank auch allen anderen, die uns ihre Freundschaft und Unterstützung gegeben haben und hier nicht namentlich erwähnt werden können. Es macht Spaß, mit Euch zu arbeiten! Euch getroffen und kennengelernt zu haben, ist eine Ehre und eine unglaubliche Bereicherung.

Joanna Stefańska & Wolfgang Hafenmayer

Liste aller Interviewpartner (in chronologischer Reihenfolge)

Europa, Februar bis März 2005

Johannes Czwalina, Gründer & Geschäftsführer Czwalina Consulting, Basel, Schweiz
Maria Serena Porcari, Geschäftsführerin, Fondazione Dynamo, Mailand, Italien
Francesco Pozzobon, Projektmanager, Fondazione Dynamo, Mailand, Italien
Doris Pfister, Direktorin, Internationales Kommitee des Roten Kreuzes, Genf, Schweiz
Barbara Brunner, Post AG, Bern, Schweiz
Reto Casanova, Schweizer Bundesamt für Bau und Logistik (BBL), Bern, Schweiz
Joachim Schoss, Gründer MyHandicap.com, Zürich, Schweiz
Barbara Sadowska, Gründerin & Direktorin der Barka Stiftung für gegenseitige Hilfe, Pozna, Polen
Tomasz Sadowski, Gründer & Direktor, Barka Stiftung für gegenseitige Hilfe, Pozna, Polen
Jacek Strzemieczny, Gründer, Zentrum für Bürgererziehung (CCE), Warschau, Polen
Dr. Ernst Ulrich von Weizsäcker, Dekan Bren Schule für Umweltwissenschaften und Management, University of California, Santa Barbara, USA (damals Mitglied des Deutschen Bundestages, Berlin, Deutschland)
Thilo Bode, Geschäftsführer, foodwatch, Berlin, Deutschland
Pierre Fornallaz, Gründer fairplay-Stiftung, Basel, Schweiz
Prof. Dr. Dr. Franz Josef Radermacher, Direktor, Forschungsinstitut für anwendungsorientierte Wissensverarbeitung (FAW); Mitgründer der Global Marshall Plan Initiative, Ulm, Deutschland
Alexander Barkawi, Geschäftsführer, SAM Indexes, Zürich, Schweiz
Karen Tse, Gründerin & Geschäftsführerin, Internationale Brücken der Gerechtigkeit, Genf, Schweiz
Dr. Erwin Stahl, Geschäftsführer, BonVenture Management GmbH, München, Deutschland
Lech Walesa, Gründer und Präsident der Lech Walesa Stiftung, ehemaliger Polnischer Staatspräsident und Friedensnobelpreisträger, Danzig, Polen
Niels Koldewijn, Gründer & Geschäftsführer Fair-GroundSession, Amsterdam, Niederlande

Afrika, April bis Mai 2005

Anthea Rossouw, Geschäftsführerin, Dreamcatcher, Kapstadt, Südafrika
Kwesi Kwaa Prah, Forschungszentrum über die akfrikanische Gesellschaft (CASAS), Kapstadt, Südafrika
Florian Krämer, Geschäftsführer Indawo Yentsikelelo, Ein Platz des Segens für Kinder, Nyanga bei Kapstadt, Südafrika

Charles Maisel, Gründer & Geschäftsführer, Männer am Straßenrand (MSR), Kapstadt, Südafrika

Methvin Tanner, Direktor für nachhaltige Entwicklung, Spier Holding, Lynedoch, Südafrika

Peter Boexkes, HIV/AIDS-Berater, damals Lesotho Ausbildungszentrum für Lehrer (im Auftrag des deutschen Entwicklungsdienstes DED), Maseru, Lesotho

Simon Winter, Regionaler Direktor, TechnoServe Afrika, Johannesburg, Südafrika

Isaac Shongwe, Direktor Geschäftsentwicklung, Barloworld; Gründer & Geschäftsführer Letsema Holding & Letsema Stiftung, Johannesburg, Südafrika

Vusi Sibanyoni, Freiwilligenjahr, City Year, Johannesburg, Südafrika

Tumi Mabato, Freiwilligenjahr, City Year, Johannesburg, Südafrika

Cat Gifford, Freiwilligenjahr, City Year, Johannesburg, Südafrika

Tsholo Mogotsi, Gründer GuideStar International in Afrika und Berater der Nelson Mandela Stiftung, Johannesburg, Südafrika

Ramatoulaye Diallo, Geschäftsführerin, Endeavor, Johannesburg, Südafrika

Michelle Folsom, Geschäftsführerin, PATH Südafrika, Johannesburg, Südafrika

Sera Thomson, Mitarbeiterin, Pioniere des Wandels, Johannesburg, Südafrika

Gisèle Yitamben, Gründerin & Präsidentin, ASAFE (Assoziation zur Förderung von Unternehmerinnen), Douala, Kamerun

Njogu Kahare, Mitarbeiter, Green Belt Movement (Organisation der Friedensnobelpreisträgerin Wangari Maathai), Nairobi, Kenia

Peter Wahome, Geschäftsführer, Mensch zu Mensch Tourismus und Handwerkskunst in Afrika, Nairobi, Kenia

Johnni Kjelsgaard, Gründer, GrowthAfrica Beratung, Nairobi, Kenia

Adam Tuller, Geschäftsführer, Afrikanische Stiftung Naturschutz, Nairobi, Kenia

Nick Moon, Co-Gründer & Direktor Afrika, KickStart, Nairobi, Kenia

Südasien, Mai bis Juni 2005

Dr. Ashok Khosla, Gründer & Präsident, Holding Entwicklungsalternativen, Neu-Delhi, Indien

Lisa Heydlauff, Gründerin & Geschäftsführerin, Going to School, Neu-Delhi, Indien

Gunter Pauli, Präsident, Null Emissionsforschung und Initiativen (ZERI), Tokio, Japan

Dr. Henry Thiagaraj, Gründer & Direktor, Stiftung für die Befreiung und Bildung der Dalits, Chennai, Indien

Dr. J. Jane Shanthakumari, Gründerin & Dirketorin, LORD, Chennai, Indien

Lalitha Rajaram, Managerin, SIAAP, Chennai, Indien

Paul Basil, Gründer & Geschäftsführer, Ländliches Innovationsnetzwerk, Chennai, Indien

M.P. Vasimalai, Gründer & Direktor, DHAN Stiftung, Madurai, Indien

Dr. Govindappa Venkataswamy † (Dr. V), Gründer & Präsident, Aravind Augenheilsystem, Madurai, Indien

Prof. Dr. G. Natchiar, Leiterin der allgemeinen Augenheilklinik, Aravind Augenheilsystem, Madurai, Indien

Dr. Aravind Srinivasan, Manager & Augenchirurg, Aravind Augenheilsystem, Madurai, Indien

Roma Debabrata, Gründerin & Präsidentin, STOP (Verschleppung und Unterdrückung von Kindern und Frauen), Neu Delhi, Indien

Meera Bhattarai, Gründerin & Geschäftsführerin, Assoziation der Kunsthandwerksproduzenten, Kathmandu, Nepal

Bir Bahadur Ghale, Präsident, Nepal Wasserkleinkraft-Unternehmerfederation, Kathmandu, Nepal

Rajendra Mulmi, Präsident, Jugendinitiative, Kathmandu, Nepal

Chetan Sharma, Gründer & Direktor, Datamation & Datamation Stiftung, Neu Delhi, Indien

Anumita Roychowdhury, Vizedirektorin (Forschung und Lobbying), Zentrum für Wissenschaft und Umwelt (CSE), Neu Delhi, Indien

Shantharam Shenai, Gründer & Projektmanager, Gesellschaft des grünen Kreuzes, Mumbai, Indien

Leila Karnik, Programmanagerin, Wadhwani Stiftung, Mumbai, Indien

Shaheen Mistri, Gründerin & Geschäftsführerin, Akanksha Stiftung, Mumbai, Indien

Matthew Spacie, Gründer & Präsident, Magischer Bus, Mumbai, Indien

Südost- und Ostasien, Juli bis September 2005

Conrado S. Heruela, Projektkoordinator, Ernährungs- und Landwirtschaftsorganisation der Vereinten Nationen (FAO), Bangkok, Thailand

Pairojana Sornjitti, Vizepräsident, Population and Community Development Association (PDA), Bangkok, Thailand

Dr. Wolfgang Frank, Seniorberater, PDA, Bangkok, Thailand

Jessie L. Todoc, Projektkoordinator, CEERD, Bangkok, Thailand

Daniel Siegfried, Co-Gründer, Child's Dream, Chiang Mai, Thailand

Marc Jenni, Co-Gründer, Child's Dream, Chiang Mai, Thailand

Maria Attard, Direktorin der operativen Abläufe und Organisation in Phnom Penh, HAGAR, Phnom Penh, Kambodscha

Jackie Keenan, Direktorin der operativen Abläufe und der Gesamtorganisation, HAGAR, Phnom Penh, Kambodscha

Paul Cleves, Gründer & Direktor, Saigon Kinderwohlfahrt, Ho Chi Minh City, Vietnam

Dr. Vo-Tong Xuan, Rektor & Professor für Landwirtschaft, Universität von Angiang, Long Xuyen City, Vietnam

Jimmy Pham, Gründer & Direktor, KOTO, Hanoi, Vietnam

Jaime Frias, Landesdirektor, International Development Enterprises (IDE), Hanoi, Vietnam

Andrew Thomson, Geschäftsführer, Wirtschafts- und Umweltrat, Hong Kong, China

Wai On Leung, Geschäftsführer, Abfall & Umwelttechnologien, Hong Kong, China

Andrew Jones, Beschützer, Zufluchtsresorts, Hong Kong, China

Martin Williams, Autor, Fotograf, Umweltschützer, Hong Kong Outdoors, Hong Kong, China

Charles Frew, Direktor, Asiatic Marine, Hong Kong, China

Daniel Cheng, Geschäftsführer, Dunwell Gruppe; Dunwell Umwelt-Tech (Holding), Hong Kong, China

Stephen Fong, Geschäftsführer, Swire Immobilien, Hong Kong, China

Albert Oung, Gründer & Geschäftsführer, Roots Biopack, Hong Kong, China

Raymond Lo, Geschäftsführer, Samond Traders Holding, Hong Kong, China

Cathy Zellweger, Direktorin, Internationale Kooperation, Caritas Hong Kong, Hong Kong, China

Stanedy Yue, Umwelt- und Qualitätsmanager, Philips Unterhaltungselektronik, Hong Kong, China

Ilse Massenbauer-Strafe, Gründerin, Oxyvital, Hong Kong, China

Yongchen Wang, Umweltjournalistin, Beijing, China

Sarah Sable, Projektmanagerin, PlaNet Finance, Beijing, China

Lixin Fu, Professor und Direktor Luftverschmutzungsforschung, Tsinghua Universität, Beijing, China

Hehe Zhang, Projektmanagerin, Freunde der Natur, Beijing, China

Lisa Wu, Studentin, Gründerin & Präsidentin, SIFE Beijing, Beijing Universität für Fremdsprachen, Beijing, China

Bonnie Wang, Studentin & Freiwillige, Journalismus- und Kommunikationsabteilung, Beijing Sportuniversität, Beijing, China

Dolores van Dongen, Gründerin & Geschäftsführerin, Sonnenschein Lernzentrum, Beijing, China

Qing Wu, Professor, Beijing Universität für Fremdsprachen, Beijing, China

Christoph Moellers, Hauptrepräsentant, Holcim Beijing, Beijing, China

Andrew Lee, Assistenzdirektor, Cheong Kong Zentrum für Verhandlungen und Konfliktbeseitigung, Beijing, China

Markus tho Pesch, Direktor Beijing Büro, DEG – Deutsche Investment- und Entwicklungsagentur, Beijing, China

Claudia Wink, Investment Manager Spezialprogramme, DEG – Deutsche Investment- und Entwicklungsagentur, Beijing, China

Glenn Frommer, Nachhaltigkeitsmanager, Mass Transit Railway (MTR), Hong Kong, China

Renée Berman, Investitionen in benachteiligte Bevölkerungsschichten, Credit Suisse First Boston (Hong Kong), Hong Kong, China

Annie Wu, Ständiges Mitglied des nationalen Kommitees der politisch beratenden Konferenz des Chinesischen Volkes, Vizepräsidentin der Beijing Luftcateringgesellschaft, Vorstandsmitglied der Welthandelsassoziation, Hong Kong, China

Graham Lane, Geschäftsführer, Asiatische Umweltgruppe der Bovis Lend Lease, Tokio, Japan

Dr. Kiyohiko G. Nishimura, Mitglied des höchsten Politikgremiums, Bank von Japan, Tokio, Japan

Junko Edahiro, Geschäftsführerin, Japan für Nachhaltigkeit, Tokio, Japan

Yusuke Saraya, Präsident, Saraya Co., Osaka, Japan

Hitoshi Suzuki, Leitender Manager soziale Beiträge und Kommunikation der sozialen Unternehmensverantwortung, NEC, Tokio, Japan

Safia Minney, Gründerin & Präsidentin, People Tree, Die Fair Trade Company, Tokio, Japan

Lena Lindahl, Japan Repräsentanz, Schwedische Nachhaltigkeitsassoziation, Tokio, Japan

Yutaka Okayama, Manager Planungsgruppe Umweltangelegenheiten, Toyota, Tokio, Japan

Yoshiyuku Tsuji, Gruppenmanager Umweltadminstrationsgruppe, Tokio Electric Power Company (TEPCO), Tokio, Japan

Maeda Shigenori, Mitarbeiter, Umweltadminstrationsgruppe, Tokio Electric Power Company (TEPCO), Tokio, Japan

Takafumi Masaki, Mitarbeiter, Umweltadminstrationsgruppe, Tokio Electric Power Company (TEPCO), Tokio, Japan

Joel Challender, Koordinator der Übersetzer, Friedensboot, Tokio, Japan

Yoshioka Tatsuya, Direktor, Friedensboot, Tokio, Japan

Hideyuki Inoue, Geschäftsführer, ETIC. Soziales Venture Zentrum, Tokio, Japan

Hiroyasu Ichikawa, Personalberater, AXIOM, Tokio, Japan

Takako Okamura, Organischer Concierge, Tokio, Japan

Australien, Oktober bis November 2005

David Bussau, Gründer, Maranatha Trust & Opportunity International, Sydney, Australien

Benjamin Roche, Manager, Projekt nachhaltiges Leben, Universität von New South Wales, Sydney, Australien

Martin Green, Direktor, Photovoltaik Spezialforschungszentrum, Universität von New South Wales, Sydney, Australien

Chris Sorrell, Professor, Keramikingenieurswissenschaften, Universität von New South Wales, Sydney, Australien

Nick Ashbolt, Leiter, Bau- und Umweltingenieurswesen, Universität von New South Wales, Sydney, Australien

Richard Jefferson, Geschäftsführer, CAMBIA, Canberra, Australien

Prashanth Shanmugan, Student, Universität von New South Wales, Freiwilliger Helfer und Redner bei ICRC, Sydney, Australien

Janis Birkeland, Ökoinnovation am ESD, Canberra, Australien

Michael Smith, Inhaltskoordinator, The Natural Edge Project

Dr. Clive Hamilton, Direktor, Das Australien Institut, Canberra, Australien

Dexter Dunphy, Emeritierter Professor der Managementschule, Universität der Technologie, Sydney, Australien

Nic Frances, Geschäftsführer, EasyBeingGreen, Melbourne, Australien

Alan Pears, Direktor, außerordentlicher Professor an der RMIT Universität, Nachhaltige Lösungen, Melbourne, Australien

Victoria Wilding, Geschäftsführerin, Shift Stiftung, Melbourne, Australien

Caroline Bayliss, Vizedirektorin, Globales Nachhaltigkeitsinstitut, Melbourne, Australien

Charlie Hargroves, Projektkoordinator, The Natural Edge Project, Adelaide, Australien

Nick Palousis, Betriebskoordinator, The Natural Edge Project, Adelaide, Australien

Dan Atkins, Direktor, Nachhaltige Wirtschaftpraktiken, Adelaide, Australien

John Brisbin, Koordinator, Umweltzentrum, Alice Springs, Australien

Lania Lynch, Umweltmanagementkoordinatorin, James Cook Universität, Cairns, Australien

Peter Jackson, Partner, Jackson Smith Rechtsbeistand, Sydney, Australien

Dr. Mark Diesendorf, Institut für Umweltstudien, Universität von New South Wales & Direktor des Nachhaltigkeitszentrums, Sydney, Australien

Ramsay Moodie, Direktor Corporate Affairs, Fuji Xerox Australien, Sydney, Australien

May Miller-Dawkins, Programmkoordinator, Oxfam International Jugendparlament, Oxfam, Sydney, Australien

Paul Gilding, Gründungspartner, Ecos Corporation, Sydney, Australien

Nordamerika, Dezember 2005 bis Januar 2006

Rick Aubry, Ph.D, Präsident & Geschäftsführer, Rubicon Programme, Richmond, USA

Jim Fournier, Gründer, Planet Work & Eprida, San Francisco, USA

James Fruchterman, Präsident & Geschäftsführer, Benetech, Palo Alto, USA

Mia Hanak, Gründerin & Geschäftsführerin, Natural World Museum, San Francisco, USA

Perla Ni, Chefredakteurin, Stanford Social Innovation Review, San Francisco, USA. Heute: Gründerin und Geschäftsführerin, VoterWatch

Victor d'Allant, Geschäftsführer, Social Edge, Skoll Stiftung, Palo Alto, USA

Timothy Freundlich, Direktor strategische Entwicklung, Calvert Stiftung, San Francisco, USA

Kevin Starr, Direktor, Mulago Stiftung & Rainer Fellows, San Francisco, USA

Chris A. Eyre, Geschäftsführer, Legacy Venture, Palo Alto, USA

Amanda Reilly, Hauptverantwortliche der Tech-Auszeichnungen, Das Techmuseum der Innovation, San Jose, USA

William Rosenzweig, Geschäftsführer, Great Spirit Ventures, Mill Valley, USA

Erin Keown Ganju, Geschäftsführerin (COO), Room to Read, San Francisco, USA

Aron Hurst, Präsident & Gründer, Taproot Stiftung, San Francisco, USA

Heidi Krauel, Investment Managerin, Pacific Community Ventures, San Francisco, USA

Liz Maw, Geschäftsführerin, Net Impact, San Francisco, USA

Jessica Jackley Flannery, Co-Gründerin, KIVA, Peer-to-Peer Darlehen, San Francisco, USA

Matthew Flannery, Co-Gründer, KIVA, Peer-to-Peer Darlehen, San Francisco, USA

Philipp Kauffmann, Wirtschafts- und Biodiversitäts-Equatorinitiative, UNDP, New York, USA

Peter Reiling, Vizepräsident der Leadership- und Politikprogramme, Aspen Institut, Washington, D.C, USA

Bruce McNamer, Präsident & Geschäftsführer, TechnoServe, Washington, D.C, USA

Stefanie Jowers, damals Direktorin der strategischen Beziehungen und des Mitgliederbereichs, Nationales Friedenscorps-Assoziation, Washington, D.C, USA

Michael Margolis, Gründer, Thirsty-Fish, Washington, D.C, USA

Kelly Rusk, Gründer, IYOCO, Direktor der Arbeitsabläufe und der internationalen Beziehungen, Wein Amerika, Washington, D.C, USA

Justin Conway, Manager, Investitionsprogramm für benachteiligte Gemeinschaften, Co-op Amerika und Soziales Investitionsforum, Washington, D.C, USA

Björn-Sören Gigler, Informationsverantwortlicher, Entwicklungshilfeinformation, Weltbank, Washington, D.C, USA

Ben Quinto, Geschäftsführer, Globales Jugendaktionsnetzwerk (GYAN), New York, USA

Abi Falik, damals Programmanagerin globales Bürgercorps, NetAid, New York, USA

Keith Hammonds, stellv. Chefredaktuer, FastCompany Magazin, New York, USA

Jordan Kassalow, Gründer & Geschäftsführer, Scojo Vision & Scojo Stiftung, New York, USA

Sanda Balaban, Projektmanagerin, Erziehungsdepartment New York, New York, USA

Gina Rodolico, Direktorin für Information und Kommunikation, E+Co, New York, USA

Caroline Kim Oh, Geschäftsführerin, iMentor, New York, USA

Matthew Klein, Geschäftsführer, Blue Ridge Stiftung, New York, USA

Reah-Janise Kauffman, Vizepräsidentin, Erdpolitikinstitut, Washington D.C, USA

Amory Lovins, Gründer und Geschäftsführer, Rocky Mountains Institut, Snowmass, USA

Amy Margerum, Finanzdirektorin & Direktorin für Adminstration, Aspen Institut, Aspen, USA

Hunter Lovins, Gründerin, Natürlicher Kapitalismus, Boulder, USA

Paul Polak, Gründer und Präsident, International Development Enterprises, Boulder, USA

Guy Dauncey, Redner, Autor & Nachhaltigkeitsberater, Weltzukunft, Victoria, Kanada

Roger Colwill, Vizepräsident Geschäftsentwicklung, Internationales Kompostierunternehmen, Victoria, Kanada

Diana Lindley, Gründerin, Unity Flag Gesellschaft, Victoria, Kanada

Mary-Wynne Ashford, Co-Präsidentin, Internationale Ärzte für die Verhinderung von Nuklearkrieg, Victoria, Kanada

David Suzuki, Autor & Präsident, David Suzuki Stiftung, Vancouver, Kanada

Nola Kate Seymoar, Präsidentin & Geschäftsführerin, Internationales Zentrum für nachhaltige Städte (ICSC), Vancouver, Kanada

David Van Seters, Präsident & Geschäftsführer, Ländliche Belieferung kleiner Kartoffeln (SPUD), Vancouver, Kanada

Südamerika, Januar bis März 2006

Isabel Viscarra, Bolivienrepräsentantin, Ashoka, La Paz, Bolivien

Brigitte Brodmann, Freiwillige Helferin, Psychologische Gefangenenunterstützung, La Paz, Bolivien

Sara Diestro, Gründerin & Geschäftsführerin, Schule des Sports und des Lebens, Lima, Perú

Albina Ruiz, Geschäftsführerin, Gesunde Stadt, Lima, Perú

Hernando de Soto, Gründer, Präsident & Geschäftsführer, Institut für Freiheit und Demokratie (ILD), Lima, Perú

Baltazar Caravedo, Perurepräsentant, Avina, Lima, Perú

Vicky Colbert de Arboleda, Gründerin und Geschäftsführerin, Escuela Nueva, Bogotá, Kolumbien

Enrique Penalosa, ehem. Bürgermeister Bogotás, Gründer & Präsident, Stiftung für das Land, das wir lieben, Bogotá, Kolumbien

Catalina Cock Duque, Gründerin & Managerin, Grünes Gold & Amichocó, Medellin, Kolumbien

Bruce Mac Master, Vorsitzender des Beirates, Teilen mit Kolumbien, Bogotá, Kolumbien

Alejandro Martinez, Gründer & Geschäftsführer, Stiftung Kleiner Arbeiter, Bogotá, Kolumbien

Angelica Castro Rodriguez, Geschäftsführerin, TransMilenio, Bogotá, Kolumbien

Dr. Roberto Gutiérrez, Assistenzprofessor, Direktor der Initiative Soziale Unternehmen, Universität der Anden, Bogotá, Kolumbien

Adriana Milanesi-Agnoli, Ecuadorrepräsentantin, Ashoka, Quito, Ecuador

Patricio Donoso, Berater für nachhaltige Entwicklung, Quito, Ecuador

José Caraval, Gründer, Nachhaltige ländliche Entwicklung, Quito, Ecuador

Maria Elena Ordoñez, Gründerin & Geschäftsführerin, Arcandina, Quito, Ecuador

Maria del Carmen Tene, Managerin, Rechte der eingeborenen Bevölkerung, Weltbank, Quito, Ecuador

Mariana Galarza, Geschäftsführerin, Assoziation Leben, Quito, Ecuador

Yolanda Kakabadse, Geschäftsführerin & Präsidentin, Stiftung Zukunft Lateinamerika, Quito, Ecuador

Sonja Andrade, Präsidentin, Zusammenschluss sozialer Organisationen aus Atenci, Quito, Ecuador

Carlos Zapata, Präsident, Stiftung Galápagos, Puerto Ayora, Galapagos, Ecuador

Maria Emilia Correa, Vizepräsidentin für soziale und ökologische Verantwortung, Grupo Nueva, Santiago, Chile

Marcela Zubieta Acuña, Geschäftsführerin & Vizepräsidentin, Stiftung unsere Kinder, Santiago, Chile

Amalia Fischer, Hauptkoordinatorin, Fundo Angela Borba, Rio de Janeiro, Brasilien

André Porto, Co-Gründer, Religion und Friede, VIVA! Rio, Rio de Janeiro, Brasilien

André Villas Boas, Manager, Sozio-ökologische Organisation, Sao Paulo, Brasilien

Pedro Tarak, Repräsentant & Direktor interregionale Verbindungen, Avina, Buenos Aires, Argentinien

Angelique Xanthopoulos, Gründerin & Direktorin, Insight Argentina, Buenos Aires, Argentinien

Daniel Dickens, Koordinator, HelpArgentina, Buenos Aires, Argentinien

Rosalia Gutierrez, Gründerin & Direktorin, Organisation der eingeborenen Studenten, CEPLA, Buenos Aires, Argentinien

Ricardo E. Bertolino, Gründer & Präsident des Beirates, ecoclubes, Buenos Aires, Argentinien

Moira Rubio Brennan, Direktorin, Stiftung ph15, Buenos Aires, Argentinien

Inés Sanguinetti, Direktorin, Stiftung Crear Vale La Pena, Buenos Aires, Argentinien

Matías Laurenz, Co-Direktor, Aktion ohne Grenzen, Idealistas.org, Buenos Aires, Argentinien

Ami Dar, Geschäftsführer, Idealist.org, Buenos Aires, Argentinien

Martin Churba, Designer & Geschäftsführer, Tramando, Buenos Aires, Argentinien

Toty Flores, Mitglied, Die Bewegung der arbeitslosen Menschen von La Matanza, Buenos Aires, Argentinien

Teresa Urban, Journalistin, Autorin & unabhängige Beraterin, Curitiba, Paraná, Brasilien

Juara Ferreira, Direktorin CBR Institut & Direktorin Opet School, Opet school, Curitiba, Paraná, Brasilien

Jaime Lerner, Gründer & Präsident, Institut Jaime Lerner, Curitiba, Paraná, Brasilien

Silvia Ziller, Gründerin & Geschäftsführerin Hórus Institut & Direktorin The Nature Conservancy, Curitiba, Paraná, Brasilien

Europa, April bis Mai 2006

Doug Miller, Präsident, Europäische Venture Philantrophie Assoziation, London, Großbritannien

Jost Hamschmidt, Präsident, oikos Stiftung für Wirtschaft und Ökologie, St. Gallen, Schweiz

Rolf Wüstenhagen, Vizedirektor, Institut für Wirtschaft und Umwelt (IWÖ-HSG), Universität St. Gallen (HSG), St. Gallen, Schweiz

Mirjam Schöning, Direktorin, Schwab Stiftung für Social Entrepreneurship, Genf, Schweiz

Pamela Hartigan, Geschäftsführerin, Schwab Stiftung für Social Entrepreneurship, Genf, Schweiz

Bernard Lietear, Professor, Institut für Nachhaltige Ressourcennutzung und Landwirtschaft, Universität von Kalifornien, Berkeley, USA

Literatur- und URL-Verzeichnis

Internet

www.ashoka.org und **www.changemakers.net** Informationen über mehr als 2000 Social Entrepreneurs weltweit und deren innovative, die Gesellschaft verändernde Lösungen.

www.aspeninstitute.org Politischer Think Tank, der u.a. Führungskräfte weltweit identifiziert und fördert, die soziale Probleme in ihren jeweiligen Ländern zu lösen versuchen.

www.avina.net Informationen über Organisationen und Persönlichkeiten, die in Lateinamerika soziale und ökologische Probleme lösen.

www.bonventure.de Erstes Venture Capital Unternehmen im deutschsprachigen Raum, das ausschließlich in Unternehmen investiert, die einen ökologischen und/oder sozialen Geschäftszweck verfolgen und dabei die soziale und nicht die finanzielle Rendite maximiert.

www.echoinggreen.org Organisation, die vorwiegend sehr junge Initiativen unterstützt, die innovative Lösungen im sozialen und/oder ökologischen Bereich realisieren.

www.evpa.eu.com Vereinigung der wichtigsten europäischen Organisationen, die im Bereich Venture Philanthropy tätig sind.

www.guidestar.org Plattform, die Informationen über Non-Profit-Organisationen liefert.

www.globalgiving.com Plattform, die darüber informiert, mit welchen Geldbeträgen was in welchen Projekten erreicht werden kann und die die Spendenabwicklung online ermöglicht.

www.idealist.org Organisation, die Menschen, Ideen und Organistionen zusammenbringt, die die Welt zum Besseren verändern möchten.

www.myimpact.net Organisation, die Menschen und Lösungen inspiriert und fördert, die einen positiven Impact auf die nachhaltige Lebensqualität haben.

www.schwabfound.org Eine Auswahl der weltweit besten Social Entrepreneurs und ihren Strategien, Modellen und Motivationen für eine lebenswertere Welt.

www.skollfoundation.org und **www.socialedge.org** Thematisierung aktueller Themen und Organisationen im Bereich Social Entrepreneurship.

www.ssireview.org Magazin über Themen im Zusammenhang mit sozialer Innovation.

www.wbcsd.org WBSCD ist eine internationale Vereinigung von Unternehmen, die einen Beitrag zur nachhaltigen Entwicklung leisten wollen. Die Website beinhaltet Publikationen und Hintergrundinformationen.

www.wiserearth.org. Plattform, die Informationen über Menschen und Organisationen liefert, die soziale und ökologische Probleme auf unserem Planeten lösen.

www.xigi.net. Weltweites, interaktives Netzwerk von Menschen und Organisationen, die sich darum bemühen, Investitionen in gesellschaftlich positive Entwicklungen zu fördern.

Literatur

Lesenswertes zum Thema »Wie finde ich meinen eigenen Lebensweg«

S. Brodmerkel, Faktor A: Authentisch Karriere machen (Hamburg 2006).
Gibt in gut strukturierter Weise Anregungen, wie man den eigenen Karriereweg in Übereinstimmung mit seinen Zielen, Werten und Vorstellungen gehen kann.

P. Bronson, What should I do with my Life (New York 2003).
Inspirierende Kurzgeschichten von Menschen, die auf unterschiedlichste Art ihre Berufung im Leben gefunden haben.

J. Canfield, The success principles (London 2005).
Ein Buch, das praktische Hinweise gibt, wie man sein Leben effekiver, vor allem jedoch effizienter gestaltet.

S. R. Covey, Die 7 Wege zur Effektivität[6] (Offenbach 2007).
Der Klassiker zu Prinzipien für persönlichen und beruflichen Erfolg. (siehe auch: www.franklincovey.de)

S. R. Covey, Der 8. Weg[3] (Offenbach 2006).
Aufbauend auf einem tiefen Verständnis der »7 Wege zur Effektivität«, hilft das Buch, die innere Stimme zu finden (siehe auch: www.der-achte-weg.org)

J. Czwalina/A. M. Walker, Karriere ohne Sinn (Frankfurt 1997).
Thematisiert die Situation moderner Manager und deren Zerrissenheit zwischen Beruf, Macht, Familie und einem glücklichen Leben für sie selbst auf.

P. Hawken, Blessed Unrest (New York 2007).
Beschreibt und erklärt, warum in den vergangenen Jahren eine weltweite Bewegung von Menschen entstanden ist, die sich dezentral um Lösungen für ökologische und soziale Probleme kümmern.

L. Nash/H. Stevenson, Just Enough (New Jersey 2004).
Vorstellung erfolgreicher Menschen, die Erfolg jedoch nicht einseitig finanziell definieren, sondern alle Lebensbereiche mit berücksichtigen.

B. Tracy, Das Maximum-Prinzip (Frankfurt, New York 2003).
Erläutert in sehr strukturierter Weise, wie man durch Konzentration auf das Wesentliche zu mehr Erfolg, Freizeit und Einkommen kommt.

B. Tracy, Eat that frog (Heidesheim 2007).
Wege, um in weniger Zeit mehr und das Richtige zu erledigen.

P. Ray/R. Anderson, The cultural creatives (New York 2000).
Beschreibung eines neuen Typus von Menschen, die die Welt zum Besseren verändern möchten.

J. O'Toole, Creating the Good Life (Ashford 2005).
Gibt gute Anregungen, die Effektivitätsfrage im Leben zu lösen, indem die Weisheiten von Aristoteles in unsere Gegenwart übersetzt werden.

W. Bridges, Transitions: Making Sense of Life's Changes (Cambridge 2003).
Gibt Erklärungen und Unterstützung, wie man schwierige Phasen des Wandels möglichst gut übersteht.

Lesenswertes zum Thema Social Entrepreneurship

A.-K. Achleitner/R. Pöllath/E. Stahl, Finanzierung von Sozialunternehmen (Stuttgart 2007).
Autorensammlung zu diversen wichtigen, innovativen Themen der Finanzierung von Sozialunternehmen.

D. Bornstein, Die Welt verändern (Stuttgart 2006).
Geschichten über Social Entrepreneurs, die mit ihren Organisationen die Welt verändert haben.

A. Nicholls, Social Entrepreneurship (Oxford 2006).
Theoretische Grundlagen der relevanten Themen im Bereich von Social Entrepreneurship.

Lesenswertes zum Thema Werte

H. Joas, Die Entstehung der Werte (Frankfurt/M. 1997).
Gute Grundlage für die Arbeit an den eigenen Wertvorstellung

U. Hemel, Wert und Werte (München, Wien 2005).
Versucht möglichst praxisnah zu erläutern, was Ethik für Manager in Zukunft bedeuten kann und warum dies wichtig ist.

Lesenswertes zum Thema Corporate Social Responsibility und der Nachhaltigkeitsverantwortung von Unternehmen

M. Benioff/K. Southwick, Compassionate Capitalism (New Jersey 2004).
Theoretische Überlegungen und Fallbeispiele, wie Unternehmen in ihre Geschäftstätigkeit die Verbesserung der Welt integrieren können.

M. Benioff/C. Adler, The Business of changing the world (New York 2007).
Fallbeispiele, wie weltweit agierende Konzerne ihrer sozialen und ökologischen Verantwortung in einer strategisch sinnvollen Art und Weise gerecht werden können.

D.C. Esty/A.S. Winston, Green to Gold (2007).
Strategien, wie Unternehmen von der ökologischen Wende profitieren können.

P. Kotler/N. Lee, Corporate Social Responsibility (Hoboken 2004).
Erläutert in sehr strukturierter Weise, was Corporate Social Responsibility für Unternehmen bedeuten kann und liefert anschauliche Umsetzungsideen und -beispiele.

C. Laszlo, The sustainability company (Washington 2003).
Zeigt auf, wie Unternehmen langfristigen Wert schaffen, indem sie auch Wert auf die soziale und ökologische Komponente ihrer Geschäftstätigkeit legen.

C.K. Prahalad, The fortune at the bottom of the pyramid (2006).
Darstellung, wie man die 4 Milliarden Menschen, die weniger als 2$ pro Tag verdienen, so in die Marktwirtschaft integrieren kann, dass materielle Armut auf der Erde ausgelöscht wird und viele Unternehmen davon profitieren.

S. Schmidheiny, Kurswechsel (München 1993).
Beschreibt, warum Unternehmen und Führungskräfte verantwortlich sind für eine nachhaltige Entwicklung und wie diese für Unternehmen konkret aussehen könnte.

L.H. Lovins/B. Willard, The next sustainability Wave (Gabriola Island 2005).
Wie man es schafft, neue Ideen der Nachhaltigkeit in großen Unternehmen zu verankern und die Rückendeckung der wichtigen Entscheidungsträger dafür zu gewinnen.

Lesenswertes zum Thema Nachhaltigkeit

W. McDonough/M. Braungart, Cradle to Cradle (New York 2002).
Zeigt auf, wie Design generell, aber vor allem von Produkten und Services aussehen müsste, wenn Systeme kreiert werden sollen, die überlebensfähig und zukunftsweisend sind.

L.R. Brown, Plan B 2.0 (New York, London 2006).
Realistische Vision, wie wir den unter Stress geratenen Planeten Erde und damit die Grundlage für die menschliche Zivilisation noch retten könnten.

R. Carson, Der stumme Frühling (München 2007, Neuauflage).
Die »Bibel« der ökologischen Bewegung in den 1960er-Jahren.

H. De Soto, Freiheit für das Kapital! Warum der Kapitalismus nicht weltweit funktioniert (Berlin 2002).
Analyse, warum die Armut in der Welt mit finanzieller Entwicklungshilfe allein nicht bewältigt werden kann.

C. Hargroves/M. Smith, The natural advantage of nations (London 2005).
Zusammenstellung theoretischer Konzepte der Nachhaltigkeit.

B. Lietaer, Das Geld der Zukunft (Hamburg 2002).
Beschreibt, warum unser jetziges Geldsystem zu Selbstzerstörung der Zivilisation führt und wie ein Geldsystem aussehen müsste, um dies zu verhindern.

J. Porritt, Capitalism: As if the world matters (London 2007).
Aus einem sehr tiefen Verständnis von Nachhaltigkeit heraus wird gezeigt, wie ein die Grenzen der natürlichen Ressourcen berücksichtigendes kapitalistisches System aussehen könnte.

A. Amory/ L. H. Lovins/ P. Hawken, Natural Capitalism (New York/Boston 1999).
Zeigt auf, wie die nächste industrielle Revolution gestaltet werden müsste, damit die Menschheit weiterhin in einer friedlichen, gerechten und blühenden Welt leben könnte.

G. v. Lüpke/P. Erlenwein, Projekte der Hoffnung (München 2006).
Porträts von Trägern des alternativen Nobelpreises.

D. H. Meadows/J. Randers/D.L. Meadows/L. Dennis, Grenzen des Wachstums – Das 30-Jahre-Update. Signal zum Kurswechsel[2] (Stuttgart 2006).

F. J. Radermacher, Balance oder Zerstörung. Ökosoziale Marktwirtschaft als Schlüssel zu einer weltweiten nachhaltigen Entwicklung (Wien 2002).
Das Konzept der ökosozialen Marktwirtschaft wird als Schlüssel zu einer weltweiten nachhaltigen Entwicklung vorgestellt.

J. D. Sachs, Das Ende der Armut. Ein ökonomisches Programm für eine gerechtere Welt (München 2006).
Möglicher konkreter Weg, wie wir im Laufe der jetzigen Generation extreme Armut auf unserer Welt beenden können.

F. Schmidt-Bleek, Der ökologische Rucksack. Wirtschaft für eine Zukunft mit Zukunft (Stuttgart 2004).
Entwickelt ein neues System, um die ökologische Belastbarkeit unterschiedlicher Produkte/Services messen, miteinander vergleichen und verbessern zu können.

M. Wackernagel/W. Rees, Unser ökologischer Fußabdruck. Wie der Mensch Einfluß auf die Umwelt nimmt (Basel 1997).
Stellt das Konzept des ökologischen Fußabdrucks vor und zeigt dadurch die Begrenztheit natürlicher Ressourcen für jeden nachvollziehbar auf.

Publikationen, die zusätzliche Anregungen vermitteln können

F. Alt, Zukunft Erde (Berlin 2006).

F. Alt, Das ökologische Wirtschaftswunder (Berlin 2002).

A. Gulder, Finde den Job, der dich glücklich macht[2] (Frankfurt/New York 2007) (siehe auch: www.karriere-navigator.com).

J. Czwalina, Wenn ich nochmal anfangen könnte. Lebenswert leben (Moers 2006).

T. Ettlin/H.-P. Meier-Dallach, SeitenWechsel (Zürich 2003).

A. Habisch, Corporate Citizenship (Berlin 2003).

S. Hart, Capitalism at the Crossroads (New Jersey 2005).

K. Kählin/E. Michel-Alder/S. Schmid-Keller, Sich selbst managen[2] (Thun 1999)

K. Kählin/P. Müri, Sich und andere führen (Thun 1998).

T. Kasser, The high price of materialism (London 2002).

J. Knoblauch/J. Hüger/M. Mockler, Dem Leben Richtung geben (Frankfurt/New York 2007). Ratgeber zu einer selbstbestimmten Zukunft

J. Needlman, Money and the meaning of life (New York 1991).

A. Pattakos, Gefangene unserer Gedanken, Viktor Frankels 7 Prinzipien, die Leben und Arbeit Sinn geben (Wien 2005).

P. Pearsall, The last self-help book you'll ever need (New York 2005).

A. M. Pircher-Friedriech, Mit Sinn zum nachhaltigen Erfolg (Berlin 2005).

H. Scheer, Energieautonomie[5] (München 2005).

A. Strigl/H. Rauch, Die Wende der Titanic (München 2005).

P. Taterra, Einfach die Welt verändern[4] (München/Zürich 2006).

J. Wieland/W. Conradi, Corporate Citizenship (Marburg 2005).

B. Willard, The Sustainability Advantage (Gabriola Island 2002).

Bildnachweis

Aravind Augenklinik:
Seiten 59, 86

Arboleda, Clarita:
Seite 94 unten

Büro Prof. Muhammad Yunus:
Seite 229

Bussau, David:
Seite 83 oben

Caamaño, Cristina:
Seite 105

Collopy, Michael/Skoll Foundation:
Seite 65

Crear Vale la Pena:
Seite 91

Escuela Nueva:
Seite 94 oben

Eyre, Chris:
Seite 88 unten

Ganju, Erin:
Seite 157

Grupo Nueva:
Seite 47

Khosla, Ashok:
Seite 149

Krämer, Florian:
Seite 111

Laster, Diane:
Seite 92 unten

Legacy Ventures:
Seite 41

Maas, John-Michael/Darby Communications:
Seiten 90, 163

Natural World Museum:
Seite 92 oben, 97

People Tree:
Seiten 33, 83 unten

Rocky Mountains Institute/Judy Hill:
Seite 185

Room to Read:
Seite 95

Skoll Foundation:
Seiten 85 oben, 87, 88 oben, 125

Stefańska, Joanna:
Seiten 27, 81, 82, 84, 89, 93, 119, 135, 141, 173, 179, 193, 199, 205

Stop:
Seite 85 unten

Seiten 9, 96, Umschlag innen: privat